MATERIALIEN FÜR DIE SEKUNDARSTUFE II

POLITIK – GESCHICHTE

Demokr

Realität,
Aufgaben und Probleme

Winfried Ratthey
Jürgen Wolf

Hermann Schroedel Verlag KG
Hannover · Dortmund
Darmstadt · Berlin

MATERIALIEN FÜR DIE SEKUNDARSTUFE II

POLITIK – GESCHICHTE

Demokratie

Winfried Ratthey
Jürgen Wolf

ISBN 3-507-10272-2

Umschlagentwurf: Gerhilde Glebocki

Gesamtherstellung: Konkordia GmbH
für Druck und Verlag, Bühl/Baden

Inhaltsverzeichnis

Einführung

1. Zielsetzung des Kurses

Die in bürgerlichen Revolutionen entstandene und gewachsene Demokratie hat mehrere tiefgreifende Wandlungen durchgemacht. Wenn es auch zweifelhaft ist, ob der ‚liberale Nachtwächterstaat' je existiert hat, so stand doch am Anfang der Entwicklung die Leitidee, daß der Bürger sich möglichst unbehelligt von staatlicher Lenkung und Leitung entfalten solle. Dem steht als vorläufiger Endpunkt der Entwicklung der heutige Sozialstaat gegenüber, der nicht nur in ökonomische Abläufe steuernd eingreift, sondern auch ganz private Bereiche erfaßt wie Wohnumwelt, Erziehung der Kinder usf. Es hat den Anschein, als wenn fast alle Daseinsbereiche beeinflußbar geworden sind, und daß damit eine ständige Ausdehnung des politischen Raumes verbunden ist. Deshalb stellt sich die Frage immer wieder neu, ob und in welcher Form demokratische Entscheidungsprozesse gesichert und institutionalisiert werden können. Man kann jedenfalls nicht davon ausgehen, daß im politischen Leben der Bundesrepublik für alle Zeiten die Demokratie mustergültig realisiert sei. Dies widerspräche jeder historischen Erfahrung, die uns lehrt, Demokratie als einen Entwicklungsprozeß zu betrachten. Neben der Analyse politischer Entscheidungsprozesse, also Betrachtung der Gegenwart, wird besonderer Wert auf die Zukunftsperspektiven gelegt; dabei sollen folgende Fragen aufgeworfen werden:

— Ist das politische System einer Demokratie leistungsfähig genug, die bereits heute abzusehenden Zukunftsprobleme zu bewältigen?
— Sind politische Bewegungen außerhalb der Institutionen (z. B. Bürgerinitiativen, Protestbewegungen) ein Krisenanzeichen oder der Anfang zu einer neuen Entwicklung?
— In welchem Verhältnis steht die Theoriebildung der Demokratie zur Praxis? Welche Rolle könnte die Demokratietheorie für eine Fortentwicklung der Demokratie spielen?

Auf diese Fragen kann natürlich auch in diesem Kurs keine verbindliche und eindeutige Antwort gegeben werden. Die Auseinandersetzung mit den genannten Problemen kann aber dazu verhelfen, entscheidende Aufgaben und Kontroversen unserer Zukunft angemessener zu erfassen. Somit ist der Kurs ein Beitrag zur politischen Bildung.

Die »Verflochtenheit aller Daseinsbereiche« wird heute oft beschworen. Es wäre in der Tat nicht zureichend, für die Analyse von Demokratieproblemen nur die demokratischen Institutionen heranzuziehen und hintereinander zu »behandeln«. Damit die Problematik in ihrem ganzen Umfang in den Blick kommt, steht am Anfang des Kurses eine Fallstudie. Es ist wichtig, sich anhand dieses Falles klarzumachen, welche gesellschaftlichen Instanzen und Gruppierungen beteiligt sind und wie sie zusammenwirken. Aus der Fallstudie heraus lassen sich selbständig Fragestellungen entwickeln.

Durch die Fallstudie wird auch verhindert, daß über den theoretischen Erörterungen die konkreten Sachverhalte aus dem Blick geraten. Da der ständige Rückbezug von theoretischen Einsichten auf konkrete Sachverhalte zu den unverzichtbaren Prinzipien der politischen Bildung gehört, sind den einzelnen Arbeitsphasen Presseveröffentlichungen beigegeben, die zur aktiven Auseinandersetzung anregen sollen. Hierbei wird es sich zeigen, inwieweit die aus der vorangegangenen Analyse gewonnenen Einsichten die Argumentationsfähigkeit gefördert haben.

2. Arbeitsphasen des Kurses

Der Kurs besteht aus acht Arbeitsphasen. Es müssen nicht alle Phasen des Kurses bearbeitet werden. Vielmehr wurde Wert darauf gelegt, Möglichkeiten zur Setzung von Schwerpunkten offenzulassen. Daher ist auch die vorgegebene Reihenfolge der Kursphasen nicht zwingend (vgl. Kursplanung).

Übersicht zum Kurs

Phase I Fall: Kernkraftwerke; veröffentlichte Meinung zu Kernkraftwerken — Probleme der Demokratie
Phase II Handlungsfähigkeit des politischen Systems: Kapazität der Problemwahrnehmung und -bewältigung
Phase III Parteien und Demokratie; Wahlkampf und Wählerverhalten; Mitgliederstruktur der Parteien, soziale Zusammensetzung der Parlamente; Willensbildung innerhalb der Parteien
Phase IV Notwendigkeit und Folgen der Entwicklung zur Volkspartei
Phase V Demokratietheorien
Phase VI Krise des politischen Systems? (Parlamentarismus und außerparlamentarische Bewegungen)
Phase VII Krise der politischen Sozialisation: Protest- und Oppositionspotentiale
Phase VIII Demokratie und gesellschaftliche Entwicklung: Perspektiven und Alternativen

3. Planung des Kurses

Im Anschluß an die *Phase 1* (Fallstudie) ist die Kursplanung grundsätzlich offen. Es bleibt zu hoffen, daß die nachfolgenden Materialien ausreichen, die im Laufe der Fallstudie entwickelten Problemstellungen zu bearbeiten.

Neben diesem grundsätzlich offenen Vorgehen bietet sich vor allem in Grundkursen eine stärker gebundene Kursplanung an. Im folgenden weisen wir auf drei mögliche *Kursprofile* hin:

Grundkurs — Kursprofile und thematische Schwerpunkte

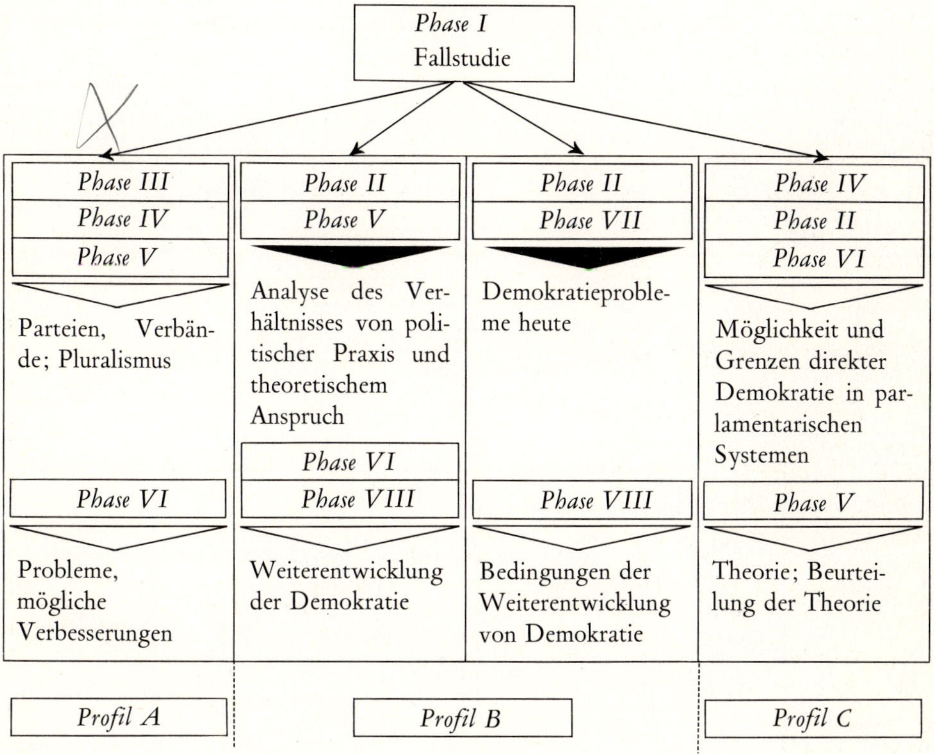

Profil A
kommt mehr einer konventionellen Behandlung des Themas nahe.

Profil C
hat seinen Ansatz in der Auseinandersetzung mit einem theoretischen Konzept (Basisdemokratie, direkte Demokratie).

In beiden Profilen wurde Wert auf eine realistische Analyse unseres politischen Systems gelegt.

Profil B
weist stärker auf die Zukunftsorientierung, indem zukünftige Entwicklungen ausgelotet werden sollen. Hier gibt es zwei Möglichkeiten: die Auseinandersetzung von Theorie und Praxis der Demokratie oder eine Prognose für zukünftige Entwicklungen.

Leistungskurs — Übersicht

Phase I
Fallstudie
Erarbeiten der Problematik

Planungsgespräch nach *Phase I*

Phase II	*Phase III*	*Phase IV*
Problembewältigungskapazität des politischen Systems; Spielräume demokratischer Politik	Demokratische Willensbildung heute; Repräsentativsystem, Parteien, Parlamente	Entwicklung zur Volkspartei; historischer Hintergrund, Probleme für die demokratische Willensbildung
Arbeitsteilige Gruppenarbeit; Zusammenfassung durch Rückbezug auf die Fallstudie		

Planungsgespräch:
Entscheidung über Alternative I und II

Alternative I	Alternative II
Phase V Demokratietheorien; Verallgemeinerung der Ergebnisse; Untersuchung des Aussagewerts von Theorien	*Phase V** (nur Elitetheorie; Texte 6,7) Verallgemeinerung der Probleme ‚demokratischer' Herrschaft; Abschätzen von Lösungen
*Phase VI** Anwendung der Theorie auf den Parlamentarismus; systemimmanente Verbesserungen	*Phase VII* Erweiterung der Problematik; Überprüfen der Lösungsvorschläge
Phase VIII Ausweitung auf gesamtgesellschaftliche Analyse; Aufgaben und Probleme der Demokratie	*Phase VIII* Ausweitung auf gesamtgesellschaftliche Analyse; Aufgaben und Probleme der Demokratie

* kann bei Zeitmangel entfallen

Im *Leistungskurs* empfiehlt sich, grundsätzlich von der Fallstudie *(Phase 1)* auszugehen, an die sich ein Planungsgespräch zur Gruppenarbeit anschließen sollte. In der Gruppenarbeit sollten jeweils wichtige Analyseansätze zur Erfassung der politischen Realität aufgearbeitet werden. Damit sich die Gruppen nicht zu weit voneinander entfernen, sollten alle denselben Auftrag erhalten: die Ergebnisse ihrer Arbeit auf die Fallstudie *(Phase 1)* anwenden. Danach ist ein alternativer Verlauf denkbar: Entweder steht die grundsätzliche Auseinandersetzung mit der Demokratietheorie im Vordergrund oder aber es werden die Probleme demokratischer Herrschaft aufgearbeitet. Beide Verläufe sollten in einer grundsätzlichen Betrachtung von gesellschaftlicher Entwicklung und Wandel der Demokratie enden.

Phase I

Fall: Kernkraftwerke: Stellungnahmen zum Kernkraftwerkbau
— Probleme der Demokratie —

In dieser Phase lassen sich folgende Ziele erreichen:
- An einem Fall und ausgehend von grundsätzlicheren Äußerungen einen Überblick über heutige Demokratieprobleme gewinnen.
- Fragestellungen für den weiteren Kursverlauf gewinnen.
- Kritisch mit Zeitungsartikeln umgehen.

Text	Thema	Ziele
1 – 5	Öffentliche Auseinandersetzung um den Bau von Kernkraftwerken (Brokdorf, Grohnde)	Konfliktverläufe unter dem Gesichtspunkt politischer Handlungsmöglichkeiten untersuchen. Grundsätzliche Konfliktpositionen herausarbeiten. Sich der eigenen Vorstellungen von ›demokratischer Herrschaft‹ bewußt werden.
6	Energieprobleme	Hintergrundwissen
7 – 11*	Legitimationsdefizite; Verarbeitung in der Öffentlichkeit (Regierung, Opposition, Presse)	›Problembewußtsein‹ der Öffentlichkeit erfassen, Art der Diskussion analysieren, Lösungsvorschläge beurteilen.

* kann bei Zeitmangel entfallen

Phase II

Handlungsfähigkeit des politischen Systems: Kapazität der Problemwahrnehmung und -bewältigung

In dieser Phase lassen sich folgende Ziele erreichen:

- Grenzen des politischen Systems analysieren, seine Leistungsfähigkeit realistisch einschätzen, Ansätze für eine Verbesserung demokratischer Willensbildung entwickeln und kritisch beurteilen.
- Politische Problemfelder aufschließen und zum Beleg für theoretische Aussagen heranziehen.

Text	Thema	Ziele
1*	Verhältnis von politischen Zielen und politischen Maßnahmen (Zielverzerrung)	Ursache und Auswirkungen des Abstandes von politischen Zielen und politischem Handeln erfassen und hieraus Schlüsse ziehen für den Spielraum ›demokratische Willensbildung‹.
2—7	Problembewältigungskapazität des politischen Systems	Einschränkende Bedingungen für politisches Handeln erfassen und hieraus Gesichtspunkte für eine mögliche Weiterentwicklung der Demokratie gewinnen — Beispiele zur kritischen Überprüfung erarbeiten.
8	Politik der inneren Reformen	Anhand des Verlaufs der Reformpolitik seit 1970 den Aussagewert der Ergebnisse aus Text 1—7 überprüfen; Erweiterung der Analyseansätze.

* kann bei Zeitmangel entfallen

Phase III

Parteien und Demokratie

In dieser Phase lassen sich folgende Ziele erreichen:

- Ein realistisches Verständnis für die Rolle der Parteien gewinnen.
  Die zentrale Funktion der politischen Willensbildung in den Parteien für die Demokratie erkennen und an mehreren Problemfeldern diskutieren.

Text	Thema	Ziele
1—3	Politische Willensbildung und Parteien; Repräsentativsystem; Parteien und Pluralismus	Funktion der Parteien für die politischen Willensbildung in der ›modernen Massendemokratie‹ erfassen. Gesichtspunkte zur Beurteilung der Funktion der Parteien gewinnen.

Text	Thema	Ziele
4–6	Innerparteiliche Demokratie; Willensbildung in den Parteien	Willensbildung innerhalb der Parteien analysieren und in ihrer Bedeutung einstufen. Realisierung und Leistungsfähigkeit der ›innerparteilichen Demokratie‹ beurteilen.
7, 8*	Wahlkampf	Verhältnis von Wahlkampf und politischer Willensbildung analysieren.
9, 10*	Parteienfinanzierung	Den möglichen Einfluß der Parteienfinanzierung auf die Willensbildung abschätzen.
11–13*	Sozialstruktur der Parteimitgliedschaft, soziale Zusammensetzung der Parlamente	Abstand zwischen der Sozialstruktur der Bevölkerung und der ›Aktivbürgerschaft‹ analysieren, Folgen beurteilen.

* kann bei Zeitmangel entfallen

Phase IV

Notwendigkeit und Folgen der Entwicklung zur Volkspartei

In dieser Phase lassen sich folgende Ziele erreichen:

— Ursachen und Auswirkungen der Entwicklung zur Volkspartei untersuchen und kritisch bewerten; einsehen, daß die kritische Bewertung der Volkspartei nicht zwingend deren Ablehnung begründet.

Text	Thema	Ziele
1–3	Begriff der Volkspartei; Entwicklung zur Volkspartei; Volkspartei und Pluralismus	Die Entwicklung zur Volkspartei kennzeichnen, deren Notwendigkeit herleiten und mögliche Nachteile benennen.
4, 5	Volkspartei und Problembewältigung	Die mit der Volkspartei verbundene Gefahr einer Entpolitisierung erkennen und mit Hilfe von Parteiprogrammen überprüfen.
6, 7*	Stellungnahmen von Politikern zur Problematik der Volkspartei	Kritische Diskussion der Ergebnisse aus den Texten 1–5; Kompromißcharakter politischer Institutionen analysieren.

* kann bei Zeitmangel entfallen

Phase V

Demokratietheorien

In dieser Phase lassen sich folgende Ziele erreichen:
- Mehrere Demokratietheorien kennenlernen, Kriterien zu deren kritischer Beurteilung entwickeln und hieraus Anforderungen für die Theoriebildung ableiten.
- Erkennen, daß es eine verbindliche Theoriebildung nicht geben kann, sondern daß die Theorie der ständigen Weiterentwicklung und Umwandlung bedarf.

Text	Thema	Ziele
1—3	Konservatives, partizipatorisches, pluralistisches Demokratieverständnis	Drei Ansätze abgrenzen, auf ihren Aussagewert hin untersuchen, die jeweiligen Prämissen erkennen.
4, 5	Auseinandersetzung mit der partizipatorischen Demokratie	Diskussion der drei Ansätze, kritisches Urteil; Qualitätskriterien für theoretische Texte entwickeln.
6, 7	Elitetheorie	Begründungen und Ansätze der Elitetheorie kennenlernen, Einwände untersuchen, Aussagewert der Elitetheorie analysieren.
8—10*	Einwände gegen die pluralistische Analyse	Einwände benennen und ordnen; an Beispielen überprüfen; Anforderungen an eine ›Demokratietheorie‹ erarbeiten.
11*	Demokratietheorie und Ideologiebildung	Funktionen von Demokratietheorien analysieren; Einsichten auf die erarbeiteten Demokratietheorien anwenden und deren Aussagewert beurteilen.

* kann bei Zeitmangel entfallen

Phase VI

Krise des politischen Systems? (Parlamentarismus und außerparlamentarische Bewegungen).

In dieser Phase lassen sich folgende Ziele erreichen:
- Kennenlernen grundsätzlicher Probleme der parlamentarischen Demokratie der Bundesrepublik Deutschland.
- Kennenlernen der Ursachen, Möglichkeiten und Grenzen neuer Formen politischer Beteiligung.
- Abschätzen und beurteilen, inwiefern es notwendig ist, Bürgerinitiativen (BI) in Planungs- und Entscheidungsprozesse des legitimierten Institutionensystems einzubeziehen.

Text	Thema	Ziele
1	Probleme parlamentarischer Entscheidungsprozesse	Ursachen und Bedingungen für die begrenzte Handlungsfähigkeit der politischen Institutionen erkennen. Folgen für Bestand und Weiterentwicklung der Demokratie einschätzen.
2	Neu auftretende Elemente direkter Demokratie	Zusammenhang zwischen der Entwicklung der Volkspartei und dem Entstehen von BI erklären. Auswirkungen des „etablierten" pluralistischen Parteien- und Verbandsgefüges auf die Initiativfähigkeit des politischen Systems beschreiben können.
3	Chancen zur sozialen und politischen Innovation durch Institutionen wie Kirche und Universität	An Beispielen aus dem Bereich der Kirchen und Hochschulen (Wissenschaft) Alternativen zur politischen „Willensbildung durch Parteien und Verbände" untersuchen.
4	Mängel im politischen Bereich als Ursachen für BI	Bisherige Ergebnisse zusammenfassen und überprüfen. Vorschläge zur Verbesserung der Leistungsfähigkeit entwickeln und beurteilen.
5	Reformfähigkeit des politischen Systems	Folgen mangelnder Reformfähigkeit kennen und abschätzen.
6, 7	Grenzen und Nutzen demokratischer Basisbewegungen	Wirkungsumfang und Leistungsgrenzen von BI erkennen. Schwierigkeiten bei der Einbeziehung von BI in den verfassungsmäßigen politischen Prozeß analysieren und beurteilen können.
8	Krise des Systems?	Krisenfelder der parlamentarischen Demokratie nennen und mit Beispielen belegen können. Auswirkungen der Krisenerscheinungen auf Bestand und Weiterentwicklung der Demokratie einschätzen. Reformansätze nennen, diskutieren und beurteilen.

Krise der politischen Sozialisation: Protest- und Oppositionspotentiale

In dieser Phase lassen sich folgende Ziele erreichen:
- Einschätzen, inwieweit Protest- und Oppositionspotentiale auf sozialen Wandel schließen lassen und dadurch Gesichtspunkte für eine mögliche Weiterentwicklung der Demokratie gewinnen.
- Ansätze der Gegenkultur untersuchen und daraus Einsichten zur eigenen politischen Sozialisation gewinnen.

Text	Thema	Ziele
1—3	Beispiele für Protest- und Oppositionspotentiale	Beispiele auswerten und Abweichungen von der herrschenden politischen Kultur beschreiben. Rolle der Massenmedien kritisch einschätzen. Die eigene politische Sozialisation überdenken.
4	Protest- und Oppositionspotentiale: Arten ihrer Verarbeitung	Ansatz zur politischen Analyse gewinnen, Aussagewert einschätzen.
5—7	›Gegenkultur‹ und Motivationskrise	Elemente der ›Gegenkultur‹ beschreiben; deren politischen Stellenwert einschätzen; Möglichkeiten und Gefahren für die demokratische Willensbildung herleiten; Protest- und Oppositionspotentiale in übergeordnete Probleme der Sozialisation einordnen.
8*	Psychologische Dimension der Gegenkultur	Die mit der Gegenkultur verbundenen politischen Erwartungen von einer kritischen Stellungnahme aus beurteilen und sich ein eigenes Urteil bilden.
9*	Politische Dimension von Protest und Opposition	Erkennen, daß politische Probleme nicht auf die Sozialisation verschoben werden können.

* kann bei Zeitmangel entfallen

Demokratie und gesellschaftliche Entwicklung: Perspektiven und Alternativen

In dieser Phase lassen sich folgende Ziele erreichen:
- Erkennen, daß sozialer Wandel ständig neue Konzeptionen für die Weiterentwicklung der Demokratie erfordert.
- Aussichten und Gefahren für die zukünftige Entwicklung der Demokratie abschätzen.

Text	Thema	Ziele
1–3	Veränderung der Staatsfunktionen und Gefahren für die Demokratie	Ständige Ausweitung des Bereichs des Politischen erkennen; die damit verbundenen Gefahren kennzeichnen.
4–6	Gesellschaftliche und ökonomische Entwicklung und das Entstehen von ›Problembereichen von Selbstbestimmung‹	Ziele und Ansatzpunkte für demokratische Willensbildung erfassen; entgegenstehende Hindernisse erkennen; verschiedene Vorstellungen von Partizipation diskutieren.
7–8	Verhältnis von Staatsmacht und Demokratie; wachsende internationale Verflechtung als Demokratieproblem	Bisherige Ansätze an einer Gegenposition kritisch überprüfen und mit weiteren Beispielen belegen oder widerlegen.
9–11*	Mögliche Alternativen der politischen Entwicklung	Perspektiven diskutieren, belegen oder widerlegen; bisherige Ergebnisse überprüfen, jeweilige Realisierbarkeit abschätzen.

* kann bei Zeitmangel entfallen

In allen Kursphasen ist zusätzlich noch die Möglichkeit der Kürzung bzw. Erweiterung vorgesehen. Auf diese Weise müßte es möglich sein, die Planung auf die jeweils individuellen Bedürfnisse auszurichten. Die Variationsmöglichkeiten innerhalb der einzelnen Phasen sind den Phasenübersichten zu entnehmen.

Phase I

Am Beispiel der Kernkraftwerke soll ein Fall analysiert werden. Es kommt dabei nicht auf das energiepolitische Problem an, sondern auf die Entscheidungsprozesse und die Art der Auseinandersetzung.

1. Solche Töne hatte man in Hameln noch nicht gehört
Die Gegner des Kernkraftwerkes Grohnde am linken Weserufer formieren sich

Vier »Atomleichen« marschierten am Samstagvormittag in der Fußgängerzone der Hamelner Innenstadt auf: junge Leute, eingehüllt in blaue Plastiksäcke, die Gesichter weiß eingefärbt, die Augen schwarz umrandet. Mitglieder der »Bürgerinitiative Weserbergland« warnen in dieser drastischen Form ihre Mitbürger, welche Gefahren nach ihrer Ansicht eines Tages aus dem Kernkraftwerk Grohnde, zehn Kilometer von Hameln entfernt im Bau, drohen könnten.

Mit dieser apokalyptischen Vision konfrontiert, stößt der Informationsstand der Kernenergiekritiker bei den Kleinstädtern auf großes Interesse. Nach Wyhl und Brokdorf sind auch für die Bevölkerung zwischen Solling und Süntel Millirem, Inversionswetterlagen und GAU (Größter anzunehmender Unfall) bald keine Fremdwörter mehr. Es kommt zu Diskussionen über Energiekrise, Ölknappheit und Sonnenenergie. Viele Bürger zeigen sich anschließend bereit, einen offenen Brief an den niedersächsischen Ministerpräsidenten Ernst Albrecht mit der Forderung nach »sofortigem Baustopp« zu unterzeichnen. Allein 300, darunter zahlreiche ältere Menschen aus den umliegenden Gemeinden, sind es am Vormittag des dritten Adventssamstags.

Die vorweihnachtliche Idylle in der Rattenfängerstadt ist erheblich gestört. Der Grund: Am linken Weserufer bei Grohnde entsteht ein 1300-Megawatt-Kernkraftwerk, das im Jahre 1981 seinen Betrieb aufnehmen soll. Am 8. Juni gab der niedersächsische Sozialminister Hermann Schnipkoweit mit der ersten Teilgenehmigung freie Bahn für den Bau des Druckwasserreaktors. Schon um sechs Uhr früh zogen Wachmannschaften auf und besetzten den Bauplatz — bis dahin ein Weizenfeld. 17 Hektar Weizen, die der Domänenpächter auf eigenes Risiko angebaut hatte, fielen der »Nacht-und-Nebel-Aktion wie in Brokdorf« (so ein Sprecher der Bürgerinitiative) zum Opfer. In großer Eile wurde ein zwei Meter hoher Stacheldrahtzaun errichtet, Flutlichtmasten aufgestellt, die das Gelände an der Bundesstraße 83 nachts ausleuchten. Wachmannschaften mit Hunden bewachen seither ständig das Areal und sorgen dafür, daß der Bau auch an Wochenenden mit Volldampf und ungestört weitergehen kann.

Soviel Entschlossenheit hatten die Bürger und Bauern der Umgegend zunächst vergleichsweise wenig entgegenzusetzen. Zwar sammelte die »Bürgerinitiative Weserbergland« bis dahin mehr als 12 000 Unterschriften für ihren Protest, organisierten die Kritiker des Projekts ab und zu Informationsveranstaltungen, auf denen sie der Bevölkerung ihre Argumente vortrugen.

Erst in den letzten Wochen formierte sich Widerstand gegen den Bau des Kernkraftwerks, erhielt die Bürgerinitiative insbesondere in Hameln starken Zulauf, bildeten sich Gruppen auch in den umliegenden Gemeinden Emmerthal, Tündern und auch in Bad Pyrmont. »Erst jetzt haben die meisten gemerkt, was da auf sie zukommt«, meint einer der engagierten Bürger.

Allein in Hameln zählt die Gruppe etwa 40 Mitglieder, darunter Angestellte, Lehrer, Hausfrauen, Schüler und Rentner. Jürgen Doormann, einer der vier Sprecher, kennt die Schwierigkeiten, Bürger in einer kleinstädtischen Region zu aktiver Mitarbeit zu gewinnen: »Viele Leute sind gegen das Kernkraftwerk, aber sie kommen aus ihrem Alltagstrott einfach nicht heraus.« Gerade auf dem Lande sei häufig Resignation (»Wir können ja doch nichts dagegen tun«) zu verspüren. Doch der Architekturstudent hofft darauf, daß »das Gespür für Recht und Unrecht« demnächst auch im Weserbergland Einzug halten werde: »Brokdorf hat uns Mut gemacht.«

Höhepunkt der Proteste

Ein Anfang, die Passivität und Resignation zu überwinden, wurde unterdessen gemacht: Am Samstag kam es zum bisherigen Höhepunkt der Proteste, als 1500 Menschen mit einer Kundgebung und anschließendem Demonstrationszug durch die Innenstadt »gegen die Rattenfänger, die uns in eine strahlende Zukunft führen«, demonstrierten. »Wehrt euch, leistet Widerstand gegen das Atomwerk hier im Land« — der bekannte Kanon der Kernkraft-Kritiker erschallte nun auch zum ersten Male in den engen Gassen der Hamelner Innenstadt, wo solche Töne bislang noch nicht zu vernehmen waren.

Wie es weitergehen soll, steht vorläufig noch in den Sternen. Zunächst einmal — so Doormann — sei eine Fortsetzung der Informationskampagne und eine Verbreiterung des Widerstands geplant. Aber: »Sollten unsere Forderungen weiter mißachtet werden, müßte die nächste Kundgebung in Grohnde stattfinden«, warnt er.

Heftige Kritik löste der Baubeginn des Kernkraft-Giganten auch deshalb aus, weil das wasserrechtliche Erlaubnisverfahren beim Regierungspräsidium in Hannover noch nicht abgeschlossen ist. Und auch über die von verschiedenen Seiten eingereichte Klage gegen die erste Teilgenehmigung ist noch kein Urteil ergangen. Werner Schirr aus Bad Pyrmont, der die Klage der Bürgerinitiative vertritt: »Alle Versuche unsererseits, dem wasserrechtlichen und naturschützerischen Verfahren, wie es auch im Atomgesetz vorgesehen ist, den Vorrang zu verschaffen, sind mißlungen«, empört sich der aktive Umweltschützer. »Die Ministerialbürokratie setzt sich ganz einfach darüber hinweg.«

Doch die Mitglieder der Bürgerinitiative wollen mehr, als in den Genehmigungsablauf nur einbezogen zu werden. Ihnen geht es darum, »ein Kernkraftwerk in Grohnde und anderswo« gänzlich zu verhindern. Außerdem wenden sie sich gegen Wiederaufbereitungsanlagen in Niedersachsen und plädieren für die »Erforschung umweltfreundlicherer Energien«. Von »unserem Kernkraftwerk«, wie es die »Gemeinschaftskraftwerk Grohnde GmbH« (Gesellschafter sind zur Hälfte die Preußen Elektra und die Gemeinschaftskraftwerk Weser GmbH) in ihren Informationsbroschüren für die Bürger formuliert, wollen sie nichts wissen.

Für Doormann und seine Mitstreiter gibt es zahlreiche Gründe, die nach ihrer Ansicht gegen den Bau des Grohnder Atomgiganten sprechen: »Mit dem Kühlwasser gelangen radioaktive Substanzen in die natürliche Umgebung des Kraftwerks«, meinen sie unter Berufung auf wissenschaftliche Untersuchungen. Durch Anreicherung — so ihre Überzeugung — steige die ursprüngliche Strahlendosis in Pflanzen, Tieren und Menschen um ein Vielfaches.

Weiter fürchten die Kernkraft-Gegner, daß bei Niedrigwasser der Weser wie im letzten Sommer keine ausreichende Kühlung gewährleistet sei, so daß die Grundwasservorräte angezapft werden müßten. Außerdem — ein weiteres Argument der Bürgerinitiative — paßten die 145 Meter hohen Kühltürme nicht ins Landschaftsbild und bewirkten bei bestimmten Wetterlagen Wolken- und Nebelbildungen. Und schließlich: »Gerade hier in Niedersachsen sind wir besonders hellhörig, weil die Frage der Endlagerung von Atommüll noch nicht gelöst ist« (Doormann).

Dagegen betont die Preussag, daß selbst »die Endlagerung radioaktiver Abfälle keinesfalls als ungelöstes Problem darzustellen ist«. Für sie gilt im übrigen, »einem weitgehend unzureichend oder falsch informierten Publikum überzeugend darzulegen, daß es in den Bereichen Umweltschutz und Sicherheit keine ungeklärten Probleme gibt«. Zu den Befürchtungen der Bürgerinitiative teilt sie in einer Informationsbroschüre mit: »Nur ein winziger Anteil von radioaktiven Verunreinigungen tritt unkontrolliert durch den Abluftkamin aus. Am Kraftwerkszaun macht dieses weniger als eine Millirem zusätzliche radioaktive Strahlenbelastung aus.« Auch sei das Wesertal so gut durchlüftet, daß die Ausbreitung der Kühlturmschwaden und der Kaminabluft nicht behindert wird«. Und im übrigen komme die Anreicherung des Kühlwassers mit Sauerstoff dem Fluß sogar zugute: »Eine verstärkte biologische Reinigung des Weserwassers ist zu erwarten.«

Klage eingereicht

Dagegen sehen sich die Mitglieder der Bürgerinitiative durch vielfältige Einsprüche, Bedenken und Einwendungen auch von anderer Seite in ihrer Kritik bestärkt: unterdessen haben unter anderen der Rat der Stadt Hameln, die Gemeinde Emmerthal, der Sportfischereiverband und mehrere Industriebetriebe Klage gegen die erste Teilgenehmigung erhoben. Doch zugleich zeigt sich die Bürgerinitiative von einigen »Mitstreitern« enttäuscht und beklagt deren »Halbherzigkeit«. Ein Sprecher: »Prominente Gegner des Kernkraftwerks fanden immer wieder Ausreden, als wir sie baten, sich als Redner für die Kundgebung zur Verfügung zu stellen. Sie mußten dann entweder zu einer Tagung oder hatten dringende familiäre Verpflichtungen.«

Auch dem Rat der Stadt Hameln, der für seine Klage gegen die erste Teilgenehmigung zunächst nur 20 000 Mark bereitstellen will, steht man eher mißtrauisch gegenüber: »Wenn die Stadt die Klage auf 20 000 Mark begrenzt und dann verliert, hat sie wenigstens ein Alibi.«

Wolfgang Plischke
(Frankfurter Rundschau [FR] v. 14. 12. 76)

2. Hannoversche Behörde nicht entgegenkommender als andere — Leserbriefe

Zu den Berichten »Sorgen um Atomkraftwerk zukünftig sachlich erörtern« in der Ausgabe vom 16. Dezember und »Baustopp für Kernkraftwerk in Grohnde gefordert« in der Ausgabe vom 15. Dezember.

Ich habe Einwände gegen das Atomkraftwerk Grohnde erhoben, da Radioaktivität von dort über Lebensmittel, Luft und Regen auch zu uns nach Hannover dringt und auch in geringsten Mengen noch gefährlich ist. Außerdem halte ich eine weitere Aufheizung der schon stark geschädigten Weser für unvertretbar. Ich begrüße deshalb, daß Sie über diesen Erörterungstermin berichtet haben, denn das Atomkraftwerk Grohnde geht uns alle an.

Der erste Bericht hat die einheitlichen Forderungen der Einwänder nach Abbruch des Termins, Baustopp, Erörterung in Hameln an Wochenenden sowie Offenlegung der Gutachten richtig wiedergegeben und auch die wichtigste Forderung nach einem Baustopp in die Überschrift gesetzt. Aber die Vorgänge im Saal hat der Reporter nicht richtig eingeschätzt und bewertet: Wenn die von allen Rednern erhobene Forderung nach Abbruch des

Termins durch ausdauerndes Singen, Rufen und Klatschen unterstützt wurde, so war das sehr sachgemäß. Wenn Hunderte von Menschen nur einen Tag Zeit haben und zu Worte kommen wollen, dann müssen sie schon gemeinsam singen.

Besonders in dem zweiten Artikel wird die Forderung nach Sachlichkeit aufgestellt und so getan, als seien die Einwänder dagegen und die Behörde dafür. Hier ist der Reporter auf den äußeren Schein hereingefallen. Tatsächlich gaben sich die Behördenvertreter große Mühe, liberal, freundlich, geduldig und aufgeschlossen zu erscheinen. Auch eine doppelte Polizeikette rund um den Saal, wie vor einem Jahr in Wilster, als Brokdorf erörtert wurde, war hier nicht zu sehen. Trotzdem ist die hannoversche Behörde nicht entgegenkommender als andere, sie tut nur so.

Objektiv geht sie sogar noch härter vor als anderswo und gibt sich jede Mühe, eine sachgerechte Erörterung zu verhindern: Für die Einwänder aus der näheren Umgebung von Grohnde war die Teilnahme dadurch erschwert, daß die Erörterung in Hannover stattfindet. Eine wissenschaftliche Erörterung des Antrags wurde dadurch sinnlos, daß die Gutachten, die die angebliche Unschädlichkeit der Anlage begründen sollen, geheimgehalten werden. Ich schließe daraus, daß diese Gutachten nichts taugen und die Behörde sie vor Kritik schützen will. Es wird schon gebaut, und die Behörde hat ihre Entscheidung längst gefällt, indem sie bereits zur ersten Teilerrichtungsgenehmigung geschrieben hat, daß auch aus wasserrechtlicher Sicht »grundsätzlich« und »endgültig« keine Bedenken bestünden.

Auf die letze Vorhaltung antwortete Dr. Schröder, der juristische Vertreter der Behörde, daß »endgültig« hier nur »endgültig im Rahmen der ersten Teilerrichtungsgenehmigung« hieße und nicht etwa endgültig. Und von Grundsätzen könne man ja immer noch abweichen. Auf den Vorwurf hin, daß die radioaktive Verseuchung von Luft und Wasser eine Verletzung von im Grundgesetz garantierten Persönlichkeitsrechten sei, antwortete Dr. Schröder, man wolle sich doch hier nicht auf juristische Feinheiten einlassen. Wenn »endgültig« vorläufig heißt, bei »grundsätzlichen« Entscheidungen betont wird, man könne ja immer noch davon abweichen, und wenn die Anführung des Grundgesetzes eine juristische Feinheit ist, dann ist das ein Skandal, und ich glaube diesem Herrn überhaupt nichts mehr.

Nach solchen Erlebnissen kann niemand annehmen, daß diese Behörde bereit ist, ihre schon längst gefaßte Fehlentscheidung umzuwerfen.

Hannover *Wolfgang Kizou*

Gefährdete Glaubwürdigkeit

Zu dem Bericht »Baustopp für Kernkraftwerk in Grohnde gefordert« in der Ausgabe vom 15. Dezember

Die den Behördenvertretern in ihrem Bericht konzedierte Geduld war doch nur deren Versuch, der mehrheitlichen Forderung nach Abbruch des Termins nicht nachzukommen. Daß die direkt Betroffenen »kaum« zu Wort kamen, ist eine Unterschlagung der Tatsache, daß trotz des herzerfrischend lebhaften Verlaufs der Veranstaltung die Rednerliste abgeschlossen wurde.

Vielleicht haben aber auch die »routinierten Kernkraftgegner« die Interessen der direkt Betroffenen (wer ist das eigentlich nicht?) mitformuliert. Auf jeden Fall unterstellt diese Formulierung, daß die Behördenvertreter ahnungs- und harmlose Engel sind, die dazu noch voller Geduld die Argumente der Einwänder »verfolgen«. Das Eingeständnis der Beamten, ihren Ermessensspielraum gegen die Einwänder ausgelegt zu haben, legt der Verdacht nahe, den der zitierte Ausspruch des Herrn Haase zutreffend formuliert.

Die Glaubwürdigkeit »der da oben« gibt zu größter Aufmerksamkeit und bangen Befürchtungen Anlaß. Auch zu Sprechchören, Tumulten und lauten Buhrufen.

Hannover *Wolfgang Eichenberg*

(Hannoversche Presse v. 27. 12. 76)

3. Brokdorf — Bericht der Landesregierung Schleswig-Holstein

Schon lange vor Baubeginn gab es zuverlässige Hinweise, daß zahlreiche Bürgerinitiativen aus dem gesamten Bundesgebiet und linksextreme Gruppen sich darauf vorbereiten, den Bau des Kernkraftwerkes in Brokdorf durch Besetzung des Baugeländes zu verhindern. Die Bürgerinitiative »Umweltschutz Unterelbe«, die mehrere Ortsgruppen hat und Mitglied im Landesverband »Umweltschutz Schleswig-Holstein e. V.« ist, übernahm die Führung. An ihren Versammlungen beteiligten sich spätestens seit der Mitte des Jahres 1975 auch Mitglieder linksextremer Organisationen.

Bis zur Mitte des Jahres 1975 beschränkte sich die Aktivität der Bürgerinitiative »Umweltschutz Unterelbe« noch auf Informationsveranstaltungen, Theatervorführungen und die Herausgabe von Informationsschriften. Der KBW trat jedoch schon damals für eine rechtswidrige Besetzung des Baugeländes ein. Schon im Mai des Jahres 1975 hieß es in der Hamburger Ortsbeilage seines Zentralorgans: »Verhindern, das ist unser Ziel, wenn's sein muß, geht es wie in Wyhl.«

Im November 1975 beschloß auch die Bürgerinitiative »Umweltschutz Unterelbe« zusammen mit elf weiteren »Lebensschutz-Organisationen« aus dem gesamten Bundesgebiet, den Bauplatz zu besetzen, sobald sich der Beginn der Bauarbeiten abzeichnen würde. Von der Bürgerinitiative »Umweltschutz Unterelbe« wurde ein Informationsdienst aufgebaut, der bei ersten Anzeichen für einen Baubeginn Personen für die Besetzung alarmieren sollte. Die Besetzung sollte auch dann nicht beendet werden, wenn eine erstinstanzliche Gerichtsentscheidung vorliegen sollte.

Auf Grund dieser Sachlage mußte bei Baubeginn mit massiven Besetzungsversuchen und mit Gewaltanwendung gerechnet werden. Um unliebsamen Auseinandersetzungen, die sich zwangsläufig aus einer Besetzung ergeben würden, zuvorzukommen, wurde gleich zu Beginn der Bauarbeiten am 26. Oktober die Baustelle durch starke Polizeikräfte gesichert.

Die Polizei hatte den Auftrag,

— jegliche Auseinandersetzungen zwischen gewalttätigen Demonstranten und den Bauarbeitern zu verhindern,

— das Baugelände vor rechtswidrigen Besetzungen zu schützen,

— friedliche und rechtmäßige Demonstrationen vor Störungen zu bewahren und

— durch verkehrslenkende Maßnahmen eine allzugroße Beeinträchtigung des normalen Verkehrs durch die Baufahrzeuge oder Demonstrationen zu verhindern.

Die Bauarbeiten auf dem Gelände in Brokdorf begannen am 26. 10. 1976 um 4.30 Uhr. Durch den Baubeginn unmittelbar nach Erteilung der ersten Teilgenehmigung konnte die geplante vorherige Besetzung des Geländes verhindert werden. Die Bauarbeiten verliefen in den ersten Tagen planmäßig und ohne Störungen.

Erste Aktivitäten von Kernkraftwerksgegnern zeigten sich schon am 26. 10. 1976 um 7.30 Uhr. An der Fähre Borsfleth-Wewelsfleth wurden Flugblätter mit der Überschrift

»Atomalarm« verteilt. In ihnen wurde zum Widerstand gegen das geplante Bauvorhaben aufgerufen. Herausgeber war die Bürgerinitiative »Umweltschutz Unterelbe«.

Obwohl die Veranstalter die nach dem Versammlungsgesetz erforderliche Anmeldung unterließen und sich auch nicht bereitfanden, über den geplanten Verlauf der Demonstrationen Absprachen mit der Polizei zu treffen, sah die zuständige Ordnungsbehörde und auch die Gesamteinsatzleitung der Polizei davon ab, die Demonstration, wie es gesetzlich zulässig gewesen wäre, zu verbieten oder von vornherein aufzulösen. Dies geschah, um Auseinandersetzungen zu vermeiden und in der Hoffnung, daß die Demonstrationen entsprechend den Ankündigungen der Bürgerinitiativen friedlich verlaufen würden. [. . .]

Durch Flugblätter und Anschläge wurde für den 31. 10. 1976 erneut zu einem Schweigemarsch aufgerufen. Diesem Aufruf folgten rund 1500 Personen. Auch diese Demonstration war nicht angemeldet worden. Die Polizei konnte sich mit den Veranstaltern über den Verlauf in diesem Fall jedoch verständigen. Es gelang den maßgeblichen Mitgliedern der Bürgerinitiative auch die 500 Teilnehmer im Zug, die ganz offensichtlich andere Absichten als nur die Teilnahme an dem Schweigemarsch hatten, unter Kontrolle zu halten.

Zum Schutz des Baugeländes standen am 31. Oktober 680 Beamte mit 12 Hundeführern, 12 Reitern und 6 Wasserwerfern zur Verfügung, darunter je zwei Hundertschaften aus Niedersachsen und Hamburg.

Für den 6. November 1976 hatte die Bürgerinitiative »Umweltschutz Unterelbe« und die SPD des Kreises Steinburg zu einer Demonstration in Itzehoe aufgerufen. Diese Demonstration ist ordnungsgemäß angemeldet worden. An ihr beteiligten sich rd. 800 Personen. Die Demonstration verlief ohne Zwischenfälle.

In der nachfolgenden Zeit wurde für den 13. 11. 1976 die nächste Demonstration durch Flugblätter, Interviews und Zeitungsmeldungen angekündigt. Über den Umfang und den geplanten Verlauf der für den 13. 11. angekündigten Demonstrationen wurde der zuständige Landrat und die Polizei von den maßgeblichen Leuten der örtlichen Bürgerinitiativen völlig im Unklaren gelassen. Auch diesmal wurde weder eine Demonstration nach dem Versammlungsgesetz angemeldet, noch waren die Sprecher der verschiedenen Bürgerinitiativen zu Absprachen über den Ablauf der angekündigten Demonstrationen bereit. Erst kurz vor dem 13. November ergab sich aus Rundfunkmeldungen und anderen Quellen, daß die Bürgerinitiativen mit einer Teilnehmerzahl bis zu 45 000 rechneten. Dementsprechend gingen dann auch bis zum frühen Morgen des 13. November Meldungen über die beabsichtigte Teilnahme von Gruppen, und anderen aus Hamburg, Bremen, Hannover, Bielefeld, Münster, Dortmund, Aachen, Bochum, Osnabrück, Marburg, Frankfurt und Berlin, also wiederum aus dem gesamten Bundesgebiet, ein. Aufgrund dieser Erkenntnisse wurde eine Teilnehmerzahl zwischen 15 000 und 25 000 von der Polizei für möglich gehalten. Tatsächlich betrug die Teilnehmerzahl dann auch etwa 20 000, von denen sich 3000 bis 4000 später als gewalttätig erwiesen haben.

Um ein völliges Verkehrschaos zu verhindern, mußte die Polizei den Verkehr dem Straßennetz entsprechend weiträumig umleiten. Zum Schutze der Teilnehmer der Demonstrationen sowie der Fahrzeuginsassen mußten die Straßen unmittelbar vor dem Baugelände dort gesperrt werden, wo sich noch Abflußmöglichkeiten für den Verkehr befanden. Dadurch bedingt wurden die Zufahrten 2 — 5 Kilometer großräumig gesperrt. Auch galt es zu verhindern, daß linksextreme Gruppen durch Transportmittel schweres und anderes für die gewaltsame Besetzung geeignetes Gerät heranschafften. Bei den Sperren wurden Anlieger, Auslieferer lebensnotwendiger Güter, Rettungsdienste, Ärzte und Journalisten mit Fahrzeugen durchgelassen. Ein von der Bürgerinitiative »Umweltschutz Unterelbe« gemieteter Lautsprecherwagen konnte wegen widersprüchlicher Angaben der Bürgerinitiative über Sinn und

Zweck dieser Aktion und auch deshalb, weil die Straßen teilweise schon von Demonstranten überfüllt waren, nicht mehr durchgelassen werden.

Die verkehrslenkenden und -absperrenden Maßnahmen erfolgten nach den Vorschriften der Straßenverkehrsordnung einvernehmlich zwischen Landrat und Polizei. [. . .]

[Am 13. November kommt es zu schweren Auseinandersetzungen zwischen Polizei und Demonstranten.]

Die Polizei hatte am 13. November 1976 eine ihrer härtesten Belastungsproben zu bestehen. Die zirka 3000 bis 4000 militanten Demonstranten sind gegen die Polizei mit einer bisher nicht bekannten Brutalität und Härte vorgegangen. Aufgrund des persönlichen Mutes aller eingesetzten Beamten, ihres guten Ausbildungs- und Ausstattungsstandes sowie des sachgerechten Konzeptes der Einsatzleitung konnte die Polizei ihren Auftrag trotzdem erfüllen und noch schwerere Ausschreitungen verhindern. Eine Besetzung des Geländes an diesem Tag durch die militanten Gruppen hätte aller Voraussicht nach zu noch weiteren schweren Auseinandersetzungen zwischen diesen, dem Werkschutz, den Bauarbeitern und der Polizei geführt. Die Zusammenarbeit, die Führung und der Einsatz der Polizeibeamten aus insgesamt sieben Bundesländern und des BGS war sehr beeindruckend und hat zu keinerlei Schwierigkeiten geführt. Besonders hervorzuheben ist, daß der Grundsatz der Verhältnismäßigkeit beim Einsatz der polizeilichen Mittel in allen Phasen gewahrt worden ist. Auch der Einsatz von Wasserwerfern, die Verwendung von Tränengas und der Einsatz von Chemical Mace waren in der jeweiligen Lage die jeweils nur noch verbleibende Möglichkeit, um tatsächliche rechtswidrige Angriffe abzuwehren. Auch dieser Einsatz war danach angemessen.

Der Abwurf von Tränengaswurfkörpern aus einem Hubschrauber erfolgte in jeweils ganz besonders kritischen Situationen, die von manchen Demonstranten im Einzelfall vielleicht nicht so ernst angesehen worden sind. Auch diese Maßnahme ist deshalb im Hinblick auf die beiden außergewöhnlichen Situationen, in denen dieser Einsatz erfolgte, sachgerecht und damit angemessen.

Die Erfahrungen mit dem Einsatz von Chemical Mace entsprechen denen, die auch in anderen Bundesländern damit gemacht worden sind. Es sind keine Gesundheitsschäden mit schwereren oder bleibenden Folgen bekanntgeworden. Alle Ärzte, die Demonstranten behandelt haben, haben übereinstimmend erklärt, daß bei keinem der Patienten Augenverätzungen bestanden. In allen Fällen waren nur Binde- und Schleimhautreizungen festzustellen. Rechtlich ist der Einsatz von Chemical Mace durch § 226 des Landesverwaltungsgesetzes abgesichert.

Abschließend bleibt festzustellen, daß es den militanten linksextremistischen Gruppen erneut gelungen ist, das Heft des Handelns mit der zwangsläufigen Folge an sich zu ziehen, daß sich die Bürgerinitiative nicht mehr in der Lage sah, die Demonstrationen zu steuern und das Umschlagen in unfriedliche Demonstrationen zu verhindern. Deshalb haben die Extremisten den Zielen der BUU mehr geschadet als genützt. Erneut wird deutlich, daß die Extremisten sich nicht für den Umweltschutz einsetzen, sondern jeden sich bietenden Anlaß nutzen wollen, um unserem freiheitlichen Staat, unserer Wirtschaft und letztlich unserer Bevölkerung zu schaden. Klarer als in einer Überschrift in einem Flugblatt des Kommunistischen Bundes Westdeutschlands vom 10. 11. 1975 kann man es kaum formulieren:

»Nicht die Technik ist gefährlich, sondern ihre Anwendung durch die Kapitalistenklasse.«

Dieser Gefahr des Mißbrauchs des Demonstrationsrechts durch Extremisten muß sich jeder Bürger und jede Bürgerinitiative bewußt sein.

(Aus einem Bericht der Landesregierung Schleswig-Holstein)

4. Angst in der Marsch: »Eines Tages ist die Elbe ein toter Fluß«

Ein Coup reizt zur Wut

Die Gegner des Kernkraftwerkprojekts Brokdorf fühlen sich von Politikern und Polizei überrumpelt

Brokdorf, 1. November
Die Stimmung unter den Mitgliedern der »Bürgerinitiative Umweltschutz Unterelbe« (BUU) glich auch am Montag, zwei Tage nach einer von starken Polizeikräften gewaltsam beendeten Protestaktion gegen den geplanten Bau des vierten und größten Kernkraftwerkes im Hamburger Umland, in Brokdorf, der norddeutschen Wetterlage: ungemütlich. »Wir werden uns im Laufe dieser Woche wieder formieren«, kündigten die Atomkraftgegner an, »und wir lassen uns auch durch massiven Polizeieinsatz nicht von unserer Absicht abbringen, den Bau des Reaktors mit friedlichen Mitteln zu verhindern.«

Noch am Samstag, als sich bis Mittag rund fünf- bis sechstausend Demonstranten hinter dem Brokdorfer Deich eingefunden hatten, schien angesichts bedrückender Nebelnässe und niedriger Temperaturen zunächst niemand recht Lust zu haben, eine Protestkundgebung länger als nötig auszudehnen. Doch beim Anblick von sechs Hundertschaften Polizei, die mit Schutzhelmen und -schildern, Schlagstöcken, »chemischen Keulen«, Pferden und sechs Wasserwerfern angerückt waren, um das von einem Wassergraben, Stacheldrahtrollen, einem Maschendrahtzaun und Rudeln von Schäferhunden geschützte 30 Hektar große Gelände gegen »Versuche von extremen politischen Gruppen« abzusichern, in Brokdorf ein zweites Wyhl herauszufordern, schlug die Stimmung um. Dieses streng bewachte Gebiet, das in einer »Nacht-und-Nebel-Aktion« (SPD-Oppositionsführer Klaus Matthiesen) eingezäunt worden war und jetzt einem schwerbewaffneten Militärlager gleicht, mußte auf die Mitglieder der Bürgerinitiative und andere Atomkraftgegner provozierend wirken und Aggressionen ausbrechen lassen. »Wir hatten einfach Wut«, rechtfertigte ein Teilnehmer später die nachfolgenden Ereignisse.

Knapp zwei Stunden nach der Protestkundgebung gelang es mehreren Gruppen von Demonstranten, trotz des Einsatzes von Wasserwerfern und Polizeischlagstöcken mit Hilfe von Brettern den Wassergraben zu überwinden, die Stacheldrahtrollen wegzuziehen oder niederzutreten, den Maschendrahtzaun einzureißen und sich auf einigen hundert Quadratmetern festzusetzen. Wenig später zogen die Ordnungskräfte um diesen »Brückenkopf« Stacheldrahtrollen, um die eingedrungenen — etwa 1000 — von anderen Demonstranten zu isolieren. Als es dunkelte, schlugen die Eindringlinge Zelte auf, entschlossen, durch Ausharren auf dem weichen Kleiboden den weiteren Ausbau zu verhindern. Rasch entzündete Lagerfeuer aus Zaunpfählen sorgten für Wärme, schufen eine fast friedvolle Atmosphäre.

Einsatz von Tränengas

Gegen 19 Uhr gingen plötzlich starke Polizeikräfte ohne ersichtlichen Anlaß gegen die Eindringlinge massiv mit Schlagstöcken und Tränengas vor und räumten den »Brückenkopf«. Während die Polizei ein »korrektes Verhalten« ihrer Beamten hervorhob, beklagten Kernenergiegegner die »Unverhältnismäßigkeit der Mittel«: Auf Demonstranten sei brutal eingeschlagen worden; durch den Einsatz von chemischen Keulen seien mehrere verletzt worden. 26 Personen mußten mit Augenverletzungen und Platzwunden ärztlich behandelt werden. 52 Demonstranten wurden vorübergehend festgenommen.

Wie schon oft, wenn besorgte Umweltschützer gegen Atomkraftwerke protestieren, waren auch in Brokdorf staatliche Stellen schnell zur Hand, die Aktion linksextremen Organisationen wie dem Kommunistischen Bund Westdeutschland (KBW) oder der KPD/ML (Marxisten-Leninisten) anzulasten. So verkündete ein Sprecher der Kieler Landesregierung:

»Das waren gut organisierte Radikale und nicht gerade typische Marschbauern.« Sicher, auch in Brokdorf hatten sich Mitglieder jener politischen Randgruppen unter die Menge gemischt, denen es nicht auf die Sache, sondern auf Publizität ihrer politischen Aktivitäten ankommt. Es waren aber, wie selbst Polizeischätzungen aussagen, kaum mehr als 150, allerdings straff organisierte KBW- und KPD/ML-Genossen mit nur einem Transparent unter den Tausenden von acht Bürgerinitiativen allein aus dem norddeutschen Raum und Atomkraftgegnern aus anderen Teilen des Bundesgebietes. Fristgerecht hatten 20 588 Bürger aus Schleswig-Holstein Einwendungen gegen den Bau des Atomeis von Brokdorf erhoben, über die Gerichte noch entscheiden müssen. Viele Bürger sind bestürzt, daß entgegen offiziellen Beschwichtigungen, mit dem Bau werde nicht vor einem endgültigen Gerichtsentscheid begonnen, nun Tatsachen geschaffen worden seien, durch die Rechtsmöglichkeiten der Kraftwerksgegner eingeschränkt würden.

Dabei steht nicht allein Brokdorf im Vordergrund. Die Bürgerbewegung befürchtet, daß die noch weitgehend intakte ländliche Region beiderseits der rund 100 Kilometer langen Elbe zwischen Hamburg und Cuxhaven zu einem riesigen Industrierevier mit Öl-, Chemie- und Aluminiumwerken sowie mit einer in Europa beispiellosen Konzentration von Kernkraftwerken verplant werden könnte. Das Mißtrauen ist nicht unberechtigt: In Stade und in Brunsbüttel sind schon Reaktoren in Betrieb, in Krümmel ist der Rohbau eines Atomkraftwerkes fertig, ein weiteres Dutzend ist in der Planung oder im Gespräch. Allein der in Brokdorf geplante Reaktor soll nach seiner Fertigstellung 1981 mehr Strom erzeugen, als heute für den Spitzenbedarf von ganz Schleswig-Holstein produziert wird. Sie alle würden folglich auch durch das in den Strom zurückgeleitete Kühlwasser die Elbe über Gebühr aufheizen. »Eines Tages«, warnte der Hamburger Hydrobiologe Reinmar Grimm, »kippt die Elbe um und ist ein toter Fluß.«

Schon Anfang voriger Woche hatte die Kieler Landesregierung demonstriert, wie die Unverhältnismäßigkeit staatlicher Aktionen gegen legitime Bürgerrechte mit wenig stichhaltigen Argumenten untermauert werden kann. Nach einem fast zwei Jahre dauernden Prüfungsverfahren war die Teilgenehmigungserrichtung für Brokdorf erteilt und von der Landesregierung gegen den erklärten Willen der Bürgerinitiative die »sofortige Vollziehung« angeordnet worden. Vorher allerdings hatte der für Umweltschutz zuständige Sozialminister Karl Eduard Claussen (CDU), Chefredakteure mehrerer befreundeter Zeitungen des Landes bei einem Mittagessen im feudalen »Kieler Kaufmann« mit der Bitte um Verschwiegenheit über seine Absicht informiert, um die Atomgegner auszumanövrieren. »So verhindert man kritische Berichte über die Brokdorfer Methoden im Keim«, kommentierte eine Hamburger Zeitung.

Noch in der gleichen Nacht zum 26. Oktober, als die Bewohner von Brokdorf noch schliefen, rückten zwei Hundertschaften Polizei, 150 Lastwagen und 400 Arbeiter an der Brokdorfer Baustelle an, zogen um das künftige Atomwerkareal mehrere Rollen Stacheldraht, setzten Lichtmasten, errichteten Zwinger für Wachhunde, stellten ein großes Verpflegungszelt auf, verteilten Beobachter und brachten zwei Wasserwerfer in Position. An alles war gedacht worden, sogar an transportable WC-Fahrzeuge, nach Meinung der Bürgerinitiative Indizien für eine von langer Hand vorbereitete Aktion. Am Abend hatten Beobachter den Eindruck, als sei hier schon seit Wochen gearbeitet worden. Claussens Coup war gelungen. Brokdorfer Bürger und Mitglieder der Bürgerinitiative zeigten sich von dem »kriegsmäßigen Einsatz« völlig überrascht.

Während Ministerpräsident Gerhard Stoltenberg Matthiesens Vorwurf der »Nacht-und-Nebel-Aktion« energisch zurückwies und die Maßnahme unter anderem damit begründete, der Landesregierung sei bekannt gewesen, daß kommunistische Gruppen seit langem geplant hätten, den Baubeginn mit Gewalt, etwa durch Besetzung, zu verhindern, rechtfertigte Minister Claussen den Einsatz auch mit dem Hinweis, die Polizeieinheiten seien nur gekommen, um den Verkehr zu regeln. Ein Chronist vermerkte daraufhin in der *Schleswig-Holsteinischen Landeszeitung* mit bissiger Ironie: »Prompt kursiert eine Ostfriesen-Witz-Version: Wie regelt man an der Westküste den Verkehr? Mit dem Wasserwerfer.«

Gert Kistenmacher
(Süddeutsche Zeitung [SZ] v. 2. 11. 76)

5. Rede des Oppositionsführers Matthiesen vor dem Kieler Landtag

Keine Regierung hat das Recht, den Menschen eine Entwicklung ihrer Zukunft aufzuzwingen, die sie nicht wollen. Nach meinem Verständnis wäre es in dieser Situation deshalb Aufgabe des Staates gewesen, die Information der Bürger über Pro und Kontra zu leisten. Heute muß es darum gehen, die anstehenden Entscheidungsalternativen deutlich zu machen. Wer wie die Landesregierung im Falle Brokdorf die Bürger überrumpelt, läßt den Bürgern keine Alternative. Hier wird ein kaltes Staatsverständnis auf der Basis einer technokratischen Grundhaltung deutlich; ein Staatsverständnis, das den Staat als eine Art wertneutrales Verwaltungssystem betrachtet, das formale Rechtspositionen in den Rang absoluter Objektivität erhebt und ihnen die Bürgerinteressen unterordnet. Dieses Staatsverständnis hat Tradition. Es ähnelt dem des Obrigkeitsstaates und mißtraut der Mitwirkung der Bürger zutiefst. Von hier bis zur Einstellung, daß staatlichem Handeln und staatlicher Bürokratie grundsätzlich ein sittlich höherer Rang als dem Bürger zukommt, ist es nicht weit.

Wie empfindet der Bürger dieses Vorgehen?

In der ersten vorbereitenden Phase wird die Bevölkerung mit allerlei Versprechungen von demokratischen Verfahren in Sicherheit gewiegt, damit die zeitraubenden Vorbereitungen ungestörter getroffen werden können. Die zweite Phase beginnt mit der präzisen und präventiven Besetzung des Bauplatzes, wobei die Staatsgewalt einschüchtern und entmutigen soll. In der dritten Phase werden die protestierenden Bürger propagandistisch dadurch diskriminiert, daß die große Mehrheit friedlicher Demonstranten mit kleinen militanten Gruppen in einen Topf geworfen wird. Neben der pauschalen Behauptung von der radikalen Unterwanderung tritt dann noch der gezielt geschürte Konflikt Arbeitnehmer gegen Umweltschützer. Der Ministerpräsident mischt dabei kräftig mit und läßt bewußt im unklaren, wo der »ehrbare Umweltschützer« aufhört und der »böse Radikale« anfängt. Und damit wird dann das politische Klima für den Irrsinn von Gewalt und Gegengewalt gefördert. Genützt hat das Ganze nur einer kleinen Handvoll militanter Anarchisten, die nichts zu bieten haben als blinde Aggression und Gewalt.

Durch den Sofortvollzug der Genehmigung für den Bau und gleichzeitigen massiven und unverhältnismäßigen Polizeieinsatz ist bei vielen Bürgern das Gefühl der Ohnmacht und praktischen Wehrlosigkeit entstanden. Und die, die anschließend u. a. dagegen demonstrieren, haben es nicht verdient, daß sie für gewalttätige Ausschreitungen verantwortlich gemacht werden. Denn die Landesregierung hat nichts getan, um die friedlichen Demonstranten zu unterstützen.

Damit hat sie gleichzeitig die Polizei in eine Situation gedrängt, in der sie die Prügel für die politischen Fehler der Landesregierung einzustecken und auszuteilen hatte. Dem Ansehen der Polizei ist damit Schaden zugefügt worden. Die Polizei muß vor solcher Inanspruchnahme in Schutz genommen werden. Solche politisch verursachten Belastungen sollten unseren Polizeibeamten in ihrem schwierigen Dienst erspart bleiben.

Dadurch, daß die Regierung selbst und die Nordwestdeutschen Kraftwerke mit deren Zustimmung bereits umfangreiche, jahrelange Planungen und Vorausinvestitionen in Millionenhöhe in die Vorbereitung des Kernkraftwerkes stecken konnten, ist eine ergebnisoffene rechtliche Überprüfung stark erschwert, wenn nicht unmöglich gemacht worden. Diese Geldmengen werden wiegen, wenn ein Gericht über Klagen zu befinden hat. Solche Politik der vollendeten Tatsachen und einbetonierter Millionen, die den Rechtsstaat erst ausnützt und dann ohnmächtig macht, ist es, was die Bürger zusätzlich verbittert und auf den Plan ruft.

Die Landesregierung trägt die politische Verantwortung für das bisherige Geschehen in Brokdorf. Sie sollte zukünftig daraus lernen. Brokdorf kann sich nämlich wiederholen, wenn künftig nicht Raumplanungen und Industrieansiedlungen öffentlich diskutiert und entschieden werden. Erst damit kann sich der Staat die Legitimation schaffen, unter strenger Wahrung der Verhältnismäßigkeit der Mittel und rechtsstaatlicher Verfahren, für die Durchsetzung zu sorgen.

Weil Brokdorf mehr ist als nur ein lokales Ereignis, weil Brokdorf exemplarische Bedeutung hat, und weil es wichtig ist, daß die Bürger Vertrauen in staatliches Handeln zurückgewinnen, deshalb fordern wir die Landesregierung auf, den Bau des Kernkraftwerks Brokdorf im Sinne unseres Antrages sofort einstellen zu lassen.

(Aus der Rede des Oppositionsführers K. Matthiesen vor dem Kieler Landtag [FR] v. 24. 12. 76)

6. Öllampe oder Kernkraft: die wahre Alternative?

Die Gegenüberstellung von potentieller Leistung und zukünftigem Bedarf läßt das Bild eines unmittelbar drohenden Strommangels als absurd erscheinen. Eine einfache Rechnung soll dies verdeutlichen:

- Ende des nächsten Jahres wird in der Bundesrepublik eine Kraftwerkskapazität von 86 000 bis 86 500 Megawatt zur Verfügung stehen.
- Diese Leistung reicht aus, um 430 Milliarden Kilowattstunden zu erzeugen.
- Selbst unter großzügiger Bedarfsschätzung benötigt die bundesdeutsche Volkswirtschaft diese Strommenge aber erst 1983, wahrscheinlich sogar noch einige Jahre später.

Ein solches zweifellos theoretisches Rechenexempel, weil es einerseits von einer konstanten Kapazität ausgeht und andererseits die notwendige Reservehaltung außer acht läßt, erhellt zumindest doch, wie schief, manchmal sogar unseriös, derzeit über unsere künftige Energieversorgung diskutiert wird. Wenn Bürgerproteste den Bau von Kernkraftwerken verhindern oder verzögern, so weckt dies stets schreckliche Visionen bei den meisten Politikern über unseren Wohlstand, unsere Wachstumschancen und internationale Wettbewerbsfähigkeit im nächsten Jahrzehnt.

Reservekapazitäten

Doch zunächst zurück zu der rein wirtschaftlichen Betrachtungsweise. Auch die Vereinigung Deutscher Elektrizitätswerke (VDEW) macht keinen Hehl aus den inzwischen installierten — wie sie sagt — »Reservekapazitäten«. Wegen der langen Zeiträume zwischen Planung und Inbetriebnahme sowie des wahrscheinlichen Strombedarfszuwachses benötige die Bundesrepublik, so deren Argumentation, jedoch jedes Jahr mindestens rund 3000 Megawatt zusätzlich. »Nur auf diese Weise«, meint ihr Geschäftsführer Dr. Tegethoff, »bleiben wir auf der sicheren Seite und können den nahtlosen Anschluß an neue Technologien in der Stromerzeugung gewinnen.« Daß die zusätzlichen Kapazitäten aus der durch die Kernspaltung frei werdenden Energie herrühren müssen, steht für ihn außer Frage. Eine unter mehreren Begründungen dafür seien die niedrigeren Kosten im Vergleich zur Kohle.

Gerade dieser angebliche Kostenvorteil der Kernkraft gegenüber den Kohlekraftwerken ist freilich nicht mehr unbestritten.

Wie nicht anders zu erwarten, meldete sich als erste die Ruhrkohle AG zu Wort. Eines Tages werde Kohlestrom sogar billiger sein, kam die seherische Kunde aus Essen. Auch Nordrhein-Westfalens Wirtschaftsminister Ludwig Riemer begriff sogleich. Er will jetzt ein Gutachten in Auftrag geben, das diesen Streitpunkt klären soll. Ohne das Ergebnis der VDEW abwarten zu müssen, sind Zweifel erlaubt. Diese ergeben sich schon aus den unterschiedlichen Kostenstrukturen beider Stromerzeugungsverfahren. Während die reinen Betriebskosten beim Einsatz fossiler Energieträger, wie beispielsweise die Kohle, rund 60 bis 70 Prozent der Gesamtkosten ausmachen, lautet das Verhältnis bei der Kernkraft etwa 20 Prozent Betriebskosten zu 80 Prozent Kapitalkosten. Das bedeutet, daß die Kernkraftwerksbetreiber zwar ohne größere Schwierigkeiten eine weitere Inflation der Uranpreise verdauen könnten, daß sie aber mit Aufwendungen kalkulieren müssen, die für zehn oder zwanzig Jahre im voraus kaum abschätzbar sind. So hat es nur ein paar Jahre gedauert, die Planungen für den sogenannten Entsorgungspark im Emsland mit Wiederaufarbeitungsanlagen für abgebrannte Brennelemente und den Endlagerstätten für den hochradioaktiven Atommüll von drei bis vier Milliarden Mark auf acht bis zehn Milliarden in die Höhe schnellen zu lassen.

Das jüngste Beispiel, wie sich selbst anerkannt gute Rechner verkalkulieren können, liefert die BASF. Nachdem man in Ludwigshafen merkte, daß die Kosten für ein eigenes Kernkraftwerk um rund eine Milliarde Mark zu niedrig geschätzt wurden, als ursprünglich angenommen, verschwanden die Pläne auf Nimmerwiedersehen in der Ablage.

Grundsätzlich geht es dabei nicht um die Verdrängung des Mineralöls bei der Stromerzeugung, denn nur fünf Prozent des 1975 in der Bundesrepublik verbrauchten Öls wurden direkt für die Elektrizitätsgewinnung verwendet. Die Pläne laufen vielmehr darauf hinaus, in den privaten Haushalten und in der Industrie den Heizölverbrauch nach dem Motto »Steckdose statt Öltank« zu verringern. Das unter günstigsten Annahmen anvisierte Ziel lautet: Bis 1985 soll unser Energiebedarf nur noch zu 44 Prozent vom Öl gedeckt werden, anstatt derzeit zu 53 Prozent.

Die Kostenvorteile des Atomstroms sind umstritten, seine Möglichkeiten, das Öl zu ersetzen, offenbar sehr eng. Den Bürgerinitiativen blieb es vorbehalten, die Frage aufzuwerfen, ob denn dafür der Preis in Form von 50 000 Megawatt Kernkraftwerkskapazität (heute 6500) nicht zu hoch sei. Ihre Aktionen haben die zukünftige Energieversorgung aus der rein ökonomischen Betrachtungsweise herausgelöst und in einen weiter gefaßten Rahmen gestellt. Nur die stets auf den nächsten Wahltermin schielenden Politiker scheinen sich schwer von tradierten Denkstrukturen trennen zu können. Heute noch muß jeder mit verständnislosem Kopfschütteln rechnen, wenn er fragt, ob wir nicht mit weniger neuen Kernreaktoren auskommen können, ohne daß in der Bundesrepublik die Lichter verlöschen.

Schiefe Diskussion

Wenn Bundeswirtschaftsminister Friederichs jetzt zähneknirschend sein Kernkraftprogramm von 50 000 auf 35 000 Megawatt zusammenstreicht, aber gleichzeitig von dadurch bedingten drohenden Wachstumsverlusten spricht, so schiebt er die Diskussion exakt auf ein Gleis, wo sie nicht hingehört.

Der derzeitige Kapazitätspuffer erlaubt es nämlich, sich Zeit zum Nachdenken zu nehmen. Zeit dazu, wie Energie besser genutzt und weniger verschwendet werden kann. Es drängt sich der Verdacht auf, als sei viel zu wenig Gehirnschmalz darauf verwendet worden, wie die enge Bindung zwischen Wirtschaftswachstum und Stromverbrauch gelockert werden könne.

Und fast rührend sind die bisherigen Initiativen der Bundesregierung gegen die Energieverschwendung zu nennen. Glaubt man in Bonn wirklich, daß Abschreibungserleichterungen und Investitionszulagen für Bauherren, die wärmeisolierende Wände einziehen, der Bedeutung der Aufgabe adäquate Mittel sind?

Auch die Brüsseler Kommission hat unlängst einige Punkte für die Energieeinsparung aufgelistet. Sie verlangt die Verbesserung der Isolierung von Gebäuden, den Einsatz von Wärmepumpen, Energieerzeugung aus Abfällen, Entwicklung von Methoden für die Speicherung der Sekundarenergie, die verstärkte Rückführung von Rohstoffen und Nutzung der Abwärme. All diese Vorhaben will sie in den neun Partnerländern im nächsten Jahr mit »gewaltigen« 40 Millionen Mark fördern. Dies entspricht nicht einmal dem Betrag, der an einem einzigen Tag aus der gemeinsamen Agrarkasse fließt.

Die ganze Schizophrenie der traditionellen Energiepolitik offenbart sich schließlich in dem stereotypen Einwand gegen solche Anregungen, daß damit nur sehr mühsam und langfristig Effekte erzielt werden können. Dies trifft zweifellos zu. Wenn aber ein ganzes Maßnahmebündel für die Versorgungssicherheit der fernen Zukunft zur Verfügung steht, weshalb soll dann gerade die einzige irreversible und mit vielen Problemen behaftete Maßnahme — der Bau von Kernkraftwerken der derzeitigen Generation — auf Teufel komm raus vorangetrieben werden?

Die Widerstände gegen die Kernkraftwerke beziehen sich in erster Linie auf die heute gebräuchlichen Leichtwasserreaktoren mit ihren hochradioaktiven langlebigen Strahlenabfällen. Sollte ihr Erbe so wenig schwerwiegend eingeschätzt werden, als daß Wissenschaft und Technik nicht Zeit und Auftrag erhalten müssen, nach Alternativen zu suchen? Möglicherweise sind sie schon gefunden; vielleicht liegen sie in dem Hochtemperaturreaktor, der neben einer Reihe ökonomischer Vorzüge den essentiellen Vorteil besitzt, weder hochradioaktives Plutonium zu erzeugen noch die latente Gefahr eines plötzlichen massiven Austritts von Radioaktivität in sich zu bergen. Außerdem soll er noch eine besondere physikalische Eigenart aufweisen: Die Erzeugung subatomarer Geschosse (Neutronen), mit denen der langlebige Atommüll heutiger Kernkraftwerke in kurzlebigen Strahlenabfall verwandelt werden könnte.

Rationellere Energieverwendung, Behutsamkeit in der Anwendung neuer Technologien und Forschen nach Alternativen hat die Energiepolitik bisher nicht als säkulare Herausforderung begriffen. Dabei ist es noch nicht zu spät, aber höchste Zeit, sich diesen Fragen anders als in Zwei-Minuten-Statements vor Fernsehkameras zu widmen. *Jürgen Klotz*

(FR v. 18. 12. 76)

7. Regierungserklärung: Bürgerrechte und Kernenergie-Politik

Meine Damen und Herren, auf den Ausbau der Kernenergie kann nicht verzichtet werden. Kernenergie bleibt zur Deckung des vorhersehbaren Strombedarfes notwendig, unerläßlich. Ohne ihren Beitrag wäre es auch nicht möglich, die Energieträger so vielfältig einzusetzen, wie es im Interesse der Sicherheit unserer Stromversorgung geboten ist. Dabei wird allerdings die Kernenergie zukünftig die vollen Kosten für den geschlossenen Brennstoffkreislauf bis hin zur Entsorgung decken müssen. Das heißt, über den Strompreis am Markt decken müssen. Bei der Kernenergie richten wir das Augenmerk vor allem auf die folgenden Punkte.

— Zum einen muß die Betriebssicherheit Vorrang haben vor allen wirtschaftlichen Erwägungen.

— Zum anderen müssen wir dafür sorgen, daß die Interessen der Bürger bei Planungs- und Genehmigungsverfahren durch frühzeitige Information und Beteiligung gewahrt bleiben.

Die Bundesregierung prüft deshalb die Möglichkeit der Einführung einer praktikablen Form der Verbandsklage im atomrechtlichen Genehmigungsverfahren. Die Bundesregierung hält die bisherige regelmäßige Praxis, den Bau von Kernkraftwerken ungeachtet der Einwendungen durch sofortigen Vollzug zu beginnen, für unbefriedigend, denn der Bürger kann diese Handhabung als ein Instrument verstehen, das ihn tatsächlich in der Wahrnehmung seiner Rechte beschneidet. Die Bundesregierung wird daher zusammenwirkend mit den Ländern und im Gespräch mit der Wirtschaft darauf hinwirken, daß das Verfahren zukünftig so gehandhabt wird, daß der Ausgleich zwischen berechtigtem Begehren von betroffenen Bürgern und ihrer durch Gesetz gewährten Rechten mit den energiepolitischen Notwendigkeiten des konkreten Projekts wirklich hergestellt werden kann.

Die Absprache zwischen dem Bunde und dem Lande Niedersachsen über den Standort der Entsorgungsanlage ist ein weiterer Schritt zur Lösung des Entsorgungsproblems. Die Wirtschaft muß jetzt die noch offenen finanziellen und organisatorischen Fragen klären und das Entsorgungskonzept zur Beurteilung der Sicherheitsauflagen vorlegen. Die Bundesregierung will bei der Genehmigung von Kraftwerken wiederum gemeinsam mit den Ländern dafür sorgen, daß die Errichtung neuer Kraftwerke nur noch dann genehmigt wird, wenn für sie die Entsorgung hinreichend sichergestellt ist. Bei den schon im Bau befindlichen oder schon im Betrieb befindlichen Anlagen muß die gesicherte Entsorgung in angemessener Frist nachgewiesen werden. [. . .]

Nun sind im Zusammenhang mit der friedlichen Nutzung der Kernenergie — aber das gilt auch für konventionelle Kraftwerke, das gilt auch für andere industrielle Großanlagen — mancherorts Besorgnisse bei Bürgern aufgetaucht. Solche Sorgen, die sich vielfach in Protestaktionen auswirken, müssen ernst genommen werden, und Protestbewegungen haben Anspruch auf faire Behandlung durch die staatlichen Organe. Und sie dürfen selbst dann nicht ins gesellschaftliche Abseits gestellt werden, wenn sich auch Extremisten oder Rowdys daran beteiligen. Wer das täte, der diskreditierte das Bürgerrecht auf Protest und er arbeitete den Extremisten in die Hände. Aber andererseits, wo sich Extremisten und Chaoten in Bürgerinitiativen und Protestgruppen einschleichen und sie damit kompromittieren, dort erwarten wir klare Trennungsstriche, bei uns darf jeder demonstrieren, aber niemand darf demolieren. *(Regierungserklärung vom 16. 12. 76)*

8. H. Kohl, Antwort auf die Regierungserklärung

Wir haben gestern über zweieinhalb Stunden die Regierungserklärung des neugewählten Herrn Bundeskanzlers gehört. Viele unserer Mitbürger haben diese Erklärung nach den langen Verhandlungen über die Bildung der Bundesregierung mit Spannung erwartet. Sie alle sind wie wir bitter enttäuscht worden. Diese Regierungserklärung, Herr Bundeskanzler, ist ein Dokument der Ratlosigkeit. Sie beschränkt sich weithin auf eine Zustandsbeschreibung, und nicht einmal dies tut sie offen und ehrlich mit dem Mut zur notwendigen und auch unbequemen Wahrheit.

Sie, Herr Bundeskanzler, verharmlosen die Lage, Sie nennen keine Lösungen, Sie zeigen keine Perspektive auf. Statt dessen beschränken Sie sich auf Appelle, auf Ankündigungen, schlagen eine Unzahl von Kommissionen vor, sagen den anderen, den Verbänden, den

Gewerkschaften, den Ländern, den Gemeinden, wie sie sich verhalten sollen, verschweigen aber hier im Parlament und auch gegenüber dem Bürger, was Sie wirklich machen werden. Eine Regierungserklärung soll aber erklären, was die Regierung tun wird, und sie soll nicht andere belehren, wie sie sich verhalten sollen. So wird man der Richtlinienkompetenz des Kanzlers, der Leitungsfunktion der Regierung nicht gerecht. Herr Bundeskanzler, mit dieser Rede stehlen Sie sich aus der politischen Verantwortung und wälzen sie auf Dritte ab. Mit Ihrer buchhalterischen Aufzählung aller Einzelfragen entziehen Sie sich der zwingenden Notwendigkeit, Prioritäten zu setzen und die wirklichen Probleme der Bundesrepublik offen und klar anzusprechen, jene Probleme, die unsere Mitbürger offensichtlich klarer sehen als Sie. Wer die Sorgen der Bürger dieses Landes kennt und dann Ihre Regierungserklärung gehört hat, der kann sich über diesen Verlust an Realität nur wundern. Wovon täglich die Zeitungen schreiben, das findet in Ihrer Erklärung nicht statt: Bürgernähe, Herr Bundeskanzler, das ist für Sie ein Fremdwort.
[. . .] Dies war Ihre erste Regierungserklärung nach einer Wahl. Viele hatten gehofft, und viele hatten Ihnen gewünscht, daß Sie den Mut zu einem neuen Anfang finden. Die Bereitschaft unserer Mitbürger ist groß, auch eine scheinbar unpopuläre Politik mitzutragen, wenn sie nur mutig angepackt, vernünftig begründet und von einer vertrauenswürdigen Regierung durchgesetzt wird.

Herr Bundeskanzler, nach manchem, was ich in diesem Jahr beobachten konnte, und auch nach Ihrer gestrigen Rede fürchte ich sagen zu müssen: Sie kennen die Menschen nicht mehr, die Sie regieren; Sie verkennen ihre Ängste, ihre Sorgen, ihre Unsicherheit. [. . .]

(FR v. 17. 12. 76)

9. H. Kohl, Erwiderung zur Regierungserklärung

Auf dieser Regierungsbank sitzt die schwächste Regierung, die wir in dieser Bundesrepublik je hatten. Über 1,2 Millionen Wähler haben Ihnen, meine Damen und Herren von der SPD und FDP, seit 1972 den Rücken gekehrt. Das Schauspiel der über zwei Monate andauernden Koalitionsgespräche hat die Divergenzen zwischen SPD und FDP offenbart. Die Regierungserklärung als das Ergebnis dieser Verhandlungen beweist, daß Sie sich eben nur noch auf den kleinsten Nenner einigen konnten. Jetzt verfolgen die Bürger den Beginn Ihrer zweiten Amtsperiode mit Sorge, Skepsis und Gleichgültigkeit. Selten zuvor haben sich solche geringe Erwartungen an eine neue Regierung geknüpft, war das Vertrauen in die Wahrhaftigkeit einer neuen Regierung so gering wie heute. Wir in der Union empfinden darüber keine Schadenfreude, denn unser Land braucht eine starke Regierung. Die Menschen, unsere Mitbürger, müssen darauf vertrauen können, daß jene, die sie gewählt haben, ihrem Auftrag gerecht werden. Das gilt für Sie, und das gilt für uns gleichermaßen. Wir, CDU und CSU, nehmen den Auftrag als Opposition an, ohne wenn und aber. Die Rollen sind klar verteilt. Wir wollen nicht insgeheim mitregieren; aber wir entziehen uns nicht unserer Verantwortung.

Meine Damen und Herren, meine Freunde und ich wünschen der Bundesregierung Erfolg, wo immer es darum geht, Gefahren von unserem Volk abzuwenden und das zu tun, was im Interesse der Freiheit und Gerechtigkeit notwendig ist. Wir sind nicht so hintersinnig, aus Nachteilen für Volk und Staat Vorteile für die Partei ziehen zu wollen. Nur, wer uns braucht — und diese Regierung wird uns brauchen —, darf die Opposition nicht bitten, sich von Fall zu Fall hinten anzustellen. Wer uns braucht, der muß mit uns rechtzeitig und vollständig über die Bereiche reden, in denen gemeinsames Handeln möglich und erforderlich ist, oder darf dies nicht erst dann tun, wenn die Dinge im Vermittlungsausschuß zur Entscheidung anstehen. Wer uns braucht, muß die Probleme beim Namen nennen, auch wenn er sie selbst mit verursacht hat.

Wir brauchen einen Bundeskanzler mit dem Mut zur Kurskorrektur, nicht einen Kanzler, dessen Talent in der Verschleierung der Probleme zu sehen ist. Was diese Regierung kennzeichnet, das ist der Mangel an Mut, den Menschen im Lande in einer ernsten Lage reinen Wein einzuschenken. Alle jene Themen, Herr Bundeskanzler, deren Behandlung Sie vor dem Wahltag als Angstmache und Diffamierung und Schwarzmalerei dargestellt haben, haben Sie jetzt, nach dem Wahltag, zu Aufgaben Ihrer Regierung erklärt. Ich habe nichts dagegen, und wir begrüßen diese Hinwendung der Regierung zu politischen Vorstellungen der Union, und wir werden Ihnen auch in Zukunft Gelegenheit dazu geben. Wir wissen, daß die geistige Führung das Fundament der politischen Führung bleibt.

Zusammenarbeit, Herr Bundeskanzler, erfordert aber auch eine Korrektur Ihrer Art der Gesetzgebungsarbeit. Zentrale Probleme unserer Politik sind oft bis an den Rand des gerade noch Erträglichen aufgeschoben worden und sind dann, als es gar nicht mehr anders ging, in unverantwortlicher Weise übers Knie gebrochen worden. Der Schaden, den hat der Bürger, der sich oft von heute auf morgen auf unausgereifte, ja zum Teil widersprüchliche Gesetze einrichten mußte. Ich halte dies für das genaue Gegenteil einer ordentlichen Politik, und ich meine, daß bei dieser Methode auch unsere Rechtsordnung und das Vertrauen in sie über Bord gehen. Herr Bundeskanzler, ich fordere Sie in aller Form auf: Lassen Sie in der jetzt beginnenden Legislaturperiode von diesem Hauruckverfahren ab, auch wenn es Ihnen noch so schwerfällt, bei vernünftiger Beratung Ihre hauchdünne Mehrheit zusammenzuhalten. Und lassen Sie auch ab von der Methode, Ihre Gesetzgebungsvorhaben zunächst hinter Schloß und Riegel in komplizierten Koalitionsverhandlungen auf Punkt und Komma zu fixieren und erst dann, wenn es zu spät ist, die Vereinbarkeit mit der Verfassung und mit dem sachlichen Gebot des Gegenstandes zu überprüfen. Die Erfahrungen, die wir — wir alle, auch Sie — in letzter Zeit mit dem Mitbestimmungsgesetz und mit dem Paragraphen 218 gemacht haben, sollten Ihnen eine Lehre sein. Dieses Verfahren mag man ein- oder zweimal praktizieren; dann ist das Vertrauen des Bürgers ruiniert. Und ich sage Ihnen, wir werden uns an solchen Praktiken nicht beteiligen. *(FR v. 17. 12. 76)*

10. Das enttäuschte Volk

In den letzten Wochen war allenthalben davon die Rede, die politischen Parteien hätten versagt. Als Beispiel diente stets die heftige öffentliche Auseinandersetzung um die Kernenergie, die durch die Ortsnamen Wyhl und Brokdorf symbolisiert wird. Man warf den politischen Parteien vor, sie hätten die Brisanz der Atomfrage nicht rechtzeitig genug erkannt, so daß die Ängste und Sorgen vieler Bürger, die sich mit dem Problem der Kernenergie verbinden, sich nur in Bürgerinitiativen außerhalb der politischen Parteien hätten artikulieren können. Wie schon 1968 registrierte man sorgenvoll die Entstehung einer neuen außerparlamentarischen Opposition, von der manche sogar befürchteten, daß sie die erste APO an Schlagkraft und Wirkung weit hinter sich lassen würde. [. . .]

In der Frage des weiteren Ausbaus der Kernenergie stehen sich Befürworter und Gegner bekanntlich so unversöhnlich gegenüber, daß politische Kompromisse schlechterdings nicht möglich sind. Weder, so scheint mir, kann eine unserer politischen Parteien sich zur Zeit eindeutig gegen den Bau weiterer Kernkraftanlagen aussprechen, noch kann sie mit aller Entschiedenheit dafür Partei ergreifen. Ich sehe also nicht, wie die Parteien die in diesem

Punkt verfahrene und nach wie vor brisante Situation so leicht wieder ins Lot bringen und störungsfrei in die parteipolitische Auseinandersetzung zurückholen können.

Die Behauptung vom Versagen der politischen Parteien trifft gewiß zu, wenn man von der Voraussetzung ausgeht, die politischen Parteien müßten alle in einer Wahlperiode auftretenden Streitfragen und Probleme frühzeitig erkennen und dafür klare Lösungen und Strategien parat haben. Ich halte diese Vorstellung für unrealistisch, ja nicht einmal für wirklich wünschenswert. Dies würde nämlich bedeuten, daß die Parteien nicht nur in der Lage wären, mehr zu erkennen und zu wissen als die übrigen meinungsbildenden Kräfte in unserer Gesellschaft, es würde die politischen Parteien auch in die Rolle von Meinungsführern der Nation drängen, denen das Volk jeweils abnehmen muß, was sie anzubieten haben. Das Grundgesetz stellt in Artikel 21 fest, daß die politischen Parteien bei der Willensbildung des Volkes »mitwirken«. *Mit*wirken, wohlgemerkt. Dies heißt, daß sie ein zwar wichtiges, auch ganz unentbehrliches Element im Prozeß der politischen Willensbildung sind, aber eben nur eines neben anderen. Sie haben nicht das Monopol. [. . .]

Das Unbehagen, das wir zur Zeit gegenüber den Parteien und der Parteipolitik registrieren, und das zu der Parole vom Versagen der Parteien beigetragen hat, hängt meines Erachtens mit zwei Erscheinungen zusammen, die für unsere gegenwärtige Politik gleichermaßen charakteristisch sind:

Erstens: Mit der weitverbreiteten Empfindung, daß die politischen Parteien sich vielfach um die Sorgen, Belange und Probleme der Bevölkerung nicht genügend kümmern, weil sie zu ausschließlich mit sich selbst und mit ihren Streitigkeiten innerhalb wie zwischen den Parteien beschäftigt sind.

Zweitens: Mit der Tatsache, daß die politischen Parteien, um zu zeigen, daß sie ihre Hand gleichwohl am Puls der Nation haben, sich immer wieder dazu verleiten lassen, sich plötzlich auftretenden Stimmungen und Meinungsumschwüngen anheimzugeben. Sie neigen dazu, weil sie der zum Teil irrigen Meinung sind, sie wären durch eine möglichst schnelle Anpassung an modische Meinungstrends auf der Höhe der Zeit. Sie geraten dadurch jedoch in den Sog einer Aktualitätshascherei, die einer stetigen und kontinuierlichen Politik, wie man sie von großen politischen Parteien erwarten sollte, abträglich ist.

Die beiden Phänomene scheinen in Widerspruch miteinander zu sein, denn unsere erste Beobachtung macht den Parteien zum Vorwurf, sich zu sehr mit sich selbst und zu wenig mit den realen Bedürfnissen und Interessen des Volkes zu beschäftigen, während die zweite Beobachtung ihnen gerade die zu schnelle Befassung mit oft schnell vorübergehenden Themen einer aufgeregten öffentlichen Diskussion zur Last legt. Doch vielleicht ist die Aktualitätshascherei gerade die Kehrseite eines Parteilebens, das nicht wirklich im Volk verwurzelt ist.

Das gegenwärtige Versagen unserer politischen Parteien scheint gerade darin zu liegen, daß sie sich einerseits zu sehr als bloßen Selbstzweck sehen, andererseits aber zuwenig in der Lage sind, die von der fluktuierenden öffentlichen Meinung produzierten Themen und Auseinandersetzungen so aufzugreifen, daß sie auf eine Weise verarbeitet und in das politische Leben der Nation integriert werden, die es möglich macht, die anfallenden Probleme und Themen von den Grundwerten und Grundprinzipien der Parteiprogrammatik her zu durchdenken und entsprechende Antworten und Lösungen zu entwickeln.

Haben wir nicht oft genug den Eindruck, daß zwischen den tönernen Proklamationen allgemeiner politischer Prinzipien und der Fähigkeit, sie in der praktischen Bewältigung der Politik konkret zum Vorschein zu bringen, eine kaum überbrückbare Kluft besteht?

Wenn heute vom Versagen der politischen Parteien als der notwendigen Vermittlungsinstanz zwischen Bürger und Staat gesprochen wird, so liegt dieses Versagen meines Erachtens nicht so sehr darin, daß sie in der Frage der Atomenergie momentan kein entschiedenes Ja oder Nein aussprechen können, sondern viel eher darin, daß es ihnen nicht mehr überzeugend gelingt, das Volk politisch so zu repräsentieren, daß es in den politischen Parteien und ihren Repräsentanten in den Parlamenten diejenigen wiedererkennt, die seine, des Volkes Sache, zu der ihrigen gemacht haben, und die deshalb auf ein gewisses Vertrauen rechnen dürfen.

Vielleicht ist die gegenwärtige Debatte über das Versagen der politischen Parteien, so übertrieben sie mir im ausschließlichen Bezug auf die Atomfrage erscheint, für die Parteien selbst ein hilfreicher Anstoß, sich von neuem klarzumachen, daß es für sie nicht genügt, gewählt zu werden. Man darf das Vertrauen der Bürger, von dem eine funktionierende Parteiendemokratie lebt, nicht gedankenlos aufs Spiel setzen. *Kurt Sontheimer*

(Deutsche Zeitung — Christ und Welt v. 15. 4. 77)

11. »Behördenwohl« statt Gemeinwohl

Umfrage-Resultate deuten darauf hin, daß mindestens zwei Millionen Westdeutsche in Bürgerinitiativen mitwirken oder in den letzten Jahren mitgewirkt haben — mehr Menschen jedenfalls, als den politischen Parteien angehören (1,8 Millionen). Während nach einer Untersuchung des Godesberger Infas-Instituts zwölf Prozent der Bevölkerung prinzipiell zu einer Mitarbeit in Parteien bereit wären, würden sich an Bürgerinitiativen 34 Prozent beteiligen, unter bestimmten Umständen sogar 60 Prozent.

Mit herkömmlichen Formeln, mit jugendlicher Aufmüpfigkeit oder dem Generationenkonflikt läßt sich der Massenandrang kaum noch erläutern, auch wenn das wieder mitspielt. »BI«, so das Kürzel für das sperrige Wortgebilde, reimt sich nicht auf die Apo der sechziger Jahre. »Aller Voraussicht nach noch weit ins letzte Viertel dieses Jahrhunderts hinein«, schreibt in einer jüngst erschienenen Untersuchung über »Die Bürgerinitiativbewegung« der Münchner Polit- und Rechtswissenschaftler Professer Peter Cornelius Mayer-Tasch, werde diese Bewegung politisch »fortwirken«.

Stimmt das, so könnte am Ende die Frage müßig sein, ob es an der bundesdeutschen Demokratie lag, daß sie deformiert wurde, oder lediglich daran, daß sie in falschen Händen war. In der Praxis des Bonner Staates jedenfalls ist ein BI-Phänomen nicht vorgesehen:

In Zweifel gezogen ist die Rolle der Parteien, die vor allem an der Willensbildung des Volkes beteiligt sein und diesen Willen in die Parlamente befördern sollen, aber offenbar kein Organ mehr haben für den vielen Unwillen im Lande.

In Frage gestellt sind die Volksvertreter, die ohnehin bereits einen Teil ihrer Macht an die besser informierte und besser gerüstete Bürokratie abgegeben haben und denen nun gleichsam von der Straße aus das Mandat entzogen wird. [. . .]

Ungezählt sind die kommunalpolitischen Projekte, die durch Bürger-Widerstand gebremst worden sind — von Stadtautobahn-Schneisen (wie in Bonn) bis zum Abriß von Arbeitersiedlungen (in Duisburg und Dortmund, Oberhausen und Gelsenkirchen). Schon plagen den Münchner Landesplaner Professor Gerd Albers »düstere Prognosen von der wachsenden Unregierbarkeit unserer großen Städte«, in denen »Planung immer weniger durchsetzbar« werde. [. . .]

Auch konservative Kritiker lasten die Ausweitung der Bürgerinitiativ-Bewegung den Parteien an, die bei der Bewältigung der Zukunft versagt haben: Sozial-, Frei- und Christdemokraten, analysiert »Welt«-Chefredakteur Herbert Kremp, »kennen eigentlich nur zwei Ängste: die Angst vor dem Wahltag und die Angst vor der inneren Spaltung«. »Hintergrund« des Aufbegehrens sei vor allem, meint Mayer-Tasch, ein Unbehagen über den Umstand, daß die bundesdeutsche Demokratie sich dreifaltig deformiert habe: zum »Verwaltungsstaat«, zum »Verbändestaat«, zum »Parteienstaat«. [. . .]

Der Einfluß der Apparate hat in den letzten Jahren rapide zugenommen. Immer mehr Entscheidungsfunktionen wurden von den Parlamenten auf Behörden verlagert. Obendrein verringerten Gebietsreformen bundesweit die Zahl der gewählten Bürger-Repräsentanten und Bürokratie-Kontrolleure um rund die Hälfte; statt 24 000 Gemeinderäten (1965) gibt es nur mehr 11 000. [. . .]

Statt der ausgeschalteten Parlamentarier steht den Bürgern immer häufiger eine anonyme Verwaltung gegenüber, die »nicht selten als Gemeinwohl deklariert, was als ›Behördenwohl‹ analysiert werden muß«: Bei vielen Planungsobjekten werde, beanstandet Rasehorn, »nach dem für die Verwaltung bequemsten Weg gesucht«. [. . .]

(DER SPIEGEL, Nr. 13/1977)

Aufgaben zu Phase I

Text 1—5

— Analysieren Sie die jeweils typischen Handlungs-, Beeinflussungs- und Durchsetzungsstrategien von Bürgerinitiativen, Verwaltung und demokratisch legitimierten Instanzen (Parlamente, Regierung usf.).
— Beschreiben Sie den in allen Fällen sichtbar werdenden Konflikt.
— Versuchen Sie Gesichtspunkte zur Beantwortung folgender Frage zu gewinnen: Entspricht das Verhalten der jeweiligen Konfliktgegner Ihren Vorstellungen von einem demokratischen Entscheidungsprozeß. — Berücksichtigen Sie auch Bestimmungen des Grundgesetzes, insbesondere die Artikel 20 und 38 Abs. 1.

Text 6 dient der Hintergrundinformation

Zur Lösung der Aufgaben könnten Sie die einzelnen Texte unter folgenden Gesichtspunkten bearbeiten:

Text 1
— Welches sind die Konfliktparteien, welche Ziele haben sie, welcher Mittel bedienen sie sich?
— Läßt sich auf seiten der Bürgerinitiative (BI) eine Strategie politischer Mobilisierung erkennen (Welche Bevölkerungskreise werden in welcher Reihenfolge angesprochen; welche Mittel der Beeinflussung werden angewandt; welche Informationen lassen sich über den ›aktiven Kern‹ der BI gewinnen?)?

Text 2
— Welche Bedingungen für politisches Engagement lassen sich aus den Leserbriefen ableiten (Was veranlaßt beide Leser, sich für den Konflikt zu interessieren?)?
— Was läßt sich aus den Briefen direkt oder indirekt über das Verhältnis von Behörden und Bevölkerung entnehmen?

— Beurteilen Sie die Reaktionen der Kernkraftgegner unter dem Gesichtspunkt der Angemessenheit (Welches sind die auslösenden Bedingungen für solche Form von Protest?).

Text 3, 4
— Wie stellt die Landesregierung ihr Vorgehen dar (Ziele, Rechtfertigungen)?
— Nach welchen Gesichtspunkten beurteilt sie das Geschehen?
— Welchen Zweck verfolgt sie mit dem Bericht; erreicht sie ihn? (Beachten Sie bei der Analyse die eingesetzten sprachlichen Mittel.)

Text 5
— In welchem Verhältnis stehen dem Text zufolge Verwaltung und politische Instanz?
— Belegen bzw. widerlegen Sie die Ausführungen des Oppositionsführers anhand des Berichtes der Landesregierung.
— Beschreiben Sie die Rolle der Opposition (ziehen Sie ergänzend heran: A. Görlitz (Hrsg.) Handlexikon zur Politikwissenschaft, 2 Bde., rororo 6169/6170).

Text 7 — 11
— Stellen Sie aus den Texten zusammen, welche Probleme die Politiker und Kommentatoren für unser politisches System sehen und welche Lösungsmöglichkeiten sie jeweils vorschlagen.
— Arbeiten Sie aus den Erklärungen und Analysen von Schmidt, Kohl und Sontheimer (Text 7 — 10) heraus, wie sie jeweils die Rolle und Beteiligungsmöglichkeit des einzelnen Bürgers sehen.
— Versuchen Sie, ausgehend von den in Text 11 genannten Problemen, abzuschätzen, inwiefern die in den Texten 7 — 10 angebotenen Lösungen und Erklärungen hinreichend sind.
Zur Lösung dieser Aufgaben könnten Sie die einzelnen Texte unter folgenden Gesichtspunkten bearbeiten:

Text 7
— Wie charakterisiert der Bundeskanzler das Problem? An welchen Stellen wären alternative Sichtweisen möglich? Überzeugt sein Lösungsvorschlag?

Text 8, 9
— Was soll der Staat in der Kernenergiefrage tun und leisten?
— Vergleichen Sie diese Auffassungen mit der Regierungserklärung.
— Welches entscheidende Defizit sieht Kohl auf seiten der Regierung?
— Welche Rolle spielt den Ausführungen des Oppositionsführers zufolge der Bürger im politischen Prozeß?
— Worin sieht Kohl die Aufgabe der Opposition (vergleichen Sie dies mit Text 5)?

Text 10, 11
— Worauf beruht die Staatsverdrossenheit, wie soll sie überwunden werden? Setzen Sie die gefundenen Gesichtspunkte mit den Texten 3 — 5, 7, 8 in Beziehung.
Beide Texte gehen davon aus, daß die von der Bundesregierung betriebene Politik von der Bevölkerung nicht mehr hinreichend akzeptiert werde (Legitimationsdefizit).
— Worauf werden die Legitimationsdefizite jeweils zurückgeführt?
— Diskutieren Sie, wie diese Defizite behoben werden könnten.

Phase II

Verwaltungshandeln (Umsetzung von Gesetzen in politisches Handeln) und die Analyse von Planungsprozessen. Handlungsmöglichkeiten und -grenzen der staatlichen Instanzen sollen erfaßt werden. Am Ende steht eine Analyse der Politik der inneren Reformen seit 1970, die es erlaubt, die Ergebnisse der systemtheoretischen Betrachtung auf konkrete politische Abläufe anzuwenden.

1. Umsetzung von Gesetzen in Handeln

Erläuterungen

In der folgenden Untersuchung geht es um die Frage, inwiefern sich ein politischer Wille, der sich in einem verabschiedeten Gesetz niederschlägt, auch in der Praxis, etwa bei der Ausführung des Gesetzes, auswirkt. — Der Autor geht dabei vom Beispiel der Armengesetzgebung in den USA aus. Bei der Untersuchung der Wirkung dieser Armengesetzgebung wurde festgestellt, daß die politischen Programme zur Beseitigung der Armut in den USA nicht die beabsichtigte Wirkung hatten. Im folgenden werden einige der Ursachen analysiert. Die Ergebnisse, die dabei zutage treten, lassen sich auf die gesamte Politik übertragen. Es wird damit eine wesentliche Bedingung für politisches Handeln erfaßt.

Das Vokabular des Textes ist stark von der Kybernetik beeinflußt. Abweichend vom gewohnten Sprachgebrauch bedeutet ›Programm‹ eine Handlungsanweisung. In diesem Sinne ist ein Gesetz ein Programm, weil es Handlungsanweisungen für die Verwaltung enthält. — Der ganzen Analyse liegt ein sogenanntes ›Input-Output-Modell‹ zugrunde. Der Input besteht im vorliegenden Falle aus Informationen über ein gesellschaftliches Problem. Die besondere Leistung des politischen Systems besteht nun darin, daß es für Handlungen sorgt, die zur Bearbeitung dieses Problems führen. Hierbei werden zwei Forderungen erhoben: 1. Es muß der Eindruck entstehen, daß gehandelt wird, denn dies ist die spezifische Leistung, die vom politischen System erwartet wird. 2. Die problematische Situation muß bewältigt werden. — Dabei zeigt sich, daß die erste Bedingung für politisches Handeln oftmals hinreichend ist, während die zweite unerfüllt bleibt. — Ein bekannter Fall ist die Konzentrationsgesetzgebung. Trotz zahlreicher gesetzgeberischer Initiativen hat sich der Prozeß der wirtschaftlichen Konzentration beschleunigt. Ein weiterer Fall ist die Einführung der Todesstrafe: Nirgends verhütet sie nachweisbar Verbrechen, dennoch wird sie immer wieder gefordert, wenn besondere politische Reaktionen angemessen erscheinen.

Problemstellung

Irgendwo zwischen den Bemühungen, Probleme durch Erlassen von Gesetzen zu lösen und dem Ausführen dieser Gesetzesnormen, werden die angestrebten Ziele sehr oft verändert — ein Prozeß, den ich als Zielverzerrung (»goal warp«) bezeichnen möchte. Dieses ist natürlich kein neu entdecktes Phänomen, da die Frage der Zielverzerrung ein Thema ist, das gleichzeitig in der Literatur über Staat und Politik, Organisation usw. zu finden ist. Das Problem scheint jedoch nicht nur die gewöhnliche Zielverzerrung durch Bürokratisierung usw. einzubeziehen, sondern auch Schwierigkeiten bei der Genauigkeit der Problemdefinition vor der Zielbestimmung, und ebenfalls die Übereinstimmung von den Zielen einer Zielgruppe mit den Zielen, die für diese Gruppe von Gesetzgebern, Entscheidungsträgern (policymakers) und Administratoren gesetzt wurden.

Zieldefinition

Die »Spitze« des Systems (Entscheidungsträger und Gesetzgeber) hat die Tendenz, sich ein Bild von der »Basis« (Klient oder Zielpopulation) zu machen, das sich in den USA in der Vergangenheit gewöhnlich als recht ungenau herausgestellt hat. Einige Tatsachen von größter Bedeutung für das ökonomische Leben der »Armen« Amerikas scheinen keine Wirkung auf die Gestaltung staatlicher Programme gehabt zu haben. Viele Fakten aber, die *tatsächlich* von den Entscheidungsträgern als relevant angesehen wurden, standen entweder auf einer unterschiedlichen Relevanzebene oder waren Nicht-Fakten. Zum Beispiel scheint in dem Problemkomplex der »nichtarbeitenden Armen« ein wichtiger Punkt, mit dem sich die US-Gesetzgeber zu befassen hatten, der zu sein, daß amerikanische *Steuerzahler und Wähler* den nichtarbeitenden sozial-schwachen Bürger als arbeitsunwillig ansehen — und zwar unangesehen dessen, ob er nun wirklich arbeiten will oder nicht. Ferner ist klar, daß die amerikanischen Gesetzgeber selbst einige »Fakten« über sozial-schwache Bürger angenommen haben, die in bezug auf eine große Mehrheit der »Armen« Nicht-Fakten waren. So zweifelten die Gesetzgeber nicht, daß eine Mehrheit von Leuten mit Sozialbeihilfe diese Sozialbeihilfe einem festen Arbeitsplatz vorzögen, obwohl ein ganzer Katalog von Daten über Möglichkeiten zur Anstellung, Motivation, Struktur der Chancen usw. vermuten läßt, daß diese Annahme falsch ist.

Das Beispiel der amerikanischen Gesetzgebung, die diesen Aspekt der »Anstellung von nichtarbeitenden ›Armen‹ « behandelt, macht noch eine andere Seite der Frage deutlich, d. h., es hätte sein können, daß die Gesetzgebung eine völlige Synthese dessen war, was der Stab der Entscheidungsträger und Kongreßausschüsse für die öffentliche Meinung hielten — z. B. auch eine Meinung, die sich gegen die Armen stellte und die verlangte, man »sollte den von Sozialfürsorge Lebenden einmal feste auf die Füße treten«. Das zugrundeliegende Motiv hätte sein können, der Öffentlichkeit zu geben, was sie wünscht, d. h., so wie der Arbeitsstab im amerikanischen Kongreß diese Wünsche interpretierte. Eventuell sehen wir auch nur das Endresultat, von dem Bestreben politische Realitäten mit Symbolen anzugehen, indem die Gesetzgeber das Blaue vom Himmel versprechen müssen, um Unterstützung für realistische Ziele zu bekommen. Ist das vorgeschlagene staatliche Programm erst einmal angenommen, erhalten die realistischen Ziele Vorrang — in der Annahme, daß der Programmadministrator Überblick über die Situation hat. Aber trotzdem können die symbolischen Ziele größeren Einfluß gewinnen, als ihnen vielleicht eingeräumt wurde, nämlich dann, wenn sie attraktiver sind als die realistischen Ziele. [. . .]

Zum Beispiel hätten amerikanische Programme für die »Armen« teilweise deshalb geplant werden können, um das ökonomische Niveau der finanziell und sozial schwachen Bürger über eine Gewalttätigkeitsschwelle zu heben. Ein anderer Zweck, der vielleicht legitim hätte verfolgt werden können, ist die Beruhigung der Öffentlichkeit, daß die »Armen« nicht ungerechterweise verwöhnt würden, wobei es keine Rolle spielt, wie wenig arme Leute es gibt, die wirklich verwöhnt werden sollen. Ein weiteres Ziel hätte sein können, nicht nur die Mittelklasse rückzuversichern, sondern auch ihr Gewissen zu beruhigen, indem Symbole angeboten werden, durch die verstanden werden soll, daß etwas gegen ein Problem getan wird, das Mittelklassebürger in ihrem Wohlstandsgenuß stört. Ein Beispiel dafür ist das Vorherrschen einer »Behandlungs«-orientierung in Programmen zur Hilfe sozial schwacher Bürger.

Gruppenspezifische Einflüsse

Wir wissen nicht, wie groß der direkte Input solcher Gruppen ist, die eigentlich durch das Programm erreicht werden sollen; und im Fall der Programme zur Hilfe der sozial schwachen Bürger müssen wir befürchten, daß der direkte Input klein ist. Wir haben aber Gesetzgebung erlebt, die solchen Input hat — Gesetzgebung, die tatsächlich fast von den Vertretern der Zielgruppe selbst geschrieben wurde, wie zum Beispiel von Anwälten, Ärzten usw., und diese Gesetzgebung scheint den Interessen dieser Gruppen sehr entgegenzukommen. Dies könnte einer der Gründe für die offensichtlich größere Effektivität der staatlichen Programme für die Mittelklasse gegenüber denen für sozial schwache Bürger sein. Man fragt sich dann, wie staatliche Programme für sozial schwache Bürger aussehen würden, wenn sie, beispielsweise, nach den Richtlinien verfaßt würden, die von aktiven Interessengruppen für die »Armen« ausgearbeitet worden sind (in den USA, z. B. von der National Welfare Rights Organization).

Kurz, es geht hier nicht nur um Informationsinput in Policymaking, sondern darum und inwieweit dieser einen Effekt hat. In welchem Maß haben amerikanische Armutsbekämpfungsprogramme auf Grund von Fehleinschätzung des Problems (beabsichtigt oder nicht) auf der Gesetzgebungsebene von vornherein Mißerfolg gehabt? Hätten sie das gleiche Resultat gebracht, wenn eine ganz andere Realitätseinschätzung zugrunde gelegt worden wäre? Vielleicht haben Programmadministratoren hinterher die gleichen Fehleinschätzungen, und es ist ein Fehler anzunehmen, daß die Fehleinschätzungen von *Gesetzgebern* eine besondere Wirkung haben. Oder vielleicht sind Programme weniger durch Politik bestimmt und sind eigentlich sogar Schöpfungen administrativer Entscheidungen?

Verwaltung

Sobald das Problem nämlich auf der unteren Behördenebene auftrat, wo Kontakt zum Klienten bestand, galten eher Kriterien des kurzfristigen Erfolgs. Programmerfolg wurde dort an der Zahl guter Arbeitsplätze für Klienten gemessen. Dabei schnitten Programmadministratoren gut ab, wenn sie von vornherein die wahrscheinlichen Möglichkeiten für Arbeitsstellenbeschaffung in die Programmausführung einplanten; denn sie wußten, daß sie, falls sie keine Arbeitsplätze fanden, ihren eigenen Arbeitsplatz verlieren würden, oder daß ihr Etat gekürzt würde usw. So wählten sie sich solche Fürsorgeempfänger aus, die am ehesten beschäftigt werden konnten. [. . .] Auf jeden Fall ging auf diesem Weg der Grundgedanke, daß das Programm für die *schlimmsten* Fürsorgefälle geplant war, verloren, und Leistungskriterien, die den Erfolg nur vom Standpunkt der Arbeitsstellenbeschaffung her werteten, führten dann dazu, daß das Ziel des Erfolgs mit den übelsten Risiken begraben wurde.

In einem staatlichen Programm, wie z. B. das der Arbeitsbeschaffung für Arbeitslose, kann noch eine andere Stufe im bürokratischen System dominieren. Klienten der amerikanischen Arbeitsämter werden von Sozialarbeitern vermittelt, die auch das Ziel haben, bei ihren Vorgesetzten einen guten Eindruck zu machen. Dies kann erreicht werden, indem sie entweder Leute von den Fürsorgelisten streichen, oder indem sie einen guten Einsatz bei der Armutsbekämpfung leisten. So können sie auf der einen Seite den Arbeitsfähigkeitstest so eng ausgelegt anwenden, daß es ihnen gelingt, den Klienten aus den Fürsorgelisten zu streichen, während sie andererseits den Arbeitstest vielleicht gar nicht erst anwenden, weil dies für den sozial und finanziell schwachen Klienten im Einzelfall unfair zu sein scheint.

Die Frage heißt: Was müßte geschehen, damit die Ziele der Programmadministratoren mit den eigentlichen Programmzielen übereinstimmen und vereinbar bleiben? Wie vermittelt man Administratoren Programmziele mittels Belohnungssystemen, die die Verfolgung angemessener Programmziele sichern? Es wird in der amerikanischen Literatur oft argumentiert, daß wir Rechtsregeln brauchen, um festzulegen, was unter bestimmten Umständen getan werden soll, weil vage generelle Normen (wie z. B. »im besten Interesse des Kindes«) nur zur Untergrabung der eigentlichen Ziele führen. Dies deutet auf ein ganz allgemeines Problem hin, aber die Lösung durch Regeln und immer mehr Regeln würde wahrscheinlich das Problem auf Grund der Verschwiegenheit der einzelnen sozial schwachen Klienten und der menschlichen Schwächen der Programmadministratoren nicht lösen. Reformmöglichkeiten sind eher in der Änderung des Belohnungssystems für den Programmadministrator begründet, darin, unsichtbare Regeln sichtbar zu machen, oder darin, die, die wesentliche Macht haben, für ihre Entscheidungen in Form direkter Beziehungen zu realistischen Programmzielen verantwortlich zu machen. *(V. Knoppke-Wetzel, in : KZfSS (1976), S. 156 ff.)*

2. Heutiges Stadium der Planung

Ein drittes Stadium der Ausweitung von Planung, auch in kapitalistischen Ländern, beginnt gerade in unserer Zeit. Planungsprobleme werden auf einer höheren Systemebene gegenwärtig dadurch gestellt, daß die aus dem wissenschaftlich-technischen Fortschritt erwachsenen Veränderungen der natürlichen Welt zu einer Gefährdung der gesamten natürlichen Basis menschlicher Existenz führen, wenn sie weiterhin als ungeplante Prozesse der Ausbeutung von Natur durch menschliche Arbeit betrieben werden. Planung dient damit nicht primär der Veränderung, sondern der Erhaltung der Welt überhaupt, hat also einen konservierenden Charakter. Gleichzeitig kann sie diese Aufgabe nur lösen, wenn ihr grundsätzliche Veränderungen von Gesellschaftsstrukturen, Herrschaftssystemen und Produktionsverhältnissen gelingen. Damit wird in diesem Stadium des Planungsproblems die Dichotomie von Bewahrung und Veränderung, von individueller Freiheit und Planung endgültig aufgehoben. Die Lebensgrundlagen individueller Freiheit können nur noch durch Planungsprozesse gesichert werden, die die Egoismen sozialer und wirtschaftlicher Interessen beschränken und steuern und die Erhaltung der Welt dadurch sichern, daß sie soziale Prozesse grundsätzlich verändern. (Für den Unterricht dürfte sich die Studie des *Club of Rome* als geeigneter Ausgangspunkt für die Darstellung dieses Grundproblems erweisen.)

Von dieser historischen Bestimmung des Planungsproblems aus läßt sich dann das rapide Anwachsen der staatlichen Planungsfunktionen verdeutlichen. Analysen haben gezeigt, daß es dafür eine elementare Ursache gibt: Planung bedeutet das systematische Entdecken von Interdependenzen in gesellschaftlichen Prozessen, die vorher naturwüchsig und isoliert nebeneinander verliefen. Aus der Entdeckung von Interdependenzen ergibt sich dann eine fortschreitende Multiplikation von Planungsaufgaben. So kann man etwa am Beispiel der Schulentwicklungsplanung zeigen, wie diese notwendig zur Finanzplanung, Wirtschaftsplanung, Stadtplanung, Raumordnungsplanung, Verkehrsplanung übergreift, nachdem die entsprechenden sachlichen Zusammenhänge immer deutlicher werden. Trotz dieser Interdependenzen existieren bisher in der Bundesrepublik nur Einzelplanungen in verschiedenen Ressorts. Wie unten noch näher erläutert wird, sind die Ursachen dafür die außerordentlich schwierigen Koordinierungsprobleme. So haben wir gegenwärtig noch ein Nebeneinander unterschiedlicher Planungsbereiche, divergierender Zielprogrammierungen und verschiedener Planungstechniken. Doch ist zugleich heute der Punkt erreicht, an dem mit zunehmenden Einzelplanungen das Metaproblem der Systemplanung in der Theorie wie in der Praxis gestellt ist. Damit ist gemeint, daß sich die Aufgabe der Planung von Planungen stellt. Dies ist ein gutes Beispiel für den Vorgang in sozialen Systemen, den *Luhmann* als Entstehung von reflexiven Mechanismen beschrieben hat: Die Gesellschaft bildet Steuerungsmechanismen aus, in diesem Fall die Einzelplanung, die zu einem bestimmten historischen Zeitpunkt wieder einer übergreifenden Steuerung bedürfen. Diese wäre heute eine Gesamtplanung, die alle gesellschaftlichen Einzelbereiche übergreift und dabei nicht der Utopie einer totalen Detailplanung verfallen darf, wie das in den Planungssystemen sozialistischer Länder geschehen ist. *(Curriculum Sozialwissenschaft, S. 200 f.)*

3. Staatliche Planung und Politik

Planung gibt es fast nur als Extrapolation von Trends und selbst das nur in recht unvollkommener Weise, weil die rechtlichen, statistischen und administrativen Instrumente effektiver Planung weitgehend fehlen. Sie hat dadurch einen eher konservierenden Charakter, d. h. sie versucht, Kollisionen in den vorhersehbaren Entwicklungsprozessen zu vermeiden und die Struktur des bestehenden Gefüges von Institutionen und Maßnahmen auch unter veränderten Verhältnissen zu erhalten. Nötig wäre dagegen eine Planung, die ihre Kraft aus einer Willensbildung über zu erreichende Zielvorstellungen unserer Gesellschaft bezieht.

(Curriculum Sozialwissenschaft, S. 94 f.)

Zum anderen scheint uns nachweisbar zu sein, daß die verschiedenen Kräfte in unserer Gesellschaft, die Veränderungen betreiben, sich nicht in gegenseitiger Lähmung lediglich auf die Aufrechterhaltung des Status quo einigen können, sondern mindestens »systemerhaltende« Anpassungen an veränderte Verhältnisse vollziehen müssen. »Systemerhaltend« bezieht sich vor allem auf das Motiv, Traditionen von Institutionen und von Konfliktlösungsstrategien nicht abzubrechen. Tatsächlich aber erfahren gesellschaftliche Strukturen in diesen Vorgängen auch wesentliche Veränderungen (vgl. z. B. die Prinzipien der sozialen Marktwirtschaft). Diese Reformvorhaben lassen sich immer weniger als rein technokratisch-administrative durchführen, weil die Betroffenen heute Berücksichtigung ihrer Vorstellungen von sozialer Gerechtigkeit und lebenswerten Verhältnissen verlangen.

Folgende Momente scheinen uns wichtig, wenn man die Handlungschancen in unserer Gesellschaft zu beurteilen hat:

— Das politische System hat sich eine relative Autonomie vom ökonomischen System bewahrt. Das wurde jüngst dadurch wieder deutlich, daß eine Partei die Regierung übernehmen konnte, die den globalen Unternehmerinteressen sicherlich weniger entspricht als ihr konservativer Gegenpart. Das schließt übrigens nicht aus, daß dieses Wahlergebnis nicht auch Vorteile für die Unternehmer haben kann, weil sie zum Beispiel in ihrer Unternehmenspolitik weniger Rücksicht auf die Regierung zu nehmen brauchen, als wenn diese ihnen nahestände. Aber auch dieser Gesichtspunkt unterstreicht gerade, daß es gegensätzliche Interessen von Regierung und Wirtschaft gibt. *(a. a. O., S. 96)*

— Auch die staatliche Verwaltung bildet keine geschlossene Körperschaft mehr. Gemeint sind nicht die üblichen Ressortstreitigkeiten zwischen verschiedenen Instanzen und Abteilungen, sondern strukturelle Konflikte, die in die Verwaltung hineingetragen werden. Der Grund liegt darin, daß die Verwaltung sich nicht mehr auf Gesetze und Verordnungen ausführende Aufgaben und Kontrollfunktionen beschränken kann, weil die Vielfalt der Lebensverhältnisse ein anderes Vorgehen verlangt. Da die Rechtsvorschriften die Verschiedenartigkeit der Einzelfälle nicht mehr vorhersehen können, steht die Verwaltung vor dem Problem, die Realität sinngemäß unter die zur Verfügung stehenden Regelungen zu subsumieren. Dabei muß sie sich Anfechtungen aussetzen. Auch Beratungen und gestaltende Funktionen, die sie ausübt, können oft nicht eindeutig aus den Intentionen des Gesetzgebers abgeleitet werden und verwickeln sie in Konflikte.

— Durch die grundsätzliche Entscheidung zur demokratischen Staatsform besteht ein

Zwang, alle Maßnahmen und Entscheidungen, die das Gemeinwohl berühren, so zu formulieren, daß sie prinzipiell konsensfähig sind, also eine Chance haben, von der Mehrheit akzeptiert zu werden. Da aber die öffentliche Einsichtnahme — vor allem über eine unabhängige Presse und unabhängiges Fernsehen — recht weit reicht, bedeutet das, daß es kaum Handlungsbereiche gibt, die nicht vor Legitimationsproblemen stehen. Diese Einschränkungen betreffen alle partikularen Interessen, die als solche nicht öffentlich geäußert und verfolgt werden können. Werden sie aber unter der Hand betrieben, dann riskieren sie massive öffentliche Sanktionen, die in jüngerer Zeit erfolgreicher waren als früher (z. B. Affären mit Beraterverträgen, kommunale Verstrickung in private Grundstücksspekulation).
— Diese Entwicklungen haben auch die Parteien für Initiativen von der Basis sensibler gemacht. Daß dies in gewisser Weise für alle Parteien zutrifft, deutet auch auf einen strukturellen Hintergrund dieses veränderten Verhaltens hin. Angesichts des Legitimationsdrucks, dem sie sich gegenübersehen, müssen sie versuchen, die Initiativen in der Gesellschaft aufzugreifen und zu kanalisieren, um nicht die prekäre Chance, eine Mehrheit für sich zu gewinnen, zu verspielen. *(a. a. O., S. 96 f.)*

4. Mängel der Planungsmechanismen

Man kann im Rahmen einer positiven Koordination alle betroffenen Instanzen an der Lösung eines Problems beteiligen und dabei durch das Durchspielen möglichst vieler alternativer Lösungen unter den von allen Beteiligten vorgebrachten Gesichtspunkten und Interessen die beste Lösung zu finden versuchen. Das erfordert jedoch in jedem einzelnen Falle ein großes Ausmaß an Arbeit, Zeit, Information und Konsens. Deshalb herrscht die negative Koordination vor. In ihrem Rahmen bildet eine einzelne Instanz eine Lösung für ein Problem aus, stellt diese Lösung dann allen anderen betroffenen Instanzen vor, wobei viele dann aufgrund ihrer besonderen Interessen jeweils Abstriche am ursprünglichen Planungsvorhaben machen oder Ausnahmeregelungen zu erreichen versuchen. Daraus erklärt sich die für unser politisches System charakteristische Minimalisierung von Planungsvorhaben — am Ende sind die ursprünglichen Konzepte immer völlig verwässert.

Die Behandlung dieses Problems kann ein Paradigma für die Konsequenzen der notwendigen gesellschaftlichen Arbeitsteilung werden. Im Rahmen der negativen Koordination arbeitet nämlich nicht nur jedes Ressort innerhalb der Bürokratie, sondern meistens auch jedes Referat innerhalb der Ressorts für sich an seinen Problemen mit engen Zuständigkeitsgrenzen und einer entsprechend selektiven Problemwahrnehmung. Die feste und dauerhafte Zuweisung spezialisierter Aufgaben führt zur Routinisierung von Lösungsmustern und Stabilisierung von Zielvorstellungen. Auch so entsteht wieder die Folge eines latenten Konservatismus.

Im Bereich der Bildungsplanung sind eindrucksvolle Beispiele für die Folgen negativer Koordination gegeben. Dazu gehört einmal die uneinheitliche und ungleichzeitige Entwicklung, etwa im Verhältnis von Schulwesen und Berufsbildungswesen oder Schule und Hochschule. Zum anderen können hier auch die konservativen Folgen der negativen Koordination und der routinehaften Zuständigkeit am Scheitern dieser umfassenden Planungskonzepte trotz des hinter ihnen stehenden politischen Konsens verdeutlicht werden (z. B. das Schicksal von Bildungsratsempfehlungen). *(Curriculum Sozialwissenschaft, S. 202)*

5. Politisches System und Planung: Wahlen

Der Mechanismus der Wahl in Mehrparteien-Systemen ist wenig geeignet, der oder den regierenden Parteien eine konkrete Legitimation für die Durchführung spezifischer Reformplanungen zu vermitteln, wenn diese wichtige soziale Interessen verletzen. Denn in der Wahl erhält die Regierung ein sehr generalisiertes Mandat. Der Wähler kann sich für eine allgemeine politische Richtung entscheiden, nicht aber für eine ganz bestimmte Reformmaßnahme im Bildungswesen, im Verkehrssystem usf. Gleichzeitig sind alle politischen Parteien Integrationsparteien geworden, die eine große Spannweite von sozialen Interessen berücksichtigen müssen. Durch beide Elemente im politischen System wird die Komplexität der politischen Prozesse in hohem Maße verringert. Andererseits werden dadurch Maßnahmen für die Regierung schwer durchsetzbar, die die im Status quo etablierten Besitzstände einschränken. Ein Beispiel dafür wäre das Problem des Individualverkehrs. Die Unhaltbarkeit der gegenwärtigen Lösung des Problems ist überall bekannt. Eingreifenden Reformplanungen stehen aber keineswegs nur die Interessen der Autoindustrie entgegen, die sich bei langfristiger Vorausplanung neuer Lösungen durchaus umorientieren könnte, sondern vielmehr die Interessen eines breiten Teiles der Wählerschaft. Jede Regierung, die hier konfliktfreudig plant, riskiert eine Wahlniederlage.

Planung vergrößert nun einerseits das Problem, sie führt zu Konfliktsteigerungen durch das Bewußtmachen von Alternativen und durch die Antizipation von Veränderungen. Der gewählte Politiker mit seinem generalisierten Mandat stößt dann leicht an die Grenze seiner Legitimation und gefährdet seine politische Basis. Daraus entsteht ein Teufelskreis. Die Politiker vermeiden das Entstehen von Konflikten durch langfristige Planung, da sie mit den aktuellen Konflikten schon überlastet sind. Man plant nur innerhalb der Wahlperiode. Damit werden Probleme vor sich hingeschoben, die bei langfristiger Planung auch in kapitalistischen Gesellschaften lösbar wären, weil die Kapitalverwertungsinteressen zwar kurzfristigen Umstrukturierungen notwendig entgegenstehen (Investitionen müssen sich amortisieren), bei einer langfristigen Vorausplanung sich aber durchaus flexibel umorientieren können.

(a. a. O., S. 205 f.)

6. Gruppeninteressen

Ein drittes Problem ist damit gegeben, daß verschiedene soziale Schichten oder Gruppen in ganz unterschiedlichem Maße befähigt sind, ihre Interessen im politischen System zu artikulieren und durchzusetzen. Ursachen dafür sind unterschiedliche Sozialisationsbedingungen, eine unterschiedliche Nähe subkultureller Normen zu den geltenden zentralen kulturellen Normen und unterschiedliche Möglichkeiten der Solidarisierung und Organisation. Dabei ist die letzte Ursache am ehesten durch veränderte Institutionalisierungsformen veränderbar, während die Ursache im Sozialisationsprozeß nur sehr langfristig und über mehrere Generationen beseitigt werden kann. Voraussetzung ist immer die Möglichkeit der Motivierung von Personen für die Verfolgung ihrer Ziele mit einer gewissen Intensität und für ihre Solidarisierung in einem abgrenzbaren Personenkreis, dem dann bestimmte Ziele eindeutig zugerechnet werden können. Besonders für Randgruppen — die Alten, Kinder, Gastarbeiter, Süchtige und Kriminelle — sind diese Bedingungen in unserer Gesellschaft nicht gegeben. Aber auch innerhalb des Bereiches von Personen, die die Motivation und die kognitiven Fähigkeiten für die Bestimmung ihrer Bedürfnisse besitzen, ist die Chance für die Organisation und Durchsetzung ihrer Interessen sehr verschieden. Man wird generell sagen können, daß eher partikulare Interessen, eher konservative und planungsreduzierende Interessen und eher Interessen der Besitzenden organisierbar sind.

Ein letztes Problem ist schließlich mit der zunehmenden Manipulierbarkeit gesellschaftlicher Bedürfnisse durch die Sozialtechnologien der Werbung und »geheimen Beeinflussung« gegeben. Seit Platon ist immer wieder die Notwendigkeit der Reflexion und Kritik artikulierter Bedürfnisse betont worden — dies muß in unserem Zeitalter besonders gelten. Daraus entsteht die schon bei Platon gegebene entgegengesetzte Gefahr, daß Bedürfnisse als objektive von intellektuellen Eliten einfach gesetzt werden. Einer solchen Gefahr versucht die politische Theorie gegenwärtig durch ein Diskursmodell zu entgehen, das einerseits die Einbeziehung aller Betroffenen fordert und andererseits die Aufklärung ihrer Bedürfnisse in einem wechselseitigen Diskussionsprozeß anzielt. Ein solches Modell läßt sich einerseits funktionalistisch rechtfertigen, weil es der notwendigen Erweiterung der Problemlösungskapazität im politischen System entspricht. Es läßt sich andererseits historisch rechtfertigen, als es dem Anwachsen politischer Selbstbestimmung in der bisherigen Geschichte gerecht wird.

Das abstrakte Diskursmodell kennzeichnet aber nur ein normatives Prinzip. Unsere vorhergehenden Überlegungen zum Planungsproblem haben einen Komplexitätsgrad politischer Entscheidungen verdeutlicht, vor dem die Vorstellung einer permanenten Diskussion aller Betroffenen zu den einzelnen Entscheidungsfragen naiv wäre. Der Diskurs kann nicht in Unmittelbarkeit zu den einzelnen Entscheidungsproblemen stattfinden, sondern nur durch eine Erweiterung argumentativer Prozesse in den differenzierten Institutionen politischer Willensbildung erreicht werden. Im Rahmen unserer Analyse gewinnt dafür die Realisierung von mehr innerparteilicher Demokratie den wichtigsten Stellenwert. *(a. a. O., S. 263 f.)*

7. Bewältigung der Zukunft

Dafür bietet sich das Problem des Individualverkehrs an. Dieses selbst läßt sich relativ leicht verdeutlichen. Man kann im Unterricht zeigen, wie sehr der Ausbau des Straßenverkehrs, der Parkplätze usw. permanent überholt wird durch die Autolawine. Drastische Beispiele bilden dafür Großstädte wie Paris oder London, in denen nach Ausbau neuer Straßen und Parkplätze die Verkehrsprobleme nur wachsen. Hinzu kommen die bekannten Probleme der Umweltverschmutzung, der Lärmbeseitigung, der Erzeugung von Aggressionen im Straßenverkehr, der Verkehrstoten und -verletzten usw. Daß der Individualverkehr mit eigenen Autos extrem unwirtschaftlich ist, läßt sich schnell beweisen. Die Tatsachen sind alle bekannt. Unter Kennern herrscht die Überzeugung, daß man sofort andere Verkehrssysteme planen müßte, Straßen eigentlich nicht mehr weiter ausbauen sollte und durch Planung neue Perspektiven setzen müßte. Obwohl also das Problem erkannt ist, gibt es bisher keine Maßnahmen, die den Trend zum Individualverkehr verändern. Was sind dafür die Ursachen?

Plausibel sind erst einmal Erklärungen, die auf die Strukturelemente des kapitalistischen Wirtschaftssystems rekurrieren. Die Autoindustrie besitzt im Wirtschaftssystem eine entscheidende Bedeutung. Der kapitalistische Interventionsstaat, der aus den oben genannten Gründen wachstumsorientiert plant, scheint die Interessen einer für das Wachstum so wesentlichen Branche nicht konterkarieren zu können, zumal dies Arbeitsplätze in einem hohen Umfang gefährden würde. Soweit erscheint diese Erklärung als plausibel. Doch ist auch das Gegenargument nicht abzuweisen, daß diese Mechanismen für ein staatssozialistisches System nicht weniger gelten müßten. Auch dieses sollte die Rentabilität von in der Staatsindustrie investiertem Kapital sichern, solange es — wie oben gezeigt wurde — selbst an Wachstum und wirtschaftlicher Rentabilität orientiert sein muß. Der Übergang vom

Individualverkehr zu neuen Verkehrssystemen wäre auch hier nur im Rahmen einer langfristigen Umstrukturierung des Produktionssystems denkbar. Dies erscheint aber auch in kapitalistischen Gesellschaften als möglich, wenn der Staat langfristig Daten für eine solche Umstrukturierung setzt. Es ist mit Recht darauf hingewiesen worden, daß kapitalistische Unternehmen für solche Umstrukturierungen in vieler Hinsicht flexibler sein können als staatssozialistische. Insofern erscheint das Problem in beiden Systemen als das einer langfristigen Vorausplanung.

F. Scharpf, dessen Analyse wir hier folgen, hat deshalb mit Recht betont, daß die Frage nach der Möglichkeit derartiger gesellschaftlicher Veränderungen in erster Linie eine Frage nach den Möglichkeiten langfristiger politischer Planung in kapitalistischen Systemen ist. Deren Realisierung hängt zum einen von der Einrichtung von Planungsagenturen mit der nötigen Informationsverarbeitungskapazität ab. Wesentlicher ist aber die Frage, wie man das eigentliche politische Entscheidungssystem in die Lage setzen kann, langfristige politische Perspektivplanungen zu entwickeln und auch wirklich durchzuhalten. Hier treten nun erhebliche Schwierigkeiten auf, die weniger durch die kapitalistische Wirtschaftsstruktur bedingt sind als durch Strukturen des politischen Systems. Wir meinen damit insbesondere die Institutionalisierung einer Mehrparteienkonkurrenz in einem liberalen Sozialstaat. In dem Kapitel[1] über politische Soziologie wurde im einzelnen gezeigt, daß dieses System bisher die Regierung durch die Aufgabe von kurzfristigen und aktuellen Konfliktaustragungen völlig absorbiert und daß die Planungsperspektiven in einem solchen System notwendig im wesentlichen auf eine Legislaturperiode beschränkt sind. Solange dies so ist, kann die Regierung kurzfristige Veränderungen im Wirtschaftssystem nur durch direkte Interventionen erzwingen, die unmittelbar die Amortisation investierten Kapitals gefährden.

Denkt man das gewählte Beispiel durch, so stellt sich am Ende die Frage, inwieweit die entscheidenden strukturellen Ursachen für eine langfristige Reformpolitik und Planung der Zukunft primär durch die kapitalistische Wirtschaftsweise und inwieweit durch die Strukturen des politischen Entscheidungssystems bedingt sind. Insofern führt die Einsicht in die Diskrepanz zwischen den gesellschaftlichen Problemen, die der Industrialisierungsprozeß erzeugt und seiner mangelnden bewußten Steuerung, also zwischen der Machbarkeit der Geschichte und ihrer fehlenden bewußten Gestaltung, am Ende zu der skeptischen Frage, inwieweit dieser von *Marx* analysierte Widerspruch heute durch eine Veränderung der Produktionsverhältnisse aufgelöst werden kann, und inwieweit er zur Frage nach den Grenzen der Handlungsfähigkeit des liberalen Sozialstaates führen muß.

Die bisherigen kapitalistischen Industriegesellschaften konnten viele soziale Probleme dadurch relativ entschärfen, daß sie wachstumsintensiv waren. Wirtschaftswachstum ermöglicht es, einer benachteiligten sozialen Gruppe etwas zu geben, ohne privilegierten sozialen Gruppen etwas zu nehmen. Wirtschaftswachstum hat es auch bisher ermöglicht, die notwendige Expansion der öffentlichen Ausgaben, die durch die gesteigerten Infrastrukturfunktionen des Staates bedingt sind, halbwegs zu finanzieren, ohne den privaten Sektor zu beschneiden. Die Studien über die Grenzen des Wachstums zeigen gegenwärtig, daß das historische Ende der naturwüchsigen Expansion industrieller Gesellschaften, die auf Kosten aller natürlichen Ressourcen und im Raubbau an der Natur geschah, sowohl in kapitalistischen wie in staatssozialistischen Ländern voraussehbar ist. Wenn dieser Punkt erreicht ist, werden Konflikte verschärft werden und die Gestaltungs- und Lenkungsfunktionen des Staates erheblich verstärkt werden müssen. Die Frage scheint offen, ob das dann primär und zureichend durch eine Vergesellschaftung des Wirtschaftssystems geschehen kann, oder ob

[1] Vgl. dazu Text 5

darüber hinaus Anforderungen an die politische Planung entstehen, die eine Transformation der bisherigen Gestalt des liberalen Sozialstaates erfordern. *(a. a. O., S. 264—268)*

8. »Reformfähigkeit« des politischen Systems

Wie kann man erklären, daß gerade 1969 eine Fülle von Reformprogrammen politisch thematisiert wurden? Wie kann man erklären, daß schon länger anstehende Probleme wie soziale und politische Ungleichheit und Unterversorgung mit öffentlichen Gütern gerade 1969 auch Probleme für die staatliche Politik wurden? Eine Antwort läßt sich finden, indem man zeigt, wie *gesellschaftliche* Probleme insofern Probleme für die *staatliche* Politik werden, als sie die *Erfolgskriterien* dieser Politik (Wiederwahl, sozialer Frieden, Massenloyalität) negativ zu betreffen drohen.

Die notwendigen, aber nicht hinreichenden *Bedingungen* für die Thematisierung von Reformen lassen sich stichwortartig auf folgende Probleme zurückführen. [. . .]

a) *Folgeprobleme einer rasanten Wirtschaftsentwicklung*, die nicht nur mehr Wohlstand mit sich brachte, sondern auch tiefgreifende Umschichtungen der Sozialstruktur (Anwachsen der abhängig Beschäftigten, Dezimierung der Zahl der Selbständigen), technologische Umwälzungen, Verstädterung und Veränderung von Normensystemen (steigendes Anspruchsniveau und relative Angleichung von Ansprüchen);
b) *Soziale und ökonomische Ungleichheiten* als Folge einer raschen Wirtschaftsentwicklung und als Folge der Politik der konservativen Regierungen, die die Wirtschaftsförderung, den Kapitalbesitz, den alten Mittelstand und die Beamten und Angestellten in mittleren und höheren Positionen stärker berücksichtigten als die Arbeiterschaft, Randgruppen und generell Bereiche, die auf massive Versorgung mit öffentlichen Gütern angewiesen sind (z. B. Bildung, öffentlicher Verkehr, Stadtplanung).
c) *Veränderungen in der politischen Kultur*, in der neben dem steigenden Anspruchsniveau auf materielle Werte (z. B. Geld) zunehmend auch nichtmaterielle Werte (Demokratisierung, Chancengleichheit, Lebensqualität) an Gewicht gewannen und in der auch zunehmend die Qualität der politischen Ordnung in der Bundesrepublik hinterfragt wurde.
d) *Ein wachsendes Mißverhältnis* zwischen den *politischen Direktionsverhältnissen* und der *Sozial- und Wirtschaftsordnung*. Die Politik der ungesteuerten Wirtschaftsförderung, die Gießkannenpolitik und die geringe Fähigkeit zur Koordination und zur vorausschauenden längerfristigen Planung wurde in dem Maße unzulänglich, wie die wirtschaftliche Entwicklung nicht mehr krisenfrei ablief, wie zugleich die Folgeprobleme der Wirtschaftsentwicklung und der Veränderung in der politischen Kultur sich verstärkten und von den alten Institutionen (z. B. Bildungssystem) nicht mehr voll aufgefangen werden konnten.
[. . .]

Unverkennbar ist die vorrangige Ausrichtung der Reformen an *vier Zielgruppen*, die bereits mehrheitlich Wähler der Regierungsparteien waren bzw. potentiell mobilisierbar waren: a) das gewerkschaftlich-städtische »Milieu«, das den Kern der SPD-Wählerschaft ausmachte; b) mittlere Angestellte und Beamte; c) Frauen, insbesondere Frauen in Arbeitnehmerhaushalten und d) Jungwähler.

Die *Mittel* für die Durchsetzung der Reformen waren nicht qualitativ verschieden von den Mitteln der Politik früherer Regierungen. Die zentrale *staatstheoretische Prämisse* der Reformer lautete: der Staat habe eine ausreichend hohe, demokratisch legitimierte Autono-

mie, um für ein krisenfreies Wirtschaftswachstum und für die Durchsetzung der Reformen zu sorgen. Die zentrale *wirtschafts- und klassenpolitische Prämisse* lautete: stetiges Wirtschaftswachstum und Vollbeschäftigung können sichergestellt werden, und die Reformpolitik kann sowohl die Primärerwartungen von Kapital und Arbeit erfüllen und gleichzeitig eine vorausschauende Modernisierungs- und Problemlösungspolitik betreiben. Die *konsenspolitische Prämisse* lautete, daß die Reformen mit konventionellen Mitteln gegen politische Hemmnisse durchsetzbar seien und daß die Reformpolitik den Regierungsparteien neue Wähler bei kommenden Landtags- und Bundestagswahlen zuführen würde.
[...]

Die Reformpolitik nahm jedoch einen anderen Verlauf. Sie stieß auf drei zentrale Widerstände: auf die *Finanzkrise* des Staates und ab 1974 auf eine massive *ökonomische Krise* mit struktureller Arbeitslosigkeit auch beim Aufschwung, auf *politische Widerstände* der Opposition und der Wirtschaft und auf eine *bürokratieinterne Unbeweglichkeit*, die einer wirksamen Koordinierung und Langfristplanung entgegenstand. Alle drei Schranken hatten jeweils einen bestimmten Filtereffekt: sie blockierten jeweils bestimmte Reforminhalte oder verhinderten das Aufkommen neuer Politikprogramme.

Finanzkrise des Staates und ökonomische Krise
Die Annahme einer stetigen Wirtschaftsentwicklung, einer dauernden Vollbeschäftigung und guter Finanzierungschancen wurde bald in Frage gestellt. Sehr früh zeichnete sich schon eine Kluft zwischen verfügbaren und benötigten Finanzmitteln ab, auf die die Regierung mit einer Kürzung und Streckung des Leistungskatalogs reagierte (z. B. Verzicht auf Bildungsurlaub; Verzicht auf Steuersenkungen). Die ökonomische Basis der Reformpolitik geriet endgültig ins Wanken durch die Wirtschaftskrise und die Massenarbeitslosigkeit seit 1974. Die Priorität der Regierungstätigkeit lag nunmehr auf der unbedingten Ankurbelung der Kapitalakkumulation, der die Reformpolitik untergeordnet wurde. In dieser Konstellation lag eine spezifische Filterwirkung für die Reformpolitik begründet: Die Finanzkrise des Staates und die Wirtschaftskrise blockierten zunehmend alle kostenintensiven Reformvorhaben — insbesondere diejenigen, die aus ökonomischen Zuwächsen finanziert werden sollten — und alle Reformvorhaben, die — vermittelt über Eingriffe in die Dispositionen mächtiger Wirtschaftssubjekte — Verstärkerwirkungen für die Finanz- und Wirtschaftskrise zu haben drohten (berufliche Bildung, Mitbestimmung, Arbeitsschutz, Bildungs- und Sozialpolitik).
[...]

Freilich gehen Analysen fehl, die die Schranken für die Reformpolitik nur der Eigendynamik der privaten Wirtschaft und der Finanzkrise des Staates zuschreiben. Eine spezifische Kategorie von Reformen fiel koalitionsinternen Konflikten (Mitbestimmung, z. T. berufliche Bildung) und speziell dem Widerstand der Opposition zum Opfer, die über den Bundesrat und die Länderregierungen die Möglichkeit hatte, politische Vetopositionen zu aktivieren — zumal die Opposition bei den Landtagswahlen seit 1969 weit besser als die SPD und die FDP abschnitt. Die Politik der CDU/CSU lief zwar keineswegs generell gegen die Reformpolitik — ein Beispiel ist die soziale Sicherung —, wohl aber gegen eine spezifische Kategorie von Reformen. Die Opposition griff immer dann — vergleichsweise erfolgreich — gegen Reformvorhaben ein, a) wenn es sich um Umverteilung oder Verteilung von Zuwächsen zugunsten von Zielgruppen, die mehrheitlich der Wählerschaft der Regierungsparteien angehörten, handelte (Mitbestimmung, Berufsausbildung, Teile der Steuerreform); b) wenn es sich um Nullsummen-Spiele zu Lasten der eigenen Wählerschaft und/oder mäch-

tigen innerparteilichen Gruppierungen handelte (z. B. § 218); c) wenn Kompetenzen von Länderregierungen betroffen waren — speziell bei statusverändernden Politikinhalten (Bildungspolitik); d) wenn Eingriffe in die Dispositionen von Kapital und Bodenbesitz anstanden (Bodenrechtsreform, Mitbestimmung, berufliche Bildung). Die Filterwirkung dieser politischen Widerstände gegen die Reformpolitik lag auf der Hand: Alle Projekte, die über den Ausbau der sozialen Sicherung hinausgingen, die eher klassenspezifische Verteilungen und Eingriffe in wirtschaftliche Verfügungsmacht beinhalteten, wurden stark abgeschliffen.
[...]

Freilich kann man aus der Analyse der Schranken für die Reformpolitik nicht einfach folgern, daß das Reformprogramm gescheitert sei. Richtig ist, daß spezifische Kategorien von Reformen scheiterten. Die tatsächlich verwirklichte Reformpolitik hatte dennoch einen spürbaren Effekt. An erster Stelle ist der Ausbau der sozialen Sicherung zu nennen (Rentenreform 1972, Ausweitung des Versicherungsschutzes, Verbesserung und Erhöhung der Leistungen, Neuregelung des Kindergeldes). Zweitens fand im Bildungsbereich auf der Ressourcenseite (Geld, Personal, Gebäude) eine starke Expansion statt, die freilich weitgehend ohne inhaltliche Reform blieb und die 1975 gestoppt wurde. Drittens wurden politische Beteiligungschancen spürbar dort erhöht, wo es um Ausweitung von bereits bestehenden Beteiligungsformen ging (Wahlalterherabsetzung, Betriebsverfassung). Neuerungen wie die Mitbestimmung in Großbetrieben außerhalb des Montanbereichs fielen demgegenüber weit hinter die von Sozialdemokratie und Gewerkschaften angezielte Parität von Kapital und Arbeit zurück. Viertens beinhaltete die Steuerreform eine kurzfristige Umverteilung zugunsten von Familien mit niedrigerem Einkommen und hoher Kinderzahl. Fünftens wurde unter dem Stichwort »Humanisierung der Arbeitswelt« eine Reihe von Arbeitsschutzbestimmungen neu definiert und neu eingeführt. Sechstens wurde der Anteil der Staatsausgaben am Bruttosozialprodukt erhöht und intern zugunsten sozialstaatlicher Programme umgeschichtet.
[...]

So wie in der privaten Wirtschaft Gebrauchswerte nur als Träger von Tauschwerten interessant sind, so läßt sich auch in Analogie für die Politik sagen, daß es nicht nur auf politische Gebrauchswerte (z. B. den Nutzen einer Politik für bestimmte Zielgruppen) ankommt, sondern auch auf politische Tauschwerte, den solche Politikprogramme für die Regierung und die Regierungsparteien haben. Analytisch lassen sich dabei zwei Typen von Tauschwerten trennen: a) Loyalitätstauschwerte (1. allgemeine systembezogene Massenloyalität und 2. Loyalität für einzelne Parteien, die sich in Wählerstimmen niederschlagen) und b) politökonomische Tauschwerte (Sicherung des sozialen Friedens im Produktionsbereich, Sicherung eines dauernden Einnahmenflusses für den Steuerstaat, Verhinderung von Unterbrechungen im wirtschaftlichen Tauschverkehr).
[...]

Die Dilemmata der Reformpolitik werden freilich unter dem Aspekt der politökonomischen Tauschwerte offensichtlich. Die Reformpolitik verstärkte eine Eigendynamik der Wirtschaft, die katastrophale Folgen für die Reformpolitik selbst und für die politische Position der Regierungsparteien hatte. Sie hatte — dies gilt speziell für den forcierten Ausbau der sozialen Sicherung und für die Stärkung der Gewerkschaften — eine spezifische Wirkung auf den Kapitalbesitz bzw. auf Leitungsfunktionäre in Großunternehmen: a) Soziale Sicherung, Expansion der Bildungsausgaben, Vergrößerung des Staatssektors und die Stärkung der Arbeitnehmervertretung in den Betrieben führten zur Steigerung des Preises der Ware Arbeitskraft — oder, anders gesagt, zu einer zunehmenden Kostenbelastung für Kapitalbesitz bzw. Kapitalfunktionäre. b) Die Reformpolitik stärkte Erwartungen in der organisierten Arbeiterbewegung, die nicht sofort einlösbar waren und die bis 1974 in eine Stärkung der lohnpolitischen Offensive der Arbeiterbewegung umschlugen (und damit eine weitere — von der Regierung unbeabsichtigt mitverursachte) Steigerung des Preises der Ware Arbeitskraft mit sich brachten. c) Die Debatten in der SPD und die realen Kostenwirkungen der Reformen stärkten das Mißtrauen des Wirtschaftsbürgertums gegen die SPD-geführte Regierung, die weniger als Modernisierungsfaktor, sondern mehr als kostenerhöhender Bedrohungsfaktor gesehen wurde.

Diese drei Wirkungen der Reformpolitik trugen zusammen mit wirtschaftsimmanenten Krisentendenzen dazu bei, eine neue Investitionspolitik der privaten Wirtschaft zu verstärken: sie lief auf Rationalisierungen, Intensivierung von Arbeitsprozessen, zunehmende Kapitalexporte, Flucht in Geldwerte, arbeitssparende Investitionen, keine oder nur zögernde Wiederbesetzung von offenen Arbeitsplätzen hinaus. Der sichtbarste Ausdruck der neuen Investitionspolitik war eine strukturelle Massenarbeitslosigkeit. Unter diesen Bedingungen ist freilich der Reformspielraum stark eingegrenzt. Die Reformfalle schnappt zu. Neue Reformen sind nur schwer finanzierbar. Unter den Bedingungen von Massenarbeitslosigkeit und niedrigen wirtschaftlichen Wachstumsraten kommt die ökonomische Basis des Sozialstaates so weit ins Wanken, daß eine Stagnation bzw. die selektive Rücknahme wohlfahrtsstaatlicher Leistungen zum Imperativ wird — solange die wirtschaftspolitischen Prämissen nicht neu definiert werden. Gerade diese Rücknahme von Leistungen kennzeichnet die Situation der Regierungskoalition nach der Bundestagswahl 1976. Der politische Preis für die Regierungsparteien scheint freilich hoch zu sein: Sie riskieren Einbußen an Loyalität, die ein politisches Überleben in Regierungspositionen in Frage stellen.

Auf diese wirtschaftlichen Folgeprobleme und Widersprüche der Reformpolitik waren und sind die Regierungsparteien nicht eingestellt. Sie verfügen über keine Konzepte zur Lösung dieser Widersprüche bei Beibehaltung von Reformen, sondern setzen auf den *Primat der Wirtschaftsankurbelung* zu Lasten der Reform und flankieren diese Politik auf der ideologischen Ebene mit massiver Eindämmungspolitik gegen die innerparteiliche und außerparlamentarische Linke. Freilich ist auch diese Politik kein Ausweg. Ihre Widersprüche drohen längerfristig das politische Überleben in Regierungspositionen in Frage zu stellen. Das Dilemma von sozial-demokratisch geführten Regierungen läßt sich mithin so kennzeichnen. Zwei ihrer grundlegenden Prämissen und Handlungsimperative sind prinzipiell widersprüchlich und offensichtlich nur unter Ausnahmebedingungen vereinbar: der Imperativ, materielle Zugeständnisse an die Arbeiterbewegung und an die Klientel des Sozialstaats zu machen steht quer zum Imperativ, das Vertrauen des Wirtschaftsbürgertums und die Kapitalakkumulation im Inland zu sichern und auf dieser Basis die Reformen zu finanzieren. Anders gesagt: Eine Reformpolitik, die nicht gleichzeitig durch Eingriffe in die relative Autonomie der Wirtschaft abgedeckt wird und die nicht gleichzeitig aktiv für Vollbeschäftigung sorgt, hat von vornherein mit hoher Wahrscheinlichkeit die Keime des eigenen Untergangs in sich.
[. . .]

Insgesamt scheint die Reformfähigkeit des Staates erheblich geringer, als es erforderlich wäre — von den Bedürfnissen der Betroffenen, von den Erfolgskriterien des Staates und der Regierungsparteien her (sozialer Frieden, Loyalität, stetige Steuereinnahmen, Wiederwahl).

Insgesamt scheint auch die Reformfähigkeit strukturell bedingt weit niedriger zu sein, als es der Erwartungsdruck an die Politik, der durch die konkurrenzdemokratische Ordnung noch verstärkt wird, erforderlich macht.

(M. G. Schmidt: Die »Politik der Inneren Reformen« in der Bundesrepublik Deutschland 1969—1976, in: SOWI 7 (1978), S. 2—7.)

Aufgaben zu Phase II

Text 1

— Stellen Sie die Faktoren zusammen, die die ›Zielverzerrung‹ bewirken.

— Schätzen Sie die Auswirkungen dieser Befunde auf die ›demokratische Herrschaft‹ ab (Bedingungen politischer Willensbildung, Problemdefinitionen durch Entscheidungsträger, und Auswirkung für die Betroffenen, Funktion der Öffentlichkeit, Rolle der Verwaltung).

Hinweise zur Weiterarbeit:

Zur Definition von ›Demokratie‹ oder ›demokratischer Herrschaft‹ könnten benutzt werden: A. Görlitz (Hrsg.): Handlexikon zur Politikwissenschaft, 2 Bde., Reinbek 1973 (rororo 6169/6170); M. Hättich: Grundbegriffe der Politikwissenschaft, Darmstadt 1969 (Wissenschaftliche Buchgesellschaft).

Folgende Schritte der Textbearbeitung sind denkbar:

Problemstellung

— Nennen Sie die drei Quellen der Zielverzerrung.

— Erläutern Sie diese mit Beispielen aus dem Abschnitt Zieldefinition.

Zieldefinition

— Welche Einflüsse der Öffentlichkeit auf die Gesetzgebung werden angenommen?

— Versuchen Sie, mit Hilfe des Textes folgenden Zusammenhang zu erklären: Die Regierung fördert Investitionen zur Schaffung von Arbeitsplätzen. Die Folge ist aber oftmals der Wegfall von Arbeitsplätzen (Rationalisierungsinvestitionen).

Gruppenspezifische Einflüsse

— Zum Begriff Input, vgl. Einleitung zum Text.

— Welche Konsequenzen ergeben sich für demokratische Entscheidungsprozesse?

Verwaltung

— Leiten Sie aus den Beispielen eine allgemeine Aussage her, wodurch Verwaltungshandeln zur Zielverzerrung beiträgt.

Text 2—7

— Stellen Sie zusammen, welchen einschränkenden Bedingungen politisches Handeln aus Systemgründen unterliegt (Planungsfähigkeit, negative Koordination, Entscheidungsfähigkeit, Legitimierung, Zieldefinition, Willensbildung, Problembewältigung).

— Sammeln Sie die jeweils in den Texten genannten konkreten Beispiele und versuchen Sie, noch weitere Belege zu finden (auch aus Phase I).

— Diskutieren Sie, welche Schlußfolgerungen die Befunde der Texte 2 — 7 für die Weiterentwicklung der Demokratie hergeben (Probleme, Reformen).

Hinweise zur Weiterarbeit:
Ausgehend von Äußerungen Harichs und Bahros läßt sich überprüfen, inwiefern staatssozialistische Systeme vor ähnlichen Problemen stehen.
— Erarbeiten Sie besonders aus Text 7 Aussagen zum Verhältnis von Politik und Wirtschaft.

Text 8
— Fassen Sie zusammen, welche Fragestellungen für den Verfasser zentral sind.
— Ziehen Sie die Ergebnisse uus den Texten 1 — 7 heran und überlegen Sie, unter welchen weiteren Gesichtspunkten die ›Politik der Inneren Reformen‹ analysiert werden könnte.
— Überlegen Sie, welche Grenzen und Möglichkeiten staatlichen Handelns sich aus der Analyse der Texte 1 — 8 ergeben und welche Aussagen sich daraus für ›demokratisches Handeln‹ gewinnen lassen (Notwendigkeit und Gefahren des Ausbaus der Planungsapparate; demokratische Willensbildung; Zielverzerrung; politisches und ökonomisches System).

Folgende Schritte der Textbearbeitung sind denkbar:
— Welche Probleme werden dem Verfasser zufolge vom Staat ›bearbeitet‹?
— Stellen Sie zusammen: Prozesse, die Reformen notwendig machten; allgemeine Annahmen über Politik, die in die Reformpolitik eingehen (Prämissen).
— Arbeiten Sie heraus, welche Gründe für den mangelnden Erfolg der Reformpolitik angeführt werden. Analysieren Sie, inwieweit sich daraus Rückschlüsse auf die Prämissen der Reformpolitik ergeben.
— Vergleichen Sie Absichten und tatsächliche Ergebnisse der Reformpolitik (Bildungsreform, Mitbestimmung, Steuerreform). — Welche allgemeinen Aussagen zur Durchsetzbarkeit von Reformen lassen sich aus dieser ›Zielverzerrung‹ ableiten?
— Erläutern Sie am Beispiel der Verteilungspolitik nach 1974 die »Dilemmata der Reformpolitik«. Welche Schlüsse ergeben sich hieraus für die ›Prämissen der Reformpolitik‹?
— Läßt sich die Schlußthese des Autors belegen?

Phase III

Die Parteien werden untersucht. Die Leistungen und die Notwendigkeit von Parteien sollen analysiert werden. Es schließt sich die Frage an, inwiefern die Parteien dem Auftrag des Grundgesetzes gerecht werden.

1. Verfassung und politische Willensbildung

Die Verfassungsorgane der Bundesrepublik Deutschland

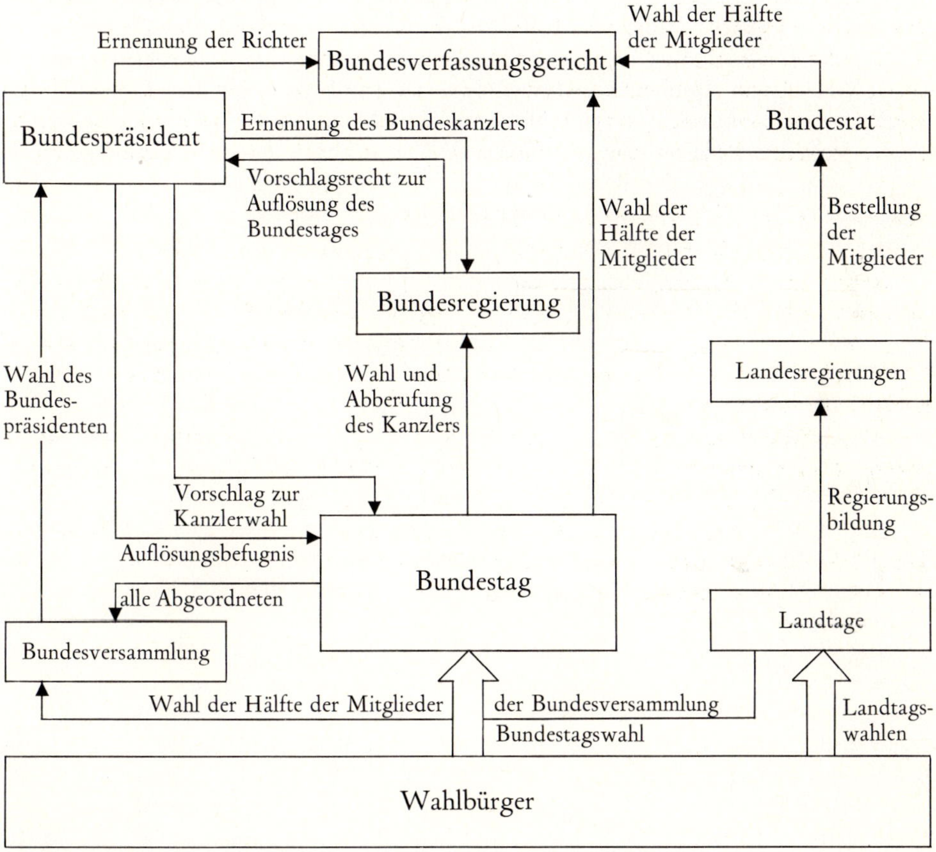

Quelle: Hartwich / Horn / Grosser / Scheffler, Politik im 20. Jahrhundert, Braunschweig, 7. Aufl. 1977, S. 168.

Der Grundgesetzgeber hat sich, indem er die freiheitliche demokratische Grundordnung geschaffen hat, für einen freien und offenen Prozeß der Meinungs- und Willensbildung des Volkes entschieden . . .

Das durch Art. 5 GG gewährleistete Recht der freien Meinungsäußerung, Presse-, Rundfunk-, Fernseh- und Filmfreiheit sind für eine freiheitliche demokratische Staatsordnung schlechthin konstituierend, Art. 5 GG garantiert auch die freie Bildung der öffentlichen

Meinung. Aus dem Grundrecht der freien Meinungsäußerung ergibt sich ein grundsätzliches Recht der freien politischen Betätigung. Meinungsfreiheit, Vereinigungs- und Koalitionsfreiheit, Versammlungsfreiheit und Petitionsrecht sichern die Freiheit der Meinungs- und Willensbildung des Volkes. Art. 21, 38, und 28 GG schützen zusätzlich die freie Willensbildung des Volkes. Die in der öffentlichen Meinung zum Ausdruck kommenden Zielvorstellungen, politischen Auffassungen und Stellungnahmen sind als »Vorformung der politischen Willensbildung des Volkes« gekennzeichnet worden. In einem demokratischen Staatswesen muß sich insbesondere die Willensbildung des Volkes frei, offen und unreglementiert vollziehen. Der permanente Prozeß der Meinungs- und Willensbildung des Volkes mündet ein in den für die Willensbildung im Staat entscheidenden Akt der Parlamentswahl. Willensbildung des Volkes und Bildung des staatlichen Willens durch seine verfaßten Organe müssen unterschieden werden. Von dieser Unterscheidung geht das GG aus. Es handelt in Art. 21 Abs. 1 GG von der Willensbildung des Volkes, in Art. 20 Abs. 2 GG von der Bildung des Staatswillens. Nur dann, wenn das Volk als Verfassungs- oder Kreationsorgan durch Wahlen und Abstimmungen selbst die Staatsgewalt (Art. 20 Abs. 2 Satz 2 GG) ausübt, fällt die Äußerung des Volkswillens mit der Bildung des Staatswillens zusammen.

Das Volk bringt jedoch seinen politischen Willen nicht nur durch Wahlen und Abstimmungen zum Ausdruck. Das Recht des Bürgers auf Teilhabe an der politischen Willensbildung äußert sich nicht nur in der Stimmabgabe bei Wahlen, sondern auch in der Einflußnahme auf den ständigen Prozeß der politischen Meinungsbildung, der Bildung der »öffentlichen Meinung«. Die öffentliche Meinung, deren Entstehung hier nicht näher zu charakterisieren ist, beeinflußt die Entschlüsse der Staatsorgane. Weiterhin versuchen Gruppen, Verbände und gesellschaftliche Gebilde verschiedener Art auf die Maßnahmen der Regierung und die Beschlüsse der gesetzgebenden Körperschaften im Interesse ihrer Mitglieder einzuwirken. Vor allem aber sind es die politischen Parteien, die zwischen den Wahlen im Sinn der von ihnen mitgeformten Meinung des Volkes die Entscheidung der Verfassungsorgane, insbesondere die Beschlüsse der Parlamente, beeinflussen; sie wirken auch auf die Bildung des Staatswillens ein. Über die Parteien, deren innere Ordnung demokratischen Grundsätzen entsprechen muß, nimmt das Volk auch zwischen den Wahlen Einfluß auf die Entscheidungen der Verfassungsorgane. Zwischen den Faktoren und Medien des komplexen Prozesses der Meinungs- und Willensbildung wirken mannigfache Beziehungen, Abhängigkeiten und Einflußnahmen.

Willensbildung des Volkes und staatliche Willensbildung sind auf vielfältige Weise miteinander verschränkt. In einer Demokratie muß sich diese Willensbildung aber vom Volk zu den Staatsorganen, nicht umgekehrt von den Staatsorganen zum Volk hin, vollziehen. Die Staatsorgane werden durch den Prozeß der politischen Willensbildung des Volkes, der in den Wahlen einmündet, erst hervorgebracht (Art. 20 Abs. 2 GG). Das bedeutet, daß es den Staatsorganen grundsätzlich verwehrt ist, sich in bezug auf den Prozeß der Meinungs- und Willensbildung des Volkes zu betätigen, daß dieser Prozeß also grundsätzlich »staatsfrei« bleiben muß. Einwirkungen der gesetzgebenden Körperschaften und von Regierung und Verwaltung auf diesen Prozeß sind nur dann mit dem demokratischen Grundsatz der freien und offenen Meinungs- und Willensbildung vom Volk zu den Staatsorganen vereinbar, wenn sie durch einen besonderen, sie verfassungsrechtlich legitimierenden Grund gerechtfertigt werden können.

Zulässig sind danach z. B. die Einwirkungen, die sich aus der verfassungsmäßigen Gestaltung des Wahlrechts auf die Willensbildung des Volkes ergeben können. Weiterhin ist unbedenklich die sogenannte Öffentlichkeitsarbeit von Regierung und gesetzgebenden Körperschaften, soweit sie — bezogen auf ihre Organtätigkeit — der Öffentlichkeit ihre Politik, ihre Maßnahmen und Vorhaben sowie die künftig zu lösenden Fragen darlegen und erläutern.

(Parteienfinanzierungsurteil des Bundesverfassungsgerichts vom 9. Juni 1966. Abgedruckt in der Amtlichen Sammlung der »Entscheidungen des Bundesverfassungsgerichts« Bd. 20, S. 119 ff. [BVerfGE 20, 119 ff.])

2. Rolle der Parteien in der »Massendemokratie«

1. Der aufgezeigte grundsätzliche Unterschied zwischen dem modernen massendemokratischen Parteienstaat und der repräsentativ-parlamentarischen Demokratie geht entscheidend darauf zurück, daß der moderne Parteienstaat seinem Wesen und seiner Form nach nichts anderes wie eine rationalisierte Erscheinungsform der plebiszitären Demokratie oder, wenn man will, ein Surrogat der direkten Demokratie im modernen Flächenstaat ist. Er hat in seiner grundsätzlichen Struktur mit der repräsentativ-parlamentarischen Demokratie nichts zu tun.

2. Aus der Analyse des modernen demokratischen Parteienstaates ergibt sich, daß der Gemeinwille, die volonté générale, durch die Parteien hier nicht mit Hilfe des Prinzips der Repräsentation, sondern der Identität, d. h. mit Hilfe desselben Prinzips, das in der sog. unmittelbaren Demokratie zur volonté générale führt, gebildet wird. Wie in der unmittelbaren Demokratie der Wille der Mehrheit der Aktivbürgerschaft mit dem Willen des Volkes identifiziert wird, wird in der parteienstaatlichen Massendemokratie der Wille der jeweiligen Parteienmehrheit im Parlament und in der Regierung dem der volonté générale gleichgesetzt.

3. Im modernen demokratischen Parteienstaat ist es nicht möglich, Volk und Partei einander gegenüber zu stellen. Denn in der parteienstaatlichen Form der Demokratie haben die Parteien geradezu die Funktion, das Volk zu organisieren und aktionsfähig zu machen. Die Mediatisierung des Volkes durch die Parteien ist im modernen demokratischen Parteienstaat unvermeidlich. Sie gehört geradezu zu seinem Wesen. Die Parteien »sind« hier der Intention nach »das« Volk. Was damit gemeint ist, wird vielleicht deutlich, wenn man etwa bedenkt, daß in England die Labour Party heute nahezu sechs Millionen Mitglieder zählt. Daher kann man auch nicht die Parteien schlechthin mit einem negativen Vorzeichen versehen, wie dies häufig geschieht. Eine solche Auffassung wäre nicht nur irreführend: sie wäre auch gefährlich, da es gegenüber dem modernen massendemokratischen Parteienstaat kein Zurück mehr zum repräsentativen Parlamentarismus gibt und die einzige Alternative ihm gegenüber der diktaturförmige Einparteienstaat ist.

4. Der Konsequenz der gekennzeichneten Entwicklung vom repräsentativen Parlamentarismus zur parteienstaatlichen Massendemokratie entspricht es, daß nicht nur die Stellung des Volksvertreters eine grundsätzlich andere wird, sondern auch das Parlament selbst seinen ursprünglichen Charakter mehr und mehr verliert und zu einer Stätte wird, an der sich gebundene Parteibeauftragte treffen und anderweitig (z. B. in Ausschüssen oder Parteikonferenzen) bereits getroffene Entscheidungen registriert werden. Hier hört die Diskussion naturgemäß auf, schöpferisch zu sein. Sie wird zu einer Fassade, bei der die Abgeordneten zunehmend die Rolle von Statisten spielen und eine organisatorisch-technische Zwischenstellung zur Ermittlung des Parteienmehrheitswillens einnehmen. Dies erklärt, weshalb sich in der modernen parteienstaatlichen Demokratie das politische Schwergewicht mehr und mehr vom Parlament fort zu der Aktivbürgerschaft und den diese organisierenden politischen Parteien verschiebt. Dies ist in allen westlichen Demokratien der Fall — auch in England, dem klassischen Lande des repräsentativen Parlamentarismus, in dem das Parla-

ment ebenfalls in zunehmendem Maße an politischem Gewicht verloren hat und die Aktivbürgerschaft, die Parteien und das Kabinett dementsprechend an Einfluß und Macht gewonnen haben.

5. Es ist kein Wunder, daß sich bei dieser Sachlage auch der Wahlakt in der modernen parteienstaatlichen Demokratie in seinem grundsätzlichen Charakter gewandelt hat. Soweit heute überhaupt noch mit Recht von einer Wahl gesprochen werden kann, kann man sagen, daß der einzelne Kandidat nicht mehr auf Grund seiner besonderen politischen Verdienste oder persönlichen Fähigkeiten, sondern nur noch als Zugehöriger zu einer bestimmten politischen Partei in das Parlament gewählt wird. Wenn man daher heute noch von der »zugkräftigen politischen Persönlichkeit« spricht, darf man unter ihr nicht mehr die freie repräsentative Persönlichkeit des 19. Jahrhunderts verstehen, die einen Teil der geistigen Aristokratie der Nation darstellte, sondern, wie schon früher einmal von dem ehemaligen Kultusminister Grimme bemerkt worden ist, im Grunde genommen allein den »Exponenten der politischen Partei«.

(G. Leibholz, Parteienstaat und repräsentative Demokratie, S. 245—247)

3. Parteien als Integration von Sonderinteressen

Von Grenzfällen abgesehen, ist die Frage, ob unter Herrschaft einer parlamentarischen Verfassung ein Ausgleich zwischen den plebiszitären und repräsentativen Komponenten jeweils möglich ist, primär nicht ein Problem der Staatsverfassung, sondern der Parteiverfassungen. Der Ruf nach plebiszitären Verfassungsinstitutionen wird sich in politisch erträglichen Grenzen halten, solange die Wähler die Überzeugung besitzen, daß sie in ihren Parteien Gebilde besitzen, die ihre Wünsche und Ansichten ausreichend vertreten. Wichtiger als der Erlaß eines Parteiengesetzes dürfte die Entfaltung einer Parteiautonomie sein, durch die ein Vertrauensverhältnis zwischen den politisch aktiven Wählern und den Gewählten begründet wird, ohne das ein primär repräsentativ orientiertes Regierungssystem heute sich auf die Dauer nicht zu halten vermag. Von ausschlaggebender Bedeutung wird es sein, ob es gelingt, den Wähler nicht nur in seiner abstrakten Eigenschaft als Mitglied seines Interessenverbandes davon zu überzeugen, daß seine Stimme gehört und berücksichtigt wird. Der Parteienprüderie unter der Weimarer Verfassung entspricht eine Interessenverbandsprüderie unter dem Bonner Grundgesetz. Es gibt heute bereits wieder genug Menschen, die verschämt die Augen zu Boden schlagen, wenn sie das Wort »pressure groups« hören und verzückt die Augen gen Himmel erheben, wenn von »Ständen« die Rede ist. Stände besitzen ein imperatives Mandat; Stände sind mit einer modernen Repräsentativverfassung unvereinbar. Eine Diskriminierung der Interessenverbände schließt die Gefahr der Entfremdung zwischen Wählern und Gewählten ein und gefährdet die Existenz einer Repräsentativverfassung nicht weniger als die Beherrschung der Parteien durch die Verbände, die es dem Parlament unmöglich macht, Träger des Gesamtwohls zu sein.

Die innere Dialektik der modernen Demokratie bewirkt, daß in seiner höchsten Steigerung als parlamentarisches Regierungssystem das Repräsentativsystem in ein plebiszitäres Regierungssystem umzuschlagen vermag. Wird die zur Aufrechterhaltung des parlamentarischen Regierungssystems unerläßlich notwendige Fraktionsdisziplin rücksichtslos gehandhabt, neigen die Fraktionschefs dazu, die Fraktionsmitglieder als Puppen zu behandeln, akkumulieren die Chefs des Kabinetts und des Schattenkabinetts alle Macht in ihrer Person und konzentriert sich die politische Auseinandersetzung auf ein Rededuell zwischen den Fraktionsführern, dann besteht die Gefahr, daß die Wahl zum Parlament nur die Folie ist, hinter der die plebiszitäre Auswahl des »Führers« erfolgt.

Der Bestand der Demokratie im Staat hängt ab von der Pflege der Demokratie in den Parteien. Nur wenn den plebiszitären Kräften innerhalb der Verbände und Parteien ausreichend Spielraum gewährt wird, kann eine Repräsentativverfassung sich entfalten.

(E. Fraenkel, Deutschland und die westlichen Demokratien, S. 384 f.)

4. Bedeutung der innerparteilichen Demokratie

Die folgenden Auszüge stammen aus einem Artikel, der im Jahre 1951 geschrieben wurde. Er war als Beitrag zur Diskussion um das Parteiengesetz gedacht.

Im Verlaufe seiner Ausführungen kommt der Autor auf die Frage zu sprechen, ob das Verhältniswahlrecht oder das Mehrheitswahlrecht demokratischer sei.

Es muß gelingen, die sich immer wieder innerhalb des Parteiapparates und der Parteibürokratie bildenden oligarchischen Herrschaftstendenzen zu eliminieren und den Versuch zu unterbinden, mit Hilfe des Parteiapparates den Willen der Partei dem Willen der Wähler und Parteibürger entgegenzusetzen und den Willen der Parteioberen den letzteren aufzuerlegen. Kurzum, um zu verhindern, daß die Parteien sich zu Fremdkörpern innerhalb des Volksganzen, zu einer Art Staat im Staate entwickeln, die ihre Macht nur unter Zuhilfenahme autoritärer Methoden zu behaupten vermögen, müssen mit Hilfe der Kräfte, die der Parteienstaat selbst aus sich heraus erzeugt, die erforderlichen Korrekturen in denselben eingebaut und der Parteienstaat aufgelockert werden. Zu diesem Zwecke müssen die Aktivbürger aktiviert werden, aber nicht, wie ich schon auf der Staatsrechtslehrervereinigung in Halle 1931 zu erklären versucht habe, mit den antiquierten Mitteln eines parlamentarisch-repräsentativen Liberalismus, sondern mit Hilfe einer Demokratisierung der Parteien selber.

Eine solche Demokratisierung fordert vor allem, daß die Willensbildung von den Parteimitgliedern ausgeht und die Parteioberen von unten her in ihrer Autorität legitimiert werden. Ein solcher demokratischer Aufbau der Parteiorganisationen ist aber noch nicht genug, um die bestehenden Gefahren zu bannen. Es muß auch dafür Sorge getragen werden, daß die rechtliche Stellung der Parteimitglieder selbst eine demokratisch geordnete ist. Es muß also z. B. in dem zu erwartenden Parteiengesetz dafür Vorsorge getroffen werden, daß die Parteibürger grundsätzlich rechtlich gleich behandelt werden und sie alle das gleiche und geheime Wahl- und Stimmrecht haben. Und schließlich verlangt die *Aktivierung* der Parteibürger und die damit verbundene Demokratisierung der Parteiorganisationen, der in allen Parteienstaaten bestehenden Tendenz zu begegnen, die Kandidaten zu den parlamentarischen Körperschaften einfach von oben her zu benennen. Gelingt es, die Aufstellung der Kandidaten zu diesen Körperschaften wirklich zu demokratisieren, so würde damit zugleich die Geheimpolitik der Parteibürokratie und der oberen Parteihierarchie in einer wirksamen Weise gebrochen werden können. *(Leibholz, S. 248—251)*

5. Willensbildung in den Parteien

Aber die in der Gegenwart viel besprochene innerparteiliche Demokratie ist nicht nur ein Problem des guten Willens der Führungsgruppen und der Mitglieder. Es ist auch ein von den Funktionen der modernen Massenpartei bedingtes Strukturproblem. Um ein wirklichkeitsfremdes, utopisches Demokratiemodell handelt es sich, wenn die Parteien nur in einseitiger Richtung als Transmissionsriemen zwischen Regierung und Volk, zwischen Parteiführung und Parteianhängerschaft betrachtet werden. Das einfache Schema von der politischen Willensbildung von unten nach oben findet in der Realität keine Entsprechung und kann sie nicht finden. Die politischen Entscheidungen einer Partei sind nicht einfach das Resultat eines von unten nach oben sich fortbewegenden Willensbildungsvorgangs. Nicht die kleinsten Parteieinheiten, sondern die Führungsgruppen der Partei sind in der Regel die Initiativträger der politischen Entscheidungen. Unter diesem Gesichtspunkt ist die Parteiorganisation in erster Linie Führungsinstrument. Die Mitglieder werden bestenfalls vor der endgültigen Entscheidung, sehr oft sogar erst nachträglich, um Zustimmung ersucht oder, genauer gesagt, auf die Bejahung der Entscheidung hin beeinflußt. Und selbst dies geschieht in den wenigsten Fällen auf dem Wege einer formal geregelten Willensbildung, indem diese Zustimmung etwa durch Abstimmungen in allen Parteieinheiten herbeigeführt würde. Vielmehr werden die Entscheidungen eben gegenüber der Mitgliedschaft vertreten und begründet. An dieser Stelle ist dann aber von größter Wichtigkeit, inwieweit eine Partei sich nicht doch dem sog. »demokratischen Zentralismus« annähert, der dadurch gekennzeichnet ist, daß zwar die Wahl der Funktionäre von unten nach oben erfolgt, daß aber die materialen Entscheidungen von oben nach unten gehen, indem jede Entscheidung eines Parteigremiums für die nachfolgenden unteren Instanzen absolut bindend ist. Mit anderen Worten: Entscheidend ist, ob die Parteigliederungen und damit die Parteimitglieder Möglichkeiten der Kontrolle der Führung haben und ob eine wirkliche Konkurrenz der Willensbildung in der Partei möglich ist.

Die Kontrolle hat Information seitens der Parteiführung zur Voraussetzung. Nicht zuletzt hier dürfte eine Fehlerquelle für mangelnde innerparteiliche Demokratie liegen. Das Parteimitglied erhält vielfach durch die Partei keine gründlichere, umfassendere und sachlichere Information als jene, die es ohnedies als Konsument der Massenmedien bekommt. Es ist offensichtlich, daß diese Information nicht genügt. Die Unterrichtung der Öffentlichkeit durch die Parteiführung ist notwendigerweise immer auch dem Aspekt der Propaganda unterstellt. Eine Partei tritt stets, soweit sie nur kann, werbend auf. Das ist eine ihrer Funktionen. Aber durch eine Zweitauflage dieser werbenden Information innerhalb der Partei wird das Mitglied nicht in den Stand des verantwortlichen Mitdenkens versetzt und nicht zu solchem Mitdenken provoziert.

Man kann wohl annehmen, daß die innerparteiliche Demokratie zumindest der Möglichkeit nach gefördert wird, wenn die Parteien sich mehr dem politischen Zweckverband annähern. In der reinen Gesinnungsgruppe sind die Mitglieder eher geneigt, der Geschlossenheit und der Treue zur Gemeinschaft so den Vorzug zu geben, daß sie sich des Kontrollrechts begeben. Und je mehr die prinzipielle Gesinnung der eigentliche Grund der Mitgliedschaft ist, desto weniger wird diese Mitgliedschaft von Fall zu Fall überprüft und am tatsächlichen Verhalten der Partei orientiert.

Unbeschadet der getroffenen Feststellungen bleibt bestehen, daß die Parteien *auch* Transmissionsriemen vom Volk zur Führung sind. Schon mit der Tatsache, daß die Führung sich stets um die Anhängerschaft bemühen muß, ist diese Funktion impliziert. Um gerade auch ihre Führungsaufgabe wahrnehmen zu können, ist die Parteispitze genötigt, sich über die Stimmungen und Meinungen in der Anhängerschaft zu informieren. In der Diskussion dieser Probleme werden den Parteien interessanterweise oft zwei Vorwürfe gleichzeitig gemacht, die sich zu widersprechen scheinen. Einmal ist zu hören, die Anhängerschaft sei für die Partei nur Stimmenmaterial, von einer Mitbestimmung der Mitglieder könne keine Rede sein. Gleichzeitig wird den Parteien vorgeworfen, sie würden die Erhaltung oder Erringung ihrer

Machtpostition derart in den Vordergrund stellen, daß sie ihr Handeln nur noch an den demoskopisch eruierten Wünschen ihrer gegebenen und potentiellen Anhängerschaft ausrichteten. Die beiden Argumente verweisen auf zwei in unserem Zusammenhang bedeutsame Sachverhalte. Einmal zeigen sie, daß offensichtlich eine reale Spannung zwischen zwei Aufgaben der Parteien besteht, was aber gleichzeitig besagt, daß die Parteien versuchen, beide wahrzunehmen. Zum anderen wird aber sichtbar, daß das demoskopische Verfahren und die Wahlpsychologie die innerparteiliche Demokratie nicht ersetzen können. Der Bürger fühlt sich nicht nur durch Entscheidungen, bei denen er nicht mitwirken kann, sondern auch durch diese Arten des Auf-ihn-Hörens überfahren. Er wird von den Parteien zu sehr als Objekt behandelt. Daraus ergibt sich das Postulat nach mehr innerparteilicher Diskussion, die so frei und offen sein muß, daß das Mitglied sich als Subjekt der politischen Diskussion erfährt.

Es muß aber auf ein Problem hingewiesen werden, das leicht übersehen wird, wenn von mehr innerparteilicher Demokratie die Rede ist. Bedeutet diese innerparteiliche Demokratie, daß die Willensbildung nicht nur in den Satzungen, sondern tatsächlich durch die ganze Partei hindurch institutionalisiert wird, dann ergibt sich für die Partei etwas Ähnliches, wie wir es beim Vergleich zwischen dem offenen gesellschaftlichen Dialog, den wir primär als Meinungsbildung charakterisiert haben, und der institutionalisierten staatlichen Willensbildung finden. In der letzteren ist eine zunehmende Verengung und Kanalisierung des offenen Dialogs notwendig, da am Ende des Prozesses immer eine geltende Entscheidung zu stehen hat. Als Symptom für solche Kanalisierung sei der Kürze halber das einfache Beispiel des Vergleichs zwischen einer freien Diskussion und einer Parlamentsdebatte herangezogen. In der informellen Diskussion ist zumindest idealtypisch der Gang des Gespräches frei und so ungeregelt wie möglich. Meinungen und Argumente können ohne taktische Rücksichten vorgebracht werden. Ob am Ende eine Einigung oder weitgehende Offenheit der Frage steht, ist von sekundärer Bedeutung. Es geht beim Dialog um das Offenlegen der Meinungen, um das Suchen nach Wahrheit. Die Wahrheit scheint vielleicht in der Ungelöstheit der in Frage stehenden Probleme adäquater auf als in voreiligen Lösungen. Auf jeden Fall ist es nicht der Sinn des Dialogs, das Ergebnis mittels einer Abstimmung zu finden. Ganz anders bei der Debatte, die auf eine Entscheidung hinausführen soll. Sie muß in ihrem Ablauf viel strenger sein. Die notwendige Entscheidung bricht den Dialog notwendigerweise und mitunter an recht willkürlicher Stelle ab, um eine verbindliche Mehrheitsentscheidung herbeizuführen. Es ist nun wohl im Sinne der innerparteilichen Demokratie, daß die unteren Parteigremien bis hin zur Ortsgruppe stärker in den institutionalisierten Willensbildungsprozeß eingebaut werden. In dem Maße aber, in dem dies geschieht, muß auch dort der Dialog zugunsten der formell geregelten und kanalisierten Entscheidungsvorbereitung vernachlässigt werden. Die Ortsgruppe hört in dem Maße auf, ein Forum der offenen und freien Diskussion zu sein. Natürlich kann theoretisch in der Ortsgruppe beides vor sich gehen. Aber man soll die Möglichkeiten des Alltags nicht überschätzen. Die Zusammenkünfte der Ortsgruppen werden nicht so häufig sein, daß sie beide Funktionen zufriedenstellend wahrnehmen können. Wenn die Institutionalisierung des Willensbildungsprozesses in der erwähnten Weise erfolgen soll, werden die Zusammenkünfte ein anderes Gesicht bekommen. Der typische Verlauf der normalen Treffen ist gekennzeichnet durch Referat (Bericht oder Problemvortrag) und anschließende Diskussion. Dieser typische Verlauf müßte sich dahingehend verändern, daß ihm eine rechtzeitig bekanntgegebene, klare Tagesordnung mit allen aus dem Abstimmungsverfahren sich ergebenden Formalien zugrunde liegt.

Wenn nun der offene Dialog, soweit er überhaupt gepflegt wird, aus diesen formellen Parteieinheiten verdrängt würde, könnten die informellen Parteigruppen, die es da und dort ebenfalls schon gibt, an Bedeutung zunehmen. [...]

In solchen informellen Gruppen könnte man dem Bedürfnis der besonders interessierten und aktiven Mitglieder nach einem lebendigen Gedankenaustausch, nach einer Aussprache, an deren Ende nicht sofort verbindliche Konsequenzen des Gesagten stehen, entgegenkommen. Die Motive der Initiatoren solcher Gruppen können allerdings wieder sehr verschieden sein. Manchmal stellen sich derartige Aktionen als Umwege dar, um in den formellen Parteigruppen mehr Macht und Einfluß zu gewinnen. Das Phänomen der »Hausmacht« gibt es auch auf den unteren Ebenen der Partei. Aber diese und ähnliche Entstehungsgründe solcher informellen Gruppen brauchen noch nicht den Verlust der genannten Funktion zu bedeuten.

(M. Hättich, Zur Typologie politischer Parteien, S. 404—407)

6. Innerparteiliche Demokratie

Die Wahlkampfkonzeption der Jungsozialisten sah weder eine Bilanzierung sozialdemokratischer Reformpolitik vor, noch beabsichtigten wir, dem Wähler zu suggerieren, als ständen die wirtschafts- und gesellschaftspolitischen Zielvorstellungen, wie sie in Beschlüssen der Jungsozialisten niedergelegt sind, auf der Tagesordnung. Unser Bestreben zielte vor allem dahin, die Bedingungen und Widerstände für Reformpolitik offenzulegen, die Folgen der Entstaatlichung als zentrales Moment der konservativen und autoritären Krisenlösung aufzudecken und die SPD an ihre eigenen programmatischen Ansprüche zu erinnern.

Die Zurücknahme sozialdemokratischer Reformpolitik und die Anlage der Wahlkampfkonzeption der Partei erschwerten es, die konkrete Wahlaussage immer glaubwürdig zu vertreten. In der Entschließung des Bundesausschusses der Jungsozialisten vom 17. 10. heißt es: *»Der Wahlkampf der SPD klammert weitgehend die zentralen sachpolitischen Auseinandersetzungen über die Lösung der vorhandenen und sich abzeichnenden gesellschaftspolitischen Probleme aus. Er war in weiten Teilen ein rein personenorientierter Wahlkampf. Die Wahlaussagen wurden reduziert auf die bessere Sachwaltung des — von privaten Kapitalinteressen bestimmten — wirtschaftlichen Wachstums und der vorgeblichen Garantie für einen — unter kapitalistischen Bedingungen illusorischen — »sozialen Interessenausgleichs«. Gleichzeitig knüpfte insbesondere der Wahlslogan »Weiterarbeiten am Modell Deutschland« an nationalistische Bewußtseinsstrukturen an ...« [...]*

Der Kampf um die Politische Demokratie wurde 1976 fortgesetzt. Eine Informationsbroschüre des Juso-Bezirksvorstands unterstützte die Argumentation gegen den Entwurf eines Niedersächsischen Verfassungsschutzgesetzes. Wenngleich es nicht gelang, das Gesetz zu verhindern und auch ein großer Teil der sozialdemokratischen Abgeordneten im Landtag seine Zustimmung gegeben hat, so ist doch deutlich geworden, daß immer größere Teile der Öffentlichkeit und auch der Basis der Partei inzwischen sensibilisiert sind für (besser: gegen) staatliche Maßnahmen, die einen Abbau von erkämpften Freiheitsrechten zum Inhalt haben. Meines Erachtens wird die bevorstehende Auseinandersetzung um das geplante Polizeigesetz verdeutlichen, daß die intensive Arbeit und Zusammenarbeit von Jusos und der Arbeitsgemeinschaft Sozialdemokratischer Juristen (ASJ) erste Früchte getragen hat. [...]

Die Partei und auch die Jungsozialisten müssen lernen: Die Jungsozialisten, daß sie sich nicht vorbeimogeln können an dem Tatbestand, daß sie vorrangig eine Jugendorganisation sind und ihre größten Erfolge auch dort erzielen, wo sie sich als Interessenvertretung der arbeitenden und lernenden Jugend begreifen. In enger Zusammenarbeit mit der Gewerkschaftsjugend und anderen Verbänden wie den Falken und den Naturfreunden müssen wir deshalb eine dauerhafte Bildungsarbeit betreiben und innerhalb der Jugend sozialistisches Denken und Handeln verbreiten und anleiten. Dabei dürfen sich die Jungsozialisten natürlich nicht, wie das einige in der Partei am liebsten sähen, zum unpolitischen Jugendverband zurückentwickeln, dessen Aufgabe darin besteht, die Plakate der Partei zu kleben und ihr die nächste Generation von Funktionären bereitzustellen, wie es vor 1969 der Fall war. *Meines Erachtens müssen sich die Jungsozialisten noch mehr als bisher als sozialistischer Jugendverband profilieren und in den Punkten, wo staatliche, auch sozialdemokratische, Politik mit Interessen von Jugendlichen kollidieren, auch eine harte, sachlich fundierte Konfrontation suchen.*

Die Gesamtpartei muß lernen, daß es notwendig ist, daß sich eine sozialistische Jugend, will sie ihre Glaubwürdigkeit bewahren, frei äußern können muß, daß ihr die notwendigen organisatorischen Voraussetzungen zur Verfügung stehen müssen. Die Richtlinien für Arbeitsgemeinschaften mit ihren restriktiven Vorstellungen zur Öffentlichkeitsarbeit sind mit dieser Konzeption genauso unvereinbar wie die Behinderung von Veranstaltungen oder der Eingriff in die Theoriebildung. [. . .]

(W. Jüttner, Vorsitzender der Jusos im Bezirk Hannover, in: SPD-Rundschau 12/76)

7. Wahlkampf (1)

Die meisten Abgeordneten stehen schon fest

Wahlkampf nur um den Rest

Noch bevor die 41,6 Millionen wahlberechtigten Bundesbürger am 3. Oktober an die Wahlurnen gerufen werden, stehen die meisten Abgeordneten für den nächsten Bundestag bereits fest. Selbst wenn das Wahlergebnis der bevorstehenden Bundestagswahl deutlich von dem des Jahres 1972 abweichen sollte, können sich über 350 Kandidaten der im Bonner Parlament vertretenen Parteien schon jetzt als gewählt betrachten.

Rund 150 der 248 Bundestagswahlkreise gelten als »Hochburgen« oder relativ stabile Wahlkreise von SPD, CDU und CSU. Über 200 sichere Bundestagsmandate sind daneben über die Landeslisten der Parteien vergeben. Einschließlich der 22 delegierten Berliner Abgeordneten geht der Wahlkampf bestenfalls um die restlichen 140 von 518 Bundestagssitzen.

Besonders umkämpft werden solche Wahlkreise sein, in denen keine der aussichtsreichen Parteien eine sichere Mehrheit hat. Doch ist die Zahl der umstrittenen Wahlkreise begrenzt: Bei der letzten Bundestagswahl war der Abstand zwischen SPD und CDU oder CSU nur in 20 Wahlkreisen bei den Erststimmen bis zu zwei Prozent, in 18 weiteren Wahlkreisen betrug der Abstand bis zu fünf Prozent, und in 36 Wahlkreisen lag er zwischen fünf und zehn Prozent. Am ehesten in diesen Bundestagswahlkreisen kann sich bei der Wahl die derzeitige Parteienlandschaft verändern.

Bei der Bundestagswahl 1972 verschob sich der Erststimmen-Anteil der Sozialdemokraten gegenüber den beiden Unionsparteien um 6,1 Prozent zugunsten der SPD. Damit gewann die Partei 25 Wahlkreise hinzu und erreichte 152 Direktmandate (CDU: 65 — CSU: 31). Diese Kräfteverschiebung in den Wahlkreisen begünstigte freilich auch das von den FDP-Wählern geübte »Stimmensplitting«, bei dem jede zweite Erststimme der liberalen Wähler einem SPD-Wahlkreiskandidaten zugute kam.

Das seit der letzten Bundestagswahl ausgeprägte Nord-Süd-Gefälle zwischen SPD und CDU/CSU in den Wahlkreisen wird bei Stimmengewinnen der Union und gleichzeitigen Verlusten der SPD abnehmen, denn eine Reihe von SPD-Wahlkreisen »wackelt« bei einer solchen Wahlentwicklung. Noch 1972 hatte die SPD in den Bundesländern von Schleswig-Holstein bis Hessen und dem Saarland allein 118 ihrer 152 Direktmandate errungen, die CDU dagegen nur 41. In den südlichen Bundesländern dominierten die Unionsparteien in den Wahlkreisen mit 55 direkt gewählten Abgeordneten (allein 31 davon CSU in Bayern) gegenüber 34 der SPD.

Wie bereits vor früheren Bundestagswahlen hatten auch diesmal Neulinge bei der Kandidatennominierung größere Chancen, in den Wahlkreisen direkt aufgestellt zu werden, als sich auf einer Landesliste abzusichern. Der Einfluß der Parteispitzen auf die Festlegung der Landeslisten war nach den Eindrücken von Beobachtern bis auf Einzelfälle wiederum groß, da die »Parteioberen« oft nur ein begrenztes Maß an personeller Erneuerung hinzuzunehmen bereit sind. *(Wolfsburger Nachrichten v. 16. 9. 76)*

8. Wahlkampf (2)

Was die Wechselwähler bestimmt

Es sieht weiterhin so aus, als ob der Wahlausgang am 3. Oktober ganz knapp ausfallen werde, so oder so. Entscheiden werden letztlich jene Wähler, die sich von Mal zu Mal neu orientieren. Die Demoskopen meinen, gegenwärtig seien noch etwas mehr als zehn Prozent zu dieser *floating vote* zu rechnen. Wer die Wechselwähler sind, was sie bewegt oder beeinflußt, das ist noch immer reichlich unklar. Daß es sich um lauter kritische, intellektuell bewegliche Menschen handle, mithin um besonders »mündige Bürger«, das wird neuerdings wieder bestritten. Man meint, auch viel Schwemmsand feststellen zu können.

Nach der schon klassisch zu nennenden Lehre der Kommunikationsforscher ist der Mensch von den publizistischen Medien und auch von den härtesten Wahlkämpfen kaum zu beeinflussen. Der Normalbürger sucht die Bestätigung seiner ungefähren Ansichten, nicht aber deren Irritierung. Er liest und hört, was er jeweils hineinlesen und heraushören will; er nimmt in sich auf, was ihm entspricht, und er verdrängt, was ihn verunsichert. Wenn indessen die Gegenmeinung sehr penetrant auf ihn eindringt, wenn er ihr also nicht entfliehen, sie nicht verdrängen kann, so wehrt er sich, oft mit wütendem Protest. Interessant dabei ist, daß die aggressive Reaktion sich in der Regel nicht gegen den *Urheber* einer Verunsicherung wendet, sondern gegen das *Medium*, das die ärgerliche Nachricht oder Meinung ins Haus liefert. Jeder Publizist kennt derartige »Antworten«.

Diese alte Erkenntnis ist gewiß nicht überholt. Doch sie erklärt nicht die langfristigen Meinungsveränderungen, nicht den Genossen »Trend« und nicht die verschiedenen »Tendenzwenden«. Auch das Anwachsen der Zahl der Wechselwähler (besonders deutlich seit etwa 1965) widerspricht der These, daß der Mensch sich normalerweise nicht ändere, daß er sich bloß bestätigt, nicht aber verwirrt sehen möchte. Was ist es dann?

Elisabeth Noelle-Neumann vom Allensbacher Institut für Demoskopie verzeichnet neuere Erkenntnisse. Es gebe, meint sie, einen gewissen Druck zum Schweigen, auch einen Sog zum Bekennen. Niemand möchte gerne im offenen Widerspruch zu seiner Umwelt leben, zu Familie, Freunden und Kollegen (den nach wie vor wichtigen »Primärgruppen« der Kommunikation). Isolation ist schwerer zu ertragen als Identität. Deshalb vollzieht der einzelne seine Positionsänderungen selten allein, in der Regel innerhalb der Gruppe, wo er sich auch aussprechen kann. Das gilt nicht nur für politische Entscheidungen, sondern auch für solche des Geschmacks, der Lebensziele, selbst der Moral. Die Bindungen sind im sozialen Umfeld und prägen stärker als isoliert gefundene Erkenntnisse. Demnach wäre auch der Wechselwähler kein Einzelgänger, sondern ein Herdentier.

Frau Noelle-Neumann erklärt die Tatsache, daß die Zahl der Wechselwähler seit 1965 geradezu in Sprüngen angestiegen ist, mit der Ausbreitung des Fernsehens. Zeitungen, meint sie in einem Interview mit der *Herder-Korrespondenz,* würden nach wie vor wenig Veränderungen im Wählerverhalten bewirken. Das Fernsehen sei indessen ein »Gruppenmedium«, das auch den Ehepartner, die Großeltern, die Kinder oder Freunde vor dem Bildschirm vereinigt. Allein dadurch, aber auch infolge der notwendigen Eigenart der telegerechten Aufbereitung von Informationen, werde das Politische emotionalisiert: »Die rationalen, die bremsenden Wirkungen werden ausgeblendet.« Das Fernsehen hat demnach in vielen Fällen die Funktion der meinungsbildenden Primärgruppe verdrängt oder doch stark ergänzt.

Damit hat aber auch die Artikulationsbereitschaft, die Neigung zu offener Sympathie- oder Abneigungsbekundung zugenommen. Der Zeitungsleser ist gleichsam allein mit sich. Der Fernsehzuschauer befindet sich zumeist in der Gruppenbindung. Hier kann er Bestätigung und Beifall suchen und finden, jedenfalls Echo. Also wären »Tendenzwenden« gleichsam gruppendynamische Prozesse.

Das mag so sein, erklärt aber nicht die veränderlichen Wählerneigungen selbst, nicht die veränderten Inhalte. Diese vollziehen sich wohl mehr im Auf und Ab von Reformbereitschaft und Reformsättigung, von Innovationsneigung und Bewahrung des Gegebenen. Derartige Wellen sind kaum von den Medien verursacht oder auch nur beeinflußt. Das Fernsehen, als Gruppenmedium, beschleunigt sie nur.

Ganz offensichtlich von Bedeutung ist auch für Wechselwähler die Bereitschaft zur offenen Identifikation. Nach Auskunft von Frau Noelle-Neumann hat nicht zuletzt diese »Welle« 1972 zum großen Wahlsieg der SPD geführt. Damals schien es so, als ob sich jeder zeitbewußte Mensch offen zu den Sozialdemokraten »bekennen« müsse — mit Plaketten, allerlei Initiativen und anderen zur Schau getragenen Sympathieerklärungen. Auf den Straßen und Plätzen befand sich die CDU hingegen in einer Art »Schweigezone«. Auch wer sie wählte, wollte darüber nicht offen sprechen. Offenkundig bildete dies einen Sog zugunsten der Koalition Brandt/Scheel. Und zwar in den letzten zwei, drei Wochen vor der Wahl.

1976 scheint es eher umgekehrt zu sein. CDU und CSU beherrschen nicht nur mit ihren Wahlplakaten (einstweilen) die öffentlichen Wege, sie befinden sich auch in der Gunst einer breiteren Identifikationsbereitschaft. Andere Demoskopen konstatieren ebenfalls, es gebe bei der CDU-Anhängerschaft jetzt eine Neigung zur »entschiedeneren und bewußteren« Bindung, mehr als bei den Konkurrenten. Die Wissenschaftler der Adenauer-Stiftung meinen, knapp die Hälfte der Anhänger der sozial-liberalen Koalition würden sagen, es mache letztlich keinen Unterschied, ob die Regierung wechsle. Gleichgültigkeit, also. Bei den Anhängern der Unionsparteien sagen dies lediglich 30 Prozent. Vermutlich war auch dies 1972 noch ganz anders.

Daß es einen Trend zu den Unionsparteien gibt, ist kaum noch zu bestreiten. Wie weit dieser reicht, ob er zur Grundwelle wird, und ob sich die Unentschlossenen mitreißen lassen, das wird wohl erst am 3. Oktober abends festzustellen sein. Bei allen Demoskopen scheint Übereinstimmung darüber zu herrschen, daß ihre eigene Irrtumsmarge bei etwa 2,5 Prozent liegt. Innerhalb dieser Marge dürfte die Entscheidung fallen. *(SZ v. 14./15. 8. 76)*

9. Finanzierung der Parteien (1)

Niedersachsens Parteien kassierten 24 Millionen Mark

Spitzenreiter ist die CDU — SPD-Mitglieder zahlten 4,8 Millionen Mark — Eine Million für die DKP

Hannover/Bonn (nrp) Früher als in den vergangenen Jahren haben jetzt die in Niedersachsen zugelassenen politischen Parteien die nach dem Parteiengesetz vorgeschriebene Offenlegung ihrer Einnahmen vorgenommen. Sie belaufen sich für acht Parteien für das Rechnungsjahr 1974 auf insgesamt 24,29 Millionen Mark.

Davon entfallen allerdings allein 23,11 Millionen Mark auf die drei großen demokratischen Parteien CDU, SPD und FDP und hiervon wiederum 11,21 Millionen Mark auf die CDU, die damit Spitzenreiter in Niedersachsen ist, und 10,34 Millionen Mark auf die SPD. Demgegenüber nehmen sich die 1,55 Millionen Mark für die FDP recht bescheiden aus. Die DKP bringt es immerhin auch noch auf fast eine Million Mark. Weit abgeschlagen in der Parteienfinanzierung folgen die NPD mit rund 147 000 Mark, die Deutsche Friedens-Union mit fast 40 000 Mark, die Aktionsgemeinschaft unabhängiger Deutscher mit 8768 Mark und die Frei-Soziale Union mit 1950 Mark.

Der Hauptanteil der Finanzen bei der niedersächsischen CDU — hier sind die drei Landesverbände Hannover, Braunschweig und Oldenburg veröffentlichungspflichtig — wird mit 3 357 096,71 Mark durch Spenden aufgebracht, nicht ganz soviel, nämlich 3 113 322,87 Mark kommt aus der Erstattung nach dem Parteiengesetz, 2 906 153,76 Mark sind Mitgliederbeiträge und 1 110 480,96 Mark Fraktionsbeiträge. Neben rund 313 000 Mark Krediten stehen noch Einnahmen aus Druckschriften, Vermögenserträgen und »Sonstige« (123 974,10 Mark) zu Buche.

Bei der SPD machen die Mitgliederbeiträge mit 4 853 192,37 Mark den Löwenanteil der Finanzierung aus. Etwa die Hälfte davon, nämlich 2,049 Millionen Mark, kommen aus der Wahlkampfkostenerstattung (Parteiengesetz) und 1,542 Millionen Mark aus Fraktionsbeiträgen. An Spenden hat die SPD 786 878,78 Mark ausgewiesen, fast ebensoviel »sonstige« Einnahmen und 334 804,41 Mark stehen aus Vermögenserträgen zu Buche. An Krediten hat die SPD nur rund 20 000 Mark aufgenommen. Der genaue Betrag für die SPD, die keine einheitliche Landesorganisation hat, sondern für die in Niedersachsen die drei Bezirksverbände Hannover, Nord-Niedersachsen und Weser-Ems sowie der Landesausschuß ausweispflichtig sind, beträgt 10 341 435,93 Mark.

Bei der niedersächsischen FDP, die über eine einheitliche Landesorganisation verfügt, kommt der größte Betrag mit 526 000 Mark aus der Erstattung nach dem Parteiengesetz. 407 839,22 Mark wurden 1974 an Spenden und 296 684,52 Mark an Mitgliedsbeiträgen ausgewiesen, 123 281,11 Mark an Fraktionsbeiträgen. Sonstige Einnahmen stehen mit 110 392,79 Mark zu Buche, 56 000 Mark kommen aus Vermögenserträgen und fast 24 000 Mark aus Krediten, insgesamt genau 1 553 348,76 Mark.

Die Deutsche Kommunistische Partei (DKP), die in Niedersachsen einen Bezirk Niedersachsen und einen Bezirk Bremen-Niedersachsen-Nordwest unterhält, hat ihre Einnahmen für 1974 mit 982 571,50 Mark beziffert. Davon kommt mit 540 589,08 Mark über die Hälfte aus Spenden, allein 236 362,97 Mark aus Druckschriften, 180 841,55 Mark aus Mitgliederbeiträgen. Der Rest sind sonstige Einnahmen.

Auch die NPD, die einen einheitlichen Landesverband Niedersachsen hat, meldete von 146 828,19 Mark Gesamteinnahmen mit 74 328,52 Mark über die Hälfte aus Spenden und 49 925,71 Mark aus Mitgliederbeiträgen. 17 103,21 Mark kommen aus Vermögenserträgen, 4621,24 Mark aus Druckschriften und 334 Mark aus Fraktionsbeiträgen.

Die Deutsche Friedens-Union lebte bei ihren 39 577,45 Mark Gesamteinnahmen mit 24 223 Mark im wesentlichen aus Mitgliederbeiträgen und mit 13 194,70 Mark aus Spenden. Die Freie Soziale Union verbuchte 1805,80 Mark Mitgliederbeiträge und 144,90 Mark Spenden. Die Niedersächsische Landespartei, die ihre Landesgeschäftsstelle in Celle unterhält, veröffentlichte keine Einnahmerechnung.

(Wolfsburger Nachrichten v. 5. 12. 75)

10. Finanzierung der Parteien (2)

	Gesamteinnahmen	Mitgliedsbeiträge	Wahlkampfkostenerstattung	Spenden	Beiträge Fraktionsmitglieder
SPD	130,0	46,3	40,2	13,2	9,0
CDU	113,6	31,8	36,3	29,4	9,8
CSU	20,0	4,1	9,6	3,4	1,8
FDP	22,7	3,1	7,3	8,5	1,4
NPD	1,2	0,5	0,035	0,5	0,001
DKP	12,2	2,3	0,069	5,3	0,158
FSU[1]	0,168	0,069	—	0,093	—
SSW[2]	0,5	0,030	0,025	0,259	0,163
DFU[3]	2,2	0,199	—	1,9	—

(alle Zahlen in Millionen Mark)

[1] FSU = Frei-Soziale Union
[2] SSW = Südschleswiger Wählerverein
[3] DFU = Deutsche Friedens Union

Rekordjahr für die Parteien der Bundesrepublik: 1975 nahmen sie zusammen 302,8 Millionen Mark ein.

(FR v. 16. 11. 76)

11. Trends in der Entwicklung der Sozialstruktur der Parteien

[...] hatte die SPD am 15. 6. 1973 955 747 Mitglieder. Unsicherer, weil nicht »offiziell«, sind die hier möglichen Angaben zu den übrigen Parteien: CDU rd. 440 000 Mitglieder, CSU rd. 130 000, FPD über 60 000 und DKP 40 000. SPD und CDU/CSU haben hiernach in den letzten Jahren die Zahl ihrer Mitglieder beträchtlich erhöhen können, nach deutlichem Rückgang in den fünfziger Jahren: 1947 hatten die SPD 875 479 und die CDU/CSU 650 000 Mitglieder; 1955 waren es 585 158 und 245 000.

Mit der neueren Entwicklung liegt der Organisationsgrad der Wohnbevölkerung im Alter von über 16 Jahren in Parteien bei 3,5 %. Das ist angesichts der entscheidenden Bedeutung der Parteien im politischen Willensbildungsprozeß natürlich nach wie vor äußerst wenig. Auf die Berufsgruppen bezogen, ergibt sich für das Jahr 1968, daß Beamte mit rd. 8,8 % den höchsten Organisationsgrad in Parteien aufweisen (Durchschnitt 1968 war 2,55 %), gefolgt von den Selbständigen mit 5,14%, den Angestellten mit 3,05% und den Arbeitern mit 2,41%. Arbeiter also organisieren sich relativ am geringsten in Parteien. Ihr Anteil liegt unter dem Durchschnitt.

Berufliche Gliederung der Mitglieder der SPD auf Bundesebene im Zeitverlauf (in Prozent)

	1952	Oktober 1968	15. Juni 1973
Arbeiter	45	34,5	26,43
Angestellte	17	20,6	21,93
Beamte	5	9,9	8,96
Selbständige	12	5,2	4,83
Landwirte	2	—	0,36
Rentner	12	24,2	13,35
Hausfrauen	7	4,3	9,92
In Ausbildung	—	0,9	6,84
Keine Angabe	—	0,5	6,62
Restgruppe	—	—	0,76
Insgesamt	100	99,9	100,00

Berufliche Gliederung der Mitglieder-Neuaufnahmen (in Prozent)

	1958	1962	1965	1967	1971
Arbeiter	55,0	54,6	51,4	44,5	35,0
Angestellte	13,2	13,3	16,5	18,9	25,5
Beamte und Angestellte im öffentl. Dienst	7,8	9,2	10,7	11,7	10,8

Hierzu noch zwei weitere Statistiken zur Berufsstruktur neu aufgenommener SPD-Mitglieder (in Prozent)

	Bundespartei 1972	Hamburger Landesorganisation 1973
Arbeiter	27,6	13,0
Angestellte	25,0	29,7
Beamte und Angestellte im öff. Dienst	9,0	11,1 (Beamte)
Rentner	3,7	3,3
Selbständige	3,6	3,4
Hausfrauen	9,0	7,7
Auszubildende/Lehrlinge	3,9	3,9
Landwirte	0,3	0,0
Soldaten	1,1	0,9
Studenten und Schüler	15,9	25,2
Ohne Berufsangabe	0,9	—

Berufliche Gliederung der Mitglieder der CDU auf Bundesebene im Zeitverlauf (in Prozent)

	1955	Dez. 1964	Okt. 1968	Sept. 1973
Arbeiter	15	14,63	13,1	11
Angestellte	18	19,80	16,9	26
Beamte	9	10,94	15,8	13
Selbständige	38	37,10	32,8	28
Rentner	7	—	14,2	6
Hausfrauen	13	—	6,6	8
In Ausbildung	—	—	0,5	5
Sonstige	—	17,53	—	—
Restgruppe	—	—	—	3

Berufliche Gliederung der Mitglieder der CSU am 1. 10. 1964 (in Prozent)

Studenten	1,3
Akademische Berufe	3,4
Selbständige	5,8
Beamte	6,6
Angestellte	7,6
Handwerk	13,1
Landwirtschaft	20,2
Arbeiter	2,0
Andere (Hausfrauen, Rentner)	40,0

Berufliche Gliederung der Mitglieder der FDP auf Bundesebene im Zeitverlauf (in Prozent)

	1965	*1967*	*1971*
Arbeiter	14	14	4,9
Angestellte	25	40	32,7
Beamte	15	8	19,6
Selbständige	31	22	27,4
Landwirte	5	6	3,7
Sonstige	11	10	11,7

Betrachtet man alle vier Parteien zusammen, so ist trotz der ungesicherten Datenbasis doch ein Trend deutlich erkennbar: Vor allem die Angestellten, die Beamten und die Selbständigen sehen offenbar in der Parteimitgliedschaft einen wichtigen Ansatzpunkt politischer Betätigung. Im Sinne des Repräsentationsmodells bedeutet diese Einstellung — und umgekehrt das relativ geringere Interesse der Arbeiter —, daß diese Gruppen, vor allem die Beamten und die Selbständigen, »überrepräsentiert« sind. Die Wählerentscheidungen decken sich mit der Sozialstruktur nur zum Teil. Eine Auswertung der Berufsstruktur der *Wähler* ergibt zum Teil Gegenläufigkeiten im Trend vor allem in bezug auf das Verhältnis Arbeiter—SPD.

(H. H. Hartwich, Trends in der Entwicklung der Sozialstruktur der Parteien, in: Gegenwartskunde 23 (1974), S. 193 ff.)

12. Soziale Zusammensetzung des Parlaments (Beispiel CDU/CSU)

Opposition stellt den jüngsten und den ältesten Politiker

Das Gesicht der neuen CDU/CSU-Fraktion im Bundestag / Stimmengewinn mit Folgen

Bonn

Gleich nach dem Wahltag verschickte die Geschäftsführung der CDU/CSU-Fraktion 254 Fragebogen in alle Teile der Republik. Auf den Fragebogen sollten die Mitglieder der neuen Fraktion Angaben zur Person machen. Die Antworten tröpfeln nur spärlich ein, so daß die Opposition bisher kein verläßliches Bild über die soziologische Gliederung iherer neuen Abgeordneten hat. Die CDU/CSU-Fraktion ist somit auch die einzige, die sich immer noch nicht darüber im klaren ist, ob und wenn ja, welche politischen Gewichtsverlagerungen zu erwarten sind. Außer Namen, Geburtstag und Anschrift weiß die Fraktionsgeschäftsführung bisher so gut wie nichts über ihre neuen Abgeordneten.

Davon gibt es 74 an der Zahl. Das ist der größte Neuzuwachs aller Fraktionen. Die SPD brachte es auf 38 und die FPD auf 12. Die Zuwachsrate der CDU erklärt sich zum großen Teil aus dem erheblichen Stimmengewinn der Union. Auch wenn ein knappes Drittel der CDU/CSU-Fraktion aus Neulingen besteht, geht dies nicht etwa mit einer Verjüngung einher, wie eine Übersicht über die Namensliste ergibt. Für die Opposition gilt, was für den gesamten Bundestag gilt: Das Durchschnittsalter der Abgeordneten liegt weiterhin sehr hoch. Für das Parlament beträgt es 47,3 Jahre und ist damit sogar um ein halbes Jahr höher als vor vier Jahren.

Für die CDU/CSU trifft dies zu, obwohl sie diesmal mit dem Vorsitzenden der Jungen Union, Matthias Wissmann, den Parlamentsbenjamin stellt. Er ist 27 Jahre alt. Wissmann löst den FDP-Abgeordneten Andreas von Schöler ab, der 1972 mit 24 Jahren als bisher absolut jüngster Abgeordneter in den Bundestag eingezogen war, inzwischen jedoch 28 Jahre alt ist. Die Opposition stellt nicht nur den jüngsten, sondern auch den ältesten Volksvertreter: Es ist der 79jährige Alt-Bundeskanzler Ludwig Erhard, der als Alterspräsident auch die erste Sitzung des neuen Parlaments eröffnen wird.

Will man die Berufsstruktur der neuen CDU/CSU-Fraktion ergründen, so ist man bisher auf eine Untersuchung von Professor Ulrich Lohmar angewiesen, der gemeinsam mit zwei Systemanalytikern bereits vor dem Wahltag alle Direktkandidaten der im Bundestag vertretenen Parteien befragt hat. Da die meisten der Direktbewerber über Landeslisten abgesichert waren, finden sich die Befragten auch fast alle im Bundestag wieder. Und da 85% aller Kandidaten auf die Fragen geantwortet haben, ergibt sich ein einigermaßen verläßliches Bild.

Der Lohmar-Untersuchung zufolge sind 34% der CDU-Abgeordneten Beamte, (CSU: 40%), 30% Selbständige (CSU: 37,5%) und 0,5% Arbeiter (CSU: 0%). Diese Berufsbezeichnungen sind aber etwas unscharf, weil als selbständig Tätige auch Abgeordnete bezeichnet werden, die in ihrem Beruf »frei disponieren« können und unter den Beamten auch die »administrativ entscheidenden Berufstätigen« verzeichnet sind, also durchaus Angestellte zu finden sein dürften, die nicht gesondert ausgewiesen sind.

Aus dieser Untersuchung ergeben sich für die Oppositionsfraktion außerdem noch folgende Daten: 73% der CDU- und 70% der CSU-Abgeordneten haben einen Hochschulabschluß. Von diesen akademisch Gebildeten sind bei der CDU 39% Juristen (CSU: 47), 9% Politologen oder Soziologen (CSU: 5), 7% Philosophen oder Theologen (CSU: 2,5), 15% Wirtschaftler (CSU: 15) und 7% Naturwissenschaftler (CSU: 10). Die Frauen sind in der CDU/CSU-Fraktion wie auch in den anderen Fraktionen des Bundestages weiterhin unterrepräsentiert. Sie stellen noch nicht einmal 5% der Abgeordneten.

Eine Aussage über die politische Gewichtsverteilung fällt aus den genannten Gründen zur Zeit schwer. Das wird durch nichts besser bewiesen als dadurch, daß diejenigen, die sich bisher daran versucht haben, zu ganz unterschiedlichen Ergebnissen gekommen sind. Die einen vermeinten einen Zug zum Progressiven feststellen zu können, die anderen einen Trend zum Konservativen, noch wieder andere überhaupt keine Veränderung.

Falsch scheint mit Sicherheit nur die Behauptung zu sein, die neue CDU/CSU-Fraktion habe einen Ruck nach rechts gemacht. Namen wie Haimo George, bisher Geschäftsführer des CDU-Wirtschaftsrates, Hans Stercken, Direktor der Bundeszentrale für politische Bildung, oder Christian Schwarz-Schilling, Dregger-Intimus aus Hessen, oder Alfred Neuhaus, Zigarettenfabrikant aus dem Badischen, sind dafür kein ausreichender Beleg.

Denn es kommt eine größere Zahl von Abgeordneten neu in die Fraktion, die ein starkes Gegengewicht bilden: Außer dem JU-Vorsitzenden Wissmann dessen Freund Gerd Langguth, früherer RCDS-Vorsitzender, und Ekkehart Eymer, der Geschäftsführer der Sozialausschüsse, Albrecht Hasinger, sowie der bisherige Pieroth-Assistent Heinz-Jürgen Prangenberg. Auch einen Mann wie den früheren Bundesgeschäftsführer der CDU, Ottfried Hennig, wird man zu diesem Flügel rechnen dürfen. *Hans Jörg Sottorf*

(Hannoversche Allgemeine Zeitung [HAZ] v. 12. 11. 76)

13. Soziale Zusammensetzung des Parlaments

Die vom Staat bezahlt werden, bestimmen mehr und mehr die Geschicke dieses Staates. Fast alle Landtags- und Senatswahlen (Bremen, Berlin, Hamburg) in den vergangenen vier Jahren öffneten noch mehr öffentlich Bediensteten den Weg in die Landesparlamente. Und wenn man die Kandidatenliste der großen Parteien für die bevorstehende Bundestagswahl durchsieht, so ist zu befürchten, daß im nächsten Bundesparlament der Anteil der aus Steuergeldern bezahlten Volksvertreter noch größer als bisher sein wird.

Von den amtierenden 518 Bundestagsabgeordneten sind zwar nur 203 oder 39 Prozent Beamte oder Angehörige solcher Berufe, die aus der öffentlichen Hand leben. In Baden-Württemberg aber sind es bereits 60 Prozent, und im Saarland, in Hessen, in Schleswig-Holstein sowie in Bayern sind es ebenfalls mehr als die Hälfte aller Volksvertreter.

Zwar verrät die Statistik, daß der Anteil der Staatsdiener auf den Abgeordnetenbänken in denjenigen Ländern, in denen die CDU die Mehrheit stellt, besonders hoch ist. Dennoch ist dies keine ausgesprochene CDU-Krankheit. Von den 71 Abgeordneten des am 3. April neu gewählten baden-württembergischen Landtags sind 48 Bedienstete des Landes, der Gemeinden oder öffentlicher Körperschaften. Aber auch von den 41 SPD-Abgeordneten in Stuttgart leben 22 von Steuergeldern; von den neun Liberalen sind es vier. Auffällig ist, daß die meisten SPD-Beamten auf den Abgeordnetenbänken Lehrer sind.

Für Lehrer, und zwar für solche Gymnasiallehrer, die Geschichte, Theologie, Politik oder Soziologie studiert haben, scheint ein Abgeordnetenmandat besonders attraktiv zu sein. Sie bilden zusammen mit den Dozenten und Professoren im Bundestag die größte Berufsgruppe, nämlich zehn Prozent aller Abgeordneten. In Hessen und Rheinland-Pfalz stellen die Lehrer sogar mehr als ein Fünftel aller Volksvertreter, in Baden-Württemberg, Bayern, Niedersachsen und Schleswig-Holstein mindestens 15 Prozent oder mehr.

Erklären läßt sich dies relativ leicht. Das Mandat wird für den öffentlich Bediensteten nämlich schon vor der Wahl interessant, weil er in den meisten Ländern mindestens sechs Wochen vor dem Wahltermin bei Fortzahlung seiner vollen Bezüge für den Wahlkampf beurlaubt wird. Soll seine Arbeit währenddessen nicht liegen bleiben, so muß diese von seinen Kollegen übernommen werden. Ist er dann gewählt worden, so wird den Professoren und Lehrern in der Regel ein Teil ihres Deputats erlassen, oder sie erhalten andere personelle Hilfen. Dasselbe wird auch bei den meisten anderen öffentlich Bediensteten praktiziert; sei es, daß der Leiter einer kleineren Behörde einen Stellvertreter bekommt, sei es, daß der Beamtenabgeordnete durch eine Umverteilung der Arbeitsbereiche entlastet wird.

Bei den Selbständigen, die sich zur Übernahme eines Abgeordnetenmandats bereit finden, ist dies alles in den meisten Fällen nicht möglich. Der Selbständige im Parlament muß in der Regel draufzahlen, er braucht dann Mitarbeiter, die er zusätzlich als Ersatz einstellen muß. Dennoch finden sich in Niedersachsen unter den Abgeordneten fast ein Drittel Selbständige, in Bayern ein Viertel, in Hessen, Baden-Württemberg und in Schleswig Holstein ein Fünftel, in Hamburg ein Sechstel.

Dabei zeigt sich, daß der Anteil der Selbständigen in den stärker agrarwirtschaftlich orientierten Ländern besonders hoch ist. Offensichtlich läßt sich der Betriebsinhaber in der Landwirtschaft noch am leichtesten durch andere Familienmitglieder ersetzen. Relativ stark sind auch die Rechtsanwälte in den Parlamenten vertreten; in Berlin nehmen sie zehn Prozent, im Bundestag sechs Prozent der Abgeordnetenplätze ein.

Besonders schwach vertreten in den Parlamenten sind die Arbeitervertreter. In Nordrhein-Westfalen gelten immerhin noch sieben von 200 Volksvertretern als Arbeiter. Das ist der höchste Prozentsatz in allen Parlamenten, wobei allerdings nicht zu verkennen ist, daß viele Gewerkschaftssekretäre oder hautpamtliche Betriebsräte in den Parlamenten ebenfalls aus dem Arbeiterstand gekommen sind. Immerhin stellen die Gewerkschaftsfunktionäre in Hamburg fünf Prozent, im Bundestag 6 Prozent, in Nordrhein-Westfalen und in Niedersachsen sogar je acht Prozent. In Baden-Württemberg sitzen alle fünf Gewerkschaftsvertreter im Landtag auf SPD-Stühlen. Dafür stellt die CDU zwei der vier Handwerker im Landtag. Solche Männer wie jenen Bäcker- und Konditormeister aus Lörrach, der morgens von vier Uhr bis sieben Uhr in der Backstube steht und anschließend in die Landtagssitzung nach Stuttgart fährt (270 Kilometer entfernt), findet man heute nur noch selten.

Auch die Industrie ist in den Parlamenten verhältnismäßig schwach vertreten. Angestellte und Führungskräfte, die beruflich weiterkommen wollen, können sich die mit der parlamentarischen Tätigkeit verbundene Abwesenheit vom Betrieb in der Regel nicht erlauben. Deshalb ist der Sachverstand der Wirtschaft in den meisten Parlamenten viel zu gering und wird immer geringer. Die Parteien müssen dafür sorgen, daß unsere Parlamente das gesamte Volk und nicht nur die Beamtenschaft repräsentieren. (*Die Zeit v. 3. 9. 76*)

Aufgaben zu Phase III

Text 1

— Stellen Sie, ausgehend von der Grafik, wesentliche Merkmale des Regierungssystems der Bundesrepublik zusammen und ziehen Sie ergänzend das Grundgesetz heran.

— Stellen Sie anhand der Artikel 5, 20 Abs. 2, 21 Abs. 1 und 28 GG dar, wie sich nach dem Grundgesetz Willensbildung des Volkes und staatliche Willensbildung vollziehen.

— Beschreiben Sie die Rolle der Parteien und leiten Sie daraus Forderungen für sie ab.

— Diskutieren Sie die These, daß Art. 21 Abs. 2 und Art. 38 Abs. 1 in einem Spannungsverhältnis stehen.

Text 2

— Arbeiten Sie aus dem Text die Aussagen zur Rolle der Parteien in der modernen Massendemokratie heraus.

— Begründen Sie unter Berücksichtigung der 5 Thesen von Leibholz die Bedeutsamkeit der »Entfaltung einer Parteienautonomie« und der »Demokratie in den Parteien«.

Text 3

— Arbeiten Sie die Aussage Fraenkels in Form einer These heraus.

— Welche Gefahren ergeben sich für das Repräsentativsystem nach Meinung des Autors bei einer Diskriminierung der Interessenverbände?

Text 4

— Welche Probleme zeigt Leibholz zur Verwirklichung innerparteilicher Demokratie auf? Inwiefern würde eine Lösung dieser Probleme zur Demokratisierung der Gesellschaft beitragen?

— Prüfen Sie, ob das Wahlrecht eine Rolle spielen könnte.

Text 5

— Wie stellt sich für Hättich innerparteiliche Demokratie dar?

— Welcher Zielkonflikt ist lt. Hättich bei der Verwirklichung innerparteilicher Demokratie miteinzubeziehen?

— Was für ein Parlamentarismusverständnis liegt seinen Ausführungen zugrunde?

— Welche Funktionen haben die unteren Parteigremien für den institutionalisierten Willensbildungsprozeß und wodurch wird ihre Wirkungsweise behindert?

Text 6

— Zeigen Sie anhand von Text 6, wie sich das Problem innerparteilicher Demokratie in der praktischen Parteiarbeit stellt.

— Überprüfen Sie die Aussagen Hättichs (Text 5) durch einen Vergleich mit Text 6.

Text 7

— Welches Demokratieproblem wird in Text 7 sichtbar? Ziehen Sie bei Ihren Überlegungen These 5 von Text 2 hinzu.

Text 8

— Erarbeiten Sie in Thesenform die Aussagen des Textes zur Bildung von öffentlicher Meinung.

— Diskutieren Sie die Rolle der Medien bei diesem Prozeß.

— Erörtern Sie die These, daß die wachsende Bedeutung demoskopischer Vorhersagen und Erkenntnisse die Parteien bei der Erfüllung ihres Grundgesetzauftrages (Art. 21 Abs. 2) gefährdet. Wie wirkt sich diese Entwicklung auf den Wahlkampf aus?

Text 9

— Prüfen und diskutieren Sie, inwiefern die Art und Weise der Parteienfinanzierung die Herstellung bzw. Bewahrung innerparteilicher Demokratie beeinflußt.

Tabellen 10, 11

— Verbalisieren Sie die Aussagen der Tabellen.

— Vergleichen Sie die Entwicklung in den 4 Parteien.

Ziehen Sie die Texte 12, 13 hinzu und vergleichen Sie die soziale Zusammensetzung der Parlamente mit der aus den Tabellen ermittelten Mitgliederstruktur der Parteien.

Wie könnte man die auftretenden Diskrepanzen erklären?

— Welches Problem innerparteilicher Demokratie wird sichtbar?

— Setzen Sie sich mit der in Text 13 im letzten Satz aufgestellten Forderung auseinander.

Phase IV

Notwendigkeiten und Folgen der Entwicklung zur Volkspartei werden untersucht.

1. Die Volkspartei (Charakterisierung)

Die bürgerliche Partei alten Stils mit ihrer individuellen Repräsentation wird jetzt zur Ausnahme. Wenn auch einige dieser Parteien sich weiter am Leben halten, so bestimmen sie doch nicht mehr den Charakter des Parteiensystems. Zugleich formt sich die Massenintegrationspartei, die in einer Zeit schärferer Klassenunterschiede und deutlich erkennbarer Konfessionsstrukturen entstanden war, zu einer Allerweltspartei (*catch-all party*), zu einer echten Volkspartei, um. Sie gibt die Versuche auf, sich die Massen geistig und moralisch einzugliedern, und lenkt ihr Augenmerk in stärkerem Maße auf die Wählerschaft; sie opfert also eine tiefere ideologische Durchdringung für eine weitere Ausstrahlung und einen rascheren Wahlerfolg. Die Perspektive einer mehr begrenzten politischen Aufgabe und des unmittelbaren Wahlerfolgs unterscheidet sich wesentlich von den früheren, umfassenden Zielen; heute werden die Ziele von früher als erfolgsmindernd angesehen, weil sie Teile der potentiell die ganze Bevölkerung umfassenden Wahlklientel abschrecken.

(O. Kirchheimer, Der Wandel des westeuropäischen Parteiensystems, S. 352 f.)

1965

2. Funktionen der Volkspartei

Die Umwandlung zu Allerweltsparteien ist ein Phänomen des Wettbewerbs. Eine Partei neigt dazu, sich dem erfolgreichen Stil ihres Kontrahenten anzupassen, weil sie hofft, am Tag der Wahl gut abzuschneiden, oder weil sie befürchtet, Wähler zu verlieren. Umgekehrt: je mehr eine Partei zu der Überzeugung kommt, ein für den Gegner günstiges Ergebnis sei nur auf nicht-wiederholbare Umstände zurückzuführen, und die Fähigkeit des Gegners, interne Schwächen zu überdecken, sei nur eine vorübergehende Erscheinung, desto kleiner ist die Aussicht auf eine radikale Umwandlung und desto größer ist die Neigung, an einer loyalen, wenn auch begrenzten Wählerschaft festzuhalten.

Um die Auswirkung dieser Wandlungen richtig zu verstehen, mag es sich als nützlich erweisen, eine Liste der Funktionen aufzustellen, die die europäischen Parteien in früheren Jahrzehnten (im späten 19. und frühen 20. Jahrhundert) ausübten, und diese Funktionen mit der gegenwärtigen Lage zu vergleichen.

1. Parteien haben als Mittel gedient, entweder Individuen oder Gruppen in die bestehende politische Ordnung einzugliedern oder diese Ordnung zu wandeln oder gänzlich abzuschaffen (Integration — Auflösung).

2. Parteien haben versucht, politische Aktionspräferenzen festzulegen und andere Kräfte im politischen Spiel zu deren Annahme zu bewegen.

3. Parteien haben Inhaber öffentlicher Ämter nominiert und sie dann der gesamten Öffentlichkeit zur Bestätigung vorgestellt.

4. Auf die sogenannte »Ausdrucksfunktion« der Partei muß — auch wenn sie nicht in eine gesonderte Kategorie gehört — etwas näher eingegangen werden. Ihre Blütezeit fällt in die Zeit des Konstitutionalismus im 19. Jahrhundert, als noch eine klarere Trennung zwi-

schen Meinungsbildung sowie Meinungsäußerung und den Regierungsgeschäften bestand. Zu jener Zeit brachten die im Parlament entstandenen Fraktionen Meinungen und Kritik hervor, die weitgehend von der gebildeten Minderheit der Bevölkerung geteilt wurden. Sie versuchten, die Regierung zur Anerkennung dieser Meinungen zu bewegen. Da diese Regierungen aber zum größten Teil auf eigenständischen gesellschaftlichen und konstitutionellen Grundlagen ruhte, konnten sie sich, falls notwendig, gegen den Druck parlamentarischer Gruppen und Klubs behaupten. Im Zuge der vollständigen Demokratisierung wurden innerhalb der gleichen Partei Meinungsäußerung und Teilnahme an der Regierung zu einer Einheit, und die Partei übernahm entweder selbst die Regierung oder wartete als Opposition auf ihre Chance zur Regierungsbildung. Dadurch ist nun die »Ausdrucksfunktion« der Partei zu einer sehr undurchsichtigen Angelegenheit geworden. Aus wahltaktischen Gründen muß die demokratische Allerweltspartei, die sich bemüht, den größtmöglichen Teil der potentiellen Wählerschaft zu erfassen, weiterhin Forderungen propagieren, die im Volk weithin Anklang finden. Da sie jedoch darauf bedacht ist, an der Regierung zu bleiben oder die Regierung zu übernehmen, ist diese »Ausdrucksfunktion« mannigfachen Einschränkungen und wechselnden taktischen Überlegungen unterworfen. Die Partei würde verkümmern, wenn sie nicht mehr imstande wäre, als Schaltstation zwischen der Bevölkerung und dem Regierungsapparat zu fungieren; sie greift Beschwerden, Ideen und Probleme auf, die gründlicher und systematischer an anderen Stellen im politischen Ordnungssystem entwickelt werden. Doch die Vorsicht, die ihr aus ihrer Rolle als gegenwärtiger oder zukünftiger Regierung auferlegt wird, erfordert Anpassung und Zurückhaltung. Die Natur der heutigen Allerweltspartei verbietet ihr eine ausschließliche Wahrnehmung einer der beiden Funktionen. Die Partei muß ständig zwischen ihrer Rolle als Kritikerin und ihrer Rolle als Rückhalt für das bestehende politische System hin- und herwechseln; dieser Wechsel stellt schwere Aufgaben, es ist aber noch schwerer, dieses Hin und Her ganz zu vermeiden. Um innerhalb eines politischen Systems ein Maximum an Wirksamkeit zu erreichen, muß eine Partei alle drei erstgenannten Funktionen ausüben. Wenn die Partei nicht imstande wäre, die Menschen in das politische System einzugliedern, könnte sie andere Machtträger nicht zwingen, auf ihre Stimme zu hören. Die Partei beeinflußt andere Machtzentren in genau dem Maße, in dem die Bevölkerung willens ist, ihrer Führung zu folgen. Umgekehrt ist die Bevölkerung willens, auf die Partei zu hören, weil die Partei als Übermittler politischer Forderungen — hier Handlungspräferenzen genannt — dient, die wenigstens zum Teil mit den politischen Vorstellungen, Wünschen, Hoffnungen und Befürchtungen der Wählerschaft übereinstimmen. Nominierung für öffentliche Ämter dient als verbindendes Glied für alle diese Absichten, sie kann die Verwirklichung von Handlungspräferenzen fördern, wenn sie auf der Seite der Wähler oder anderer Machtträger positive Reaktionen hervorruft. Die Nominierung verleiht dem Bild der Partei innerhalb der Gesamtbevölkerung konkrete Formen, und vom Vertrauen der Bevölkerung hängt es ab, ob die Partei ihre Funktionen wirksam erfüllt.

(*Kirchheimer, S. 357—359*)

3. Volkspartei und Bindung an Interessenverbände

Die Eigentümlichkeit der Allerweltspartei trägt gewiß weniger zur Ausbildung einer loyalen Mitgliedschaft bei, und deren Kräfte genügen keineswegs, um einen Wahlumschwung herbeizuführen. Jedoch bleibt das Resultat eines Streitgespräches im Fernsehen unsicher; oder das Streitgespräch selbst geht so schnell an den Wählern vorüber, daß es keinen bis zum Wahltag andauernden Eindruck hinterläßt. Daher ist auch die Allerweltspartei letztlich dazu gezwungen, sich nach einer beständigeren Wählerschaft umzusehen. Nur der Interessenverband, sei er idologisch oder wirtschaftlich ausgerichtet oder beides zugleich, kann ein Massenreservoir leicht zugänglicher Wähler bieten. Er steht in ständigem Kontakt zu seinen Anhängern, seine Mitteilungen werden bereitwilliger aufgenommen — die Allerweltspartei hat diese Vorteile nicht. Ihr direkter Kontakt mit dem Publikum fehlt in diesem Ausmaß, abgesehen von der relativ kleinen Zahl derer, die sich stark für die jeweils von einer Partei vertretenen Ansichten interessieren oder die ihre Karriere innerhalb der Partei oder über die Partei machen wollen.

Trotz allem hat sich das Klima der Beziehungen zwischen Allerweltspartei und Interessenverbänden seit der Blütezeit der Massenintegrationspartei auf Klassen- oder Konfessionsbasis entscheidend verändert. Beide — die Partei und der Interessenverband — sind unabhängiger voneinander geworden. Sei es, daß sie noch in einer großen Organisation zusammengefaßt sind (wie die englische *Labour Party* und der TUC) oder formell völlig unabhängig voneinander sind (wie die deutsche SPD und der DGB): entscheidend ist, daß die Rollen gewechselt haben. Statt einer gemeinsamen Strategie für ein gemeinsames Ziel gibt es nun ein Abschätzen begrenzter Dienste, die man sich leisten kann, wenn diese Dienste auch weiter von beiderseitigem Nutzen sind. Die Partei, die die größtmögliche Zahl von Wählern gewinnen will, muß ihre Beziehungen zu Interessenverbänden so gestalten, daß sie keine potentiellen Wähler abweist, die mit anderen Interessen verbunden sind. Der Interessenverband seinerseits darf niemals alles auf eine einzige Karte setzen. Das könnte die Empfindlichkeit einiger Mitglieder verletzen, die einer anderen politischen Richtung anhängen. Wichtiger noch: der einzelne Interessenverband möchte nicht die Hoffnungen einer anderen Allerweltspartei zunichte machen, daß einige Schritte in seiner Richtung sich am Wahltag bezahlt machen könnten. Partei und Interessenverband richten ihr Verhalten so aus, als ob schon das eingetreten sei, was als Möglichkeit immer vorhanden ist, nämlich daß die Partei die Regierungsverantwortung übernommen hat — oder an der Regierungsbildung beteiligt ist —, sie ist dann nicht mehr der Freund oder Ratgeber, sondern Schiedsrichter oder Schlichtungsinstanz. Ist die Partei plötzlich mit dem Vertrauen der ganzen Gemeinschaft ausgestattet, so erfüllt sie als Regierung oder schlichtende Autorität ihre Aufgabe am besten, wenn sie das gesamte Problem neu fassen und Lösungen finden kann, die — wenigstens auf lange Sicht — im Sinne aller liegen, die die Berücksichtigung ihrer Interessen fordern.

Hier stehen wir vor einer entscheidenden Frage: Welche Rolle soll die Allerweltspartei spielen, wenn sie Interessenkonflikte zu schlichten hat? [. . .]

Eine Partei ist mehr als ein Sammelpunkt für Forderungen von Interessenverbänden. Sie fungiert zur gleichen Zeit als Anwalt, Schutzorganisation oder wenigstens als Empfänger der Forderungen aller derjenigen, die ihre Stimme nicht so laut erheben können wie diejenigen, die von gut organisierten Interessenverbänden vertreten werden: das heißt, sie vertritt diejenigen, die noch keine entscheidende Stellung im Produktionsprozeß einnehmen oder diejenigen, die solche Stellungen aufgegeben haben, also die jüngere und die ältere Generation, und diejenigen, die nach ihrer Stellung in der Familie mehr zur Gruppe der Konsumenten als zu den Produzenten gehören. *(Kirchheimer, S. 364 f.)*

4. Programmatik einer Volkspartei

Bei der Ausarbeitung innenpolitischer Aktionspräferenzen stellt die Allerweltspartei ein allgemeines Programm auf. Dieses Programm kann eine Prognose sein und die Öffentlichkeit darüber informieren, in welcher Richtung die Lösung spezifischer und allgemeiner Probleme sich wahrscheinlich entwickeln wird. Doch bei dieser Art in die Zukunft zu blicken verwischen sich die Grenzen zwischen Prognose und Wunschdenken, und die rosarote Brille bietet der Bevölkerung insgesamt — sie ist ja die potentielle »Kundschaft« für die Partei — die Aussicht auf eine glückliche Zukunft. Ein solches Programm kann mit Handlungsvorschlägen verbunden werden, die mehr oder weniger konkret sind. Bei konkreten Vorschlägen besteht jedoch immer das Risiko, daß sie zu spezifische Versprechungen enthalten. Die Konkretisierung muß allgemein genug bleiben, damit sie nicht aus einer Waffe im Wahlkampf zu einer Plattform wird, von der aus Angriffe gegen die Partei, die sie zuerst aufgebracht hat, gestartet werden können. Diese Unbestimmtheit gestattet es der Allerweltspartei, als Sammelpunkt zu fungieren, von dem aus konkrete Aktionen für eine Vielzahl von Interessengruppen ausgearbeitet werden. Alles, was die Partei von denen fordern kann, die sich ihrer bedienen, ist, daß sie so gut wie möglich versuchen, die Kompromisse, die sie anstreben, im Rahmen der Partei zu finden, und daß sie es unterlassen, mit Kräften zusammenzuarbeiten, die der Partei feindselig gegenüberstehen. Die auf diese Weise zustande gekommenen Kompromisse müssen für die großen Interessenverbände annehmbar sein, selbst wenn diese Verbände aus historischen oder traditionellen Gründen einmal nicht in der Regierungspartei vertreten sind. Umstrittene Fragen von geringer Bedeutung können dem Wähler zur Entscheidung vorgelegt werden; sie können auch, wie es die älteren Massenparteien auf Klassenbasis gelegentlich halten, in Volksabstimmungen (Schweiz und Schweden) entschieden werden. Da die bestehenden Beziehungen zwischen den einzelnen Gruppen kaum einer Änderung unterliegen, bedeutet jedoch ein erwarteter Wechsel in der Politik nur geringfügige Akzentverlagerungen, nicht eine grundlegende Änderung. *(Kirchheimer, S. 369 f.)*

5. Die Zukunft der Volkspartei

Was bleibt also als wirklicher Anteil der Allerweltspartei an der Ausarbeitung der Aktionspräferenzen übrig? Ihr wichtigster Beitrag liegt eher in der Mobilisierung der Wähler für Handlungspräferenzen, die die Führer durchsetzen können, als in der eigenen Ausarbeitung neuer Zielsetzungen. Aus diesem Grund bevorzugt die Allerweltspartei Aktionen, die sich aus Gegebenheiten und Chancen einer konkreten historischen Situation ergeben; allgemeine gesellschaftliche Ziele sind ihr weniger wichtig. Die erhoffte oder bereits erreichte Rolle in der geschichtlichen Dynamik liegt im Mittelpunkt des Interesses; und die Wähler werden aufgerufen, dafür ihre Unterstützung zu geben. Deswegen richtet sich die Aufmerksamkeit der Partei und der gesamten Öffentlichkeit am stärksten auf Probleme der Führerauslese.

Nominierung bedeutet die Aussicht auf ein politisches Amt. Das politische Amt bietet die Aussicht, auf die Gestaltung der politischen Wirklichkeit Einfluß zu nehmen. Der Wettbewerb unter denjenigen, die politischen Einfluß anstreben, zeigt klar den politischen Vorteil, den diejenigen haben, die in der Lage sind zu handeln, bevor das ihre politischen Gegner können. Das Privileg, zuerst handeln zu können, ist um so wertvoller in einer neuen und einzigartigen Situation, in der der handelnde Politiker vermeiden kann, sich in den Netzen von Richtlinien zu verfangen, die aus den Aktionspräferenzen seiner Partei stammen. In dieser Hinsicht bietet die Allerweltspartei einen idealen Hintergrund für die politische Aktion. Wo eine Partei sich fast ausschließlich damit beschäftigt, Zugang zu öffentlichen Ämtern zu bekommen, werden Personalfragen lediglich zur Suche danach, wie man auf einfachste und wirksamste Weise eine geeignete Mannschaft aufstellen kann. Die Suche ist besonders dort äußerst wirksam, wo die Partei als Vehikel dient, mit dessen Hilfe sich Vertreter bisher ausgeschlossener oder vernachlässigter Minderheiten Eintritt in die bestehende politische Elite verschaffen können.

Als wichtigste Funktion der heutigen Allerweltspartei ergibt sich somit die Nominierung von Kandidaten, die die Öffentlichkeit als Amtsinhaber legitimieren soll. [. . .]

Diesem Zustand entsprechen heute die abgeblaßten Vorstellungen und zurückgesteckten Erwartungen, die die Öffentlichkeit an die Rolle der Partei knüpft. Erwartungen, die früher auf die Tätigkeit einer politischen Organisation ausgerichtet waren, bewegen sich jetzt in eine andere Richtung.

Zur gleichen Zeit muß die Rolle der politischen Partei als Faktor bei der fortgesetzten Eingliederung des einzelnen in das Leben einer Nation heute in einem anderen Licht gesehen werden. Wenn man die Beziehung des Staatsbürgers zu Interessenorganisationen und freiwilligen unpolitischen Vereinigungen sowie seine häufigen Berührungen mit der Staatsbürokratie betrachtet, so werden im Vergleich dazu seine Beziehungen zur politischen Partei immer sporadischer und begrenzter. [. . .]

Welche Haltung nehmen nun die funktionalen Machtträger in Militär, Bürokratie, Industrie und Gewerkschaften gegenüber der modernen Allerweltspartei ein? Sie haben nicht mehr ihre früheren, überflüssigen Befürchtungen über die ideologischen Neigungen und zukünftigen Absichten der Massenpartei auf Klassenbasis und sehen heute die Rolle der Allerweltspartei so an: sie hat für die Übereinstimmung, den Konsens, zu sorgen. Da die Partei eine solide Legitimitätsgrundlage bieten kann, sind die funktionalen Machtträger ihrerseits bis zu einem gewissen Punkt gewillt, die Ansprüche der Partei auf politische Führung anzuerkennen. Sie erwarten von ihr, daß sie bestimmte Schlichtungsfunktionen zwischen den einzelnen gesellschaftlichen Gruppen übernimmt und begrenzte politische Änderungen herbeiführt. Je weniger eindeutig die Vertrauensbasis bei den Wählern und je näher der Wahltermin herangerückt ist, desto geringer ist der Einfluß, den die funktionalen Machtträger den unerbetenen und nicht routinemäßigen Forderungen der politischen Führer für ihre eigenen Bereiche zubilligen werden. Dieser fehlende Einfluß kann dann zu Konflikten zwischen funktionalen und politischen Führungsgruppen führen. Wie behandelt die Allerweltspartei, wenn sie an der Regierung ist, solche Konflikte? Wird sie sich damit zufriedengeben, Druck mit Hilfe der Massenmedien auszuüben, oder wird sie versuchen, erneut eine selbständige militante Massengrundlage zu schaffen, die über die begrenzte Ebene von Wählerschaft und Öffentlichkeit hinausgeht? Aus der Struktur der Allerweltspartei, aus der losen Beziehung zur Wählerschaft, geht schon hervor, daß sich eine solche Aktion mit weitreichenden Folgen von vornherein verbietet. In dieser Beziehung sind der Rolle der politischen Partei in der heutigen westlichen Industriegesellschaft engere Grenzen gesetzt als es ihre formal überragende Stellung vermuten läßt. In ihrer Rolle als Regierung handelt sie als Koordinator und schlichtende Instanz zwischen den funktionalen Machtgruppen. In ihrer Stellung gegenüber der Wählerschaft bringt sie jenes begrenzte Quantum an Teilnahme und Integration der Öffentlichkeit hervor, das von seiten der Bevölkerung erforderlich ist, wenn die staatlichen politischen Institutionen funktionieren sollen.

Es ist die Frage, ob diese begrenzte Teilhabe, die die Allerweltspartei der breiten Bevölkerung bietet, ob dieser Aufruf, über die wenigen sanktionierten Kanäle rational und leidenschaftslos am politischen Leben teilzunehmen, seine Aufgabe erfüllen wird. Das Instrument, die Allerweltspartei, kann nicht sehr viel rationaler sein als sein nomineller Herr und Meister, der einzelne Wähler. Seit die Wähler nicht mehr der Disziplin der Integrationspartei unterworfen sind — in den USA sind sie das nie gewesen — können sie durch ihre schnell wechselnden Stimmungen und ihre Apathie das empfindliche Instrument der Allerweltspartei in etwas umwandeln, das zu stumpf ist, um als Verbindungsglied zu den funktionalen Machtträgern der Gesellschaft zu dienen. *(Kirchheimer, S. 371—374)*

4/82 !

6. Rechtfertigung der Entwicklung der Volkspartei (W. Brandt)

Der Vorsitzende der SPD, Willy Brandt, antwortet dem Politikwissenschaftler von Krockow, der die Entwicklung zur Volkspartei kritisch beurteilt.

Lieber Herr von Krockow,
in Ihrem ZEIT-Artikel über das Parteiengefüge in der Bundesrepublik sagten Sie in Ihrer These 5, die SPD gehe »schweren Zeiten entgegen«. Weiter hieß es dort, der SPD stehe eine Zerreißprobe bevor, weil sie der »substantiellen Einheit« entbehre und bislang nur durch Druck von außen am Rande der Niederlage diszipliniert worden sei.

Die SPD habe in den letzten Jahren einen Generations- und Schichtwechsel durchgemacht, in dessen Gefolge sich in der Partei »zwei von Grund auf heterogene Lager« gebildet hätten. Das eine Lager sei die »Traditions-SPD« (alte Arbeiterpartei, gewerkschaftsverbündet, revisionistisch, reformbereit, aber anti-utopisch, ohne Verständnis für Askese-Philosophien, anti-intellektuell, für Vollbeschäftigung und Wohlstandsmehrung ihrer Mitglieder). Das andere Lager sei die »Partei der neuen Mittelschichten« (stark akademisch und stark protestantisch geprägt, frustriert, ängstlich, aggressiv, Partei der schon Arrivierten und Gesicherten, die Freude daran finden, »Askese-Philosophien« zu diskutieren und für »Systemveränderungen« einzutreten). Aus all dem kommen Sie dann zu dem Schluß, die SPD stehe in näherer Zukunft möglicherweise vor der »bitteren Alternative«: entweder sich zu spalten oder die Opposition zu wählen, um sich dort zu regenerieren.

Ich bin auf Ihre These mehrfach angesprochen worden, habe sie mir dann näher angeschaut und möchte folgendes zu bedenken geben:

1. Ich kann nicht leicht verstehen, wann unter welchen konkreten historischen Bedingungen eine politische Partei — besonders eine Volkspartei moderner Prägung — eine »substantielle Einheit« darstellt.

War die SPD eine solche substantielle Einheit bei ihrer Gründung? Während des Revisionismus-Streits? Zu Beginn des Ersten Weltkriegs? In der Revolution von 1918? Als Regierungspartei in der Weimarer Koalition? In der Emigration nach 1933? Bei ihrer Neugründung unter Schumacher? In der Opposition *vor* Godesberg? In der Opposition *nach* Godesberg? In der großen Koalition? 1969—1972 bei der Diskussion der neuen Ostpolitik? Beim Rücktritt Schillers? Nach der Wahl 1972? 1973 nach dem Parteitag in Hannover? Bei meinem Rücktritt? Nach der Wahl von 1976?

Aus gutem Grund haben unsere Vorgänger und auch die führenden Vertrauensleute der heutigen SPD immer wieder darauf hingewiesen, daß es verschiedene Quellen des Zugangs zur SPD gibt: Tradition der Arbeiterbewegung, christlichen Glauben, humanistische Überzeugung, philosophische Einsicht, sozialwissenschaftliche Erkenntnisse. Als breite Volkspartei können wir keine »substantielle Einheit« dergestalt anstreben wollen, als daß hier eine Quelle durch die andere diskriminiert werden dürfte.

Um was es geht, ist doch die Verankerung in gemeinsamen Grundwerten und die Einigung in der konkreten Sache durch einen rationalen Prozeß der Diskussion und demokratischen Entscheid. Diese Einigung gilt es dann geschlossen nach außen zu vertreten. Wenn Sie sich unsere Parteitage und unsere Wahlplattformen vergegenwärtigen, so gibt es keinen Grund, an der Fähigkeit der SPD zu zweifeln, sich immer wieder in der Sache zusammenzufinden.

2. Ich weiß nicht, welche »Pressionen von außen« bislang die SPD diszipliniert haben sollen, welche »drohenden Niederlagen« dies geschafft hätten.

Der drohende Verlust ihrer Oppositionsrolle? Der drohende Verlust ihrer Regierungsverantwortung im Bund? Die CDU/CSU, die nicht mehr mit der SPD zusammen regieren wollte? Die FDP, die nicht mehr zusammen mit der SPD regieren wollte? Die Gewerkschaften? Der Bundespräsident? Das Verfassungsgericht? Die Verbündeten? Welche dieser und welche möglichen anderen Pressionen galten bis wann? Seit wann fallen welche Pressionen in jüngster Zeit fort?

Es will mir jedenfalls nicht einleuchten, daß wir nach dem November 1972 einem merklich größeren Außendruck unterlegen gewesen wären, als er heute gegeben ist.

3. Ich bezweifle, daß die von Ihnen behaupteten »zwei von Grund auf heterogenen Lager der SPD« tatsächlich existieren und gegebenenfalls im Gefolge des »Generationen- und Schichtwechsels« der letzten Jahre entstanden sind.

Bestand die SPD zuvor aus *einem* Lager? Gerade in diesen Jahren bildete sie also eine »substantielle Einheit«? Beschreiben die »Lager« zureichend den tatsächlichen Zustand der Partei? Daß die generationenmäßige und soziologische Umschichtung Probleme gerade in diesen Jahren mit sich führt, liegt auf der Hand. Aber: Wer sagt, in welchem Lager sich die von der Partei nicht mehr aufgestellten Mandatsträger auf kommunaler, Landes- und Bundesebene befinden? Wer will sagen und begründen können, welchem Lager Eppler, Vogel, Leber, Wehner, Schmidt und Brandt angehören? In welches Lager gehören dann die Katholiken in unserer Partei, in welches Lager die Kommunalpolitiker in den Großstädten und in welches die Kommunalpolitiker aus ländlichen Gemeinden? Gehören die Mitglieder unserer Partei, die zugleich Mitglieder von Bürgerinitiativen sind, in das Lager 1 oder in das Lager 2? Schließlich: Welches ist der »Katechismus« des Lagers 1 (das Godesberger Programm, die Frühschriften von Marx, der Orientierungsrahmen '85, das Wahlprogramm '76)? Welches ist die »Wehrdienstordnung« des Lagers 2? Etwa das Organisationsstatut?

Gerade in diesem Teil Ihrer These übersehen Sie meiner Meinung nach, daß die SPD aus unterschiedlichen organisatorischen und ideologischen Wurzeln entsprang und in der Folge immer mehr zusammengewachsen ist. Die unterschwellig mitgedachten Zersplitterungen zu Beginn dieses Jahrhunderts stehen in unauflösbarem Zusammenhang mit zwei außergewöhnlichen Ereignissen: dem Ersten Weltkrieg und der russischen Revolution. Weit und breit sind heute keine damit vergleichbaren Ereignisse erkennbar, die eine reale Gefahr für die nach 1945 ungewöhnlich kohärente SPD darstellen könnten.

4. Liest man nur Ihre These, so kann man den Eindruck bekommen, Sie hielten alle Sachthemen, die innerhalb der SPD diskutiert werden und über die eben auch gestritten wird, nur für »Anlässe« von Konflikten, nicht für den Kern. Der eigentliche Hintergrund aller Konflikte scheint für Sie die Tatsache zu sein, daß zwei politisch-soziale Gruppen aufeinanderprallen. Das halte ich nicht nur für eine grobe Vereinfachung, sondern für gefährlich; jedenfalls werde ich davon abraten, eine solche Vereinfachung zur Grundlage unserer Parteiarbeit zu machen.

Einerseits gibt es in der Wirklichkeit doch einfach politisch-inhaltliche Konflikte. Einige mosern ja nicht nur herum, sondern haben eben in ein paar Grundfragen eine andere Auffassung als Helmut Schmidt und Willy Brandt. Wenn man Ihre Theorie der beiden Lager zugrunde legt, dann gibt es keine Notwendigkeit, politisch zu diskutieren und allmählich zu überzeugen oder doch zusammenzuführen. Das heißt aber gleichzeitig: Ihre Theorie erfüllt sich selbst. Wenn sie richtig wäre, dann brauchte man keine Prozesse der gemeinsamen Willensbildung mehr, sondern nur noch eine Art von Grabenkrieg.

Andererseits ist die Theorie deshalb verhängnisvoll, weil man durch sie die Aufnahmefähigkeit für Argumente und Ideen verliert; alles hat einen Stempel. Dabei habe ich — und andere mit mir — oft genug erlebt, daß auch Außenseiter unvernünftig etwas Vernünftiges sagen und uns auf Themen aufmerksam machen, die uns sonst überraschend einholen. Ich glaube, wir haben zwar zwei politisch-soziale Schwerpunkte der Art, wie Sie sie beschreiben. Aber es gibt viele Übergänge und Verbindungswege und auch solche, die sich nicht oder noch nicht einordnen lassen. Sowohl die Breite der SPD wie ihre inneren Diskussionen sind bei ausreichender Selbstdisziplin ein bedeutsamer Kraftquell ihrer Arbeit.

Ich fasse zusammen: Ihre in These 5 vorgezeichnete Alternative ließe der SPD im Grunde nur die Wahl zwischen Pest und Cholera. Ich vermisse in den Prämissen des Soziologen den realen historischen Bezug. Denn: Eine SPD, die nur einem Ihrer beiden fiktiven Lager zuzurechnen wäre, könnte gewiß keine Volkspartei sein und bliebe dann gewiß auch nicht mehr regierungsfähig.

Die SPD hat die Kraft zum Regieren, weil sie als breite Volkspartei der Linken (und der Mitte) ein entsprechend breites Spektrum der Bürger abdeckt. Als »substantielle Einheit«, und das kann praktisch doch nur eine wie immer geartete Verengung bedeuten, kann die Sozialdemokratie dies nicht leisten. Sie verlöre sonst ihre Fähigkeit, Wählermehrheiten zu binden. Es ist klar, nur die politischen Gegner können ein Interesse daran haben, die SPD zu einer »substantiellen Einheit« schrumpfen zu lassen.

Mir ist bei der Beschäftigung mit Ihrer These wieder einmal deutlich geworden, daß wir in der Tat keine Alternative zu dem Weg besitzen, den die SPD nun schon seit geraumer Zeit geht: die Partei breit auslegen, die extremen Ränder kappen, den Konsens immer wieder von neuem suchen durch die Diskussion, um dabei über das Bewußtsein der Menschen die Politik für diese Menschen vorzubereiten. Vorhut, das Gros der Armee und diejenigen, die den Nachzug decken, müssen sich miteinander in der SPD zusammenfinden und wiederfinden können.

Mit freundlichen Grüßen

Ihr *Willy Brandt*

(Die Zeit v. 31. 12. 76)

7. Volksparteien und politische Handlungsfähigkeit
(Interview mit dem niedersächsischen Finanzminister Kiep)

ZEIT: Die Wahlen sind die erste hohe Hürde. Eine zweite folgt dann, wenn die FDP im Bund ihren Anhängern klarmachen muß: Die Christlichen Demokraten sind wirklich Partner, die zu uns passen. Wenn nun aber die Union ständig darüber streitet, wie der Kurs der Union aussehen soll, muß da nicht der FDP-Vorsitzende Genscher zu dem Urteil kommen: Diese CDU ist für uns noch nicht koalitionsfähig; sie pendelt noch zwischen Albrecht und Strauß.

Kiep: Ich bin ganz sicher, daß Genscher nicht nur auf die Verfassung der Union schaut, sondern auch im Blick behält, wie weit eigentlich FDP und die SPD noch übereinstimmen — mit anderen Worten: wie weit die SPD noch bündnisfähig ist.

Im übrigen habe ich mit Franz Josef Strauß ausführlich darüber gesprochen, bei welchen Bundesratsthemen denn wohl die CDU Niedersachsens vor der Frage stehen könnte: hier Zugehörigkeit zur Union und ihren gemeinsamen Grundsätzen; da Koalition mit der FDP in Niedersachsen. Für mich war dabei interessant festzustellen, daß wir in den prinzipiellen Fragen weitgehend einig waren, sei es Ordnungspolitik, europäische Einigung oder Zugehörigkeit der Bundesrepublik zum westlichen Bündnis. Ich glaube also — vorausgesetzt, der gute

Wille ist vorhanden —, daß im Bundesrat keine Themen zur Sprache kommen werden, die zu einem Bruch innerhalb der Union führen müßten.

ZEIT: Guter Wille reicht da nicht ganz. Wird die programmatische Geschlossenheit und politische Gestaltungskraft nicht durch eine zu große Spannweite von liberalen, sozialkonservativen und rechtskonservativen Gruppen behindert? Wie sollen Kiep, Blüm, Dregger und Strauß zusammenfinden?

Kiep: Natürlich reicht guter Wille allein nicht. Eine solche Bandbreite erfordert Toleranz, Diskussionsbereitschaft, aber vor allem die Fähigkeit, Antworten zu finden, die mehr darstellen als nur den geringsten gemeinsamen Nenner.

ZEIT: Hat der Parteivorsitzende Kohl die Fähigkeit, die Opposition zu integrieren und zugleich zu klaren politischen Aussagen zu führen?

Kiep: Helmut Kohl hat in der Außen- und Deutschlandpolitik eine Linie gewiesen, auf der die Union sich finden könnte. Bei aller Kritik hat er in der Bundestagsdebatte die Notwendigkeit einer Gemeinsamkeit aller Parteien in der Deutschlandpolitik und in der Berlinpolitik dargestellt. Er will die Union auf die Bewältigung der Probleme von morgen hinführen. Auf dem Parteitag im März wird sich die Union ausführlich mit Deutschlandpolitik beschäftigen. Die CDU wird sich dort von kritischen Gesprächspartnern die Frage stellen lassen müssen, wie sie eigentlich die Deutschlandpolitik von morgen und übermorgen inhaltlich und praktisch gestalten will.

ZEIT: Nun hat die CDU dazu ja schon einmal inhaltlich Position bezogen, in der Mannheimer Erklärung. Sie hat davon später keinen Gebrauch gemacht.

Kiep: Das ist eine Frage an die Führung. Es geht darum, ob sie imstande ist, das — übrigens in allen Parteien sehr große — Beharrungsvermögen zu überwinden. Was die Mannheimer Erklärung anbetrifft, so ist sie in der Tat ein wichtiges Thema der deutschen Innenpolitik. Und bei allem Bedauern über den Rücktritt von Kurt Biedenkopf — die Wahl seines Nachfolgers Heiner Geissler bietet ja die Garantie dafür, daß der Inhalt der Mannheimer Erklärung ganz oben auf der Prioritätenliste der CDU stehen wird.

(Die Zeit, Nr. 6, v. 4. 2. 77)

Aufgaben zu Phase IV

Texte 1, 2

— Erklären Sie die Bezeichnung »Allerweltspartei«.
— Begründen Sie die Entwicklung zur Volks- bzw. Allerweltspartei.
— Was versteht Kirchheimer unter »Ausdrucksfunktion« der Partei?
— Welche Faktoren haben dazu geführt, daß die »Ausdrucksfunktion« der Parteien »zu einer sehr undurchsichtigen Angelegenheit« geworden ist?

Text 3

— Beschreiben und diskutieren Sie das Verhältnis von Volksparteien und Interessenverbänden.
Inwiefern sind beide aufeinander angewiesen?
— Inwieweit erfüllen die Parteien die ihnen von Kirchheimer zugeschriebene Funktion?

Text 4
— Überprüfen Sie die Aussagen Kirchheimers anhand Ihnen zugänglicher Parteiprogramme.

Text 5
— Diskutieren Sie, ausgehend von den Thesen des Textes, zusammenfassend die Rolle und Funktion der sogenannten Volkspartei in einer Massendemokratie.

Zusammenfassung zu den Texten 1—5:
— Versuchen Sie eine Abgrenzung der Volkspartei gegenüber der bürgerlichen Partei alten Stils und den Massenintegrationsparteien.
— Prüfen Sie, inwieweit man bei Berücksichtigung der Sozialstruktur der Mitgliedschaft und der sozialen Zusammensetzung der Parlamente von einer Volkspartei sprechen kann (Texte 10—13 aus *Phase III*).

Text 6
— Versuchen Sie aus der Antwort Willy Brandts die Kritik, die von Krockow an der Volkspartei SPD geübt hat, zu ermitteln.
— Welche Gegenargumente entwickelt Brandt?
Welche positiven, welche negativen Aspekte gewinnt er der Entwicklung zur Volkspartei ab?

Text 7
— Umschreiben Sie die im Interview angesprochenen Probleme. Geben Sie kurz an, welche Antwort Kiep darauf gibt.
— An welchen Punkten könnten kritische Gegenpositionen entwickelt werden?

Phase V

Überblick über die wichtigsten Demokratiekonzepte, die heute vertreten werden. Elitetheorie, Pluralismuskonzept und die Theorieentwicklung selbst werden kritisch untersucht.

1. Konservatives Demokratieverständnis

Für die konservative Position bildet die *etatistische Staatsvorstellung* den Bezugspunkt einer Betrachtung [. . .]

Der staatliche Bereich als öffentlich-rechtliches Gewaltverhältnis wird mit Nachdruck von der gesellschaftlichen Sphäre unterschieden. Politisch ist, was sich auf das öffentlich-rechtliche Gewaltverhältnis bezieht. »Demokratie ist *in diesem Sinne* ein politisches Prinzip.« Als politisch-technischer Ansatzpunkt von Demokratie gilt die Mehrheitsentscheidung. Sie dient zur Legitimierung der Staatsmacht. Damit wird Demokratie auf das formale Prinzip der Mehrheitsentscheidung im »staatlichen« Rahmen beschränkt. »Demokratie kann nie weiterreichen als der Staat selbst; der Bereich öffentlicher Gewalt kann rechtens nicht beliebig über Mehrheitsentscheidungen verbreitert werden.« Konsequenterweise sind demgemäß der Demokratie unzugängliche Bereiche »wie etwa Wissenschaft, Religion, Ideologien aller Art, Kultur und, um Institutionen zu nennen, Schule, Kirche, Betrieb, Familie. Diese Bereiche und Institutionen müssen um der Würde des Menschen und seiner Freiheit willen von politischen Prinzipien frei, d. h. demokratiefrei gehalten werden.« Der gesellschaftliche Bereich, der Bereich des Wirtschaftens vor allem, sei nicht demokratisierbar, weil wir es hier nicht mit »gleichen« Menschen zu tun haben, nicht mit Menschen, deren Gleichheit sich durch das öffentliche Gewaltverhältnis konstituiere. Die Forderung nach Demokratisierung der Gesellschaft beinhalte von daher eine »Revolte gegen die Natur«. Da nach Hennis niemand imstande ist, »die Natur zu verändern, werden mit dem Begriff der Demokratisierung von sozialen Tatbeständen Hoffnungen geweckt, die unerfüllbar sind«.

Aus diesem Grunde handele es sich bei dem Ruf nach Demokratisierung der Gesellschaft um den Versuch, »den gesellschaftspolitisch neutralen Begriff Demokratie (zu) ideologisieren«. *(R. Zoll, Wertheim III, S. 12)*

2. Partizipatorische Demokratievorstellung

Als Gegenpol zu konservativen Positionen geht die *partizipatorische Demokratievorstellung*, die einem wesentlichen Teil der Versuche zugrunde liegt, Kommunalpolitik unter den heutigen Bedingungen neu zu bestimmen, aus von »einem fundamentalen menschlichen Interesse an politischer Selbstbestimmung und von der prinzipiellen Aufhebbarkeit der Herrschaft von Menschen über Menschen.« Politik und Demokratie sind dabei nicht auf einen wie auch immer zu definierenden staatlichen Bereich beschränkt, sondern realisieren sich vor allem auch in den sozialen Beziehungen der unmittelbaren menschlichen Existenz, in Betrieb, Schule, Universität, Familie oder am Wohnort.

Partizipation stellt eine gegen Herrschafts- und Abhängigkeitsverhältnisse gerichtete Norm dar. Ihr positiver Bezugspunkt sind in einem spezifischen Sinne die Interessen der Bevölkerung. Als Interesse gilt dabei nicht das faktische Einzelinteresse, wie es dem marktwirtschaftlichen Modell zugrunde liegt, sondern ein von den aktuellen subjektiven Bedürfnissen durchaus auch unterschiedenes »allgemeines, objektives Interesse«.

Der Begriff des »allgemeinen, objektiven Interesses« ist in einer partizipatorischen Demokratievorstellung notwendig, weil

a) bei subjektiver, pluralistischer Interessenbestimmung nicht organisierte oder organisierbare wie nicht konfliktfähige Interessen entweder überhaupt nicht oder nicht erfolgreich in den Prozeß der Meinungs- und Willensbildung eingehen können;

b) aus der Analyse vorhandener Abhängigkeits- und Herrschaftsverhältnisse folgert, daß die subjektiven Interessen auch jene Abhängigkeiten widerspiegeln können und es damit wahrscheinlich ist, daß die einzelnen gegen die eigenen »objektiven Interessen« für die Beibehaltung von Fremdbestimmung votieren. [. . .]

Mit Hilfe des »objektiven Interesses« läßt sich nun

a) erkennen, ob die subjektiven Interessenartikulationen dem eigentlichen, »objektiven Interesse« entsprechen,

b) bestimmen, welche Interessen nicht oder unzureichend vertreten sind.

Das entscheidende Problem einer »objektiven« Interessenbestimmung gegenüber dem vorfindbaren, faktischen Einzelinteresse besteht in der Frage, wie sich dieses »allgemeine, objektive Interesse« erkennen läßt, welcher Maßstab es erlaubt, ein faktisches Einzelinteresse als gleichsam »falsches« Interesse zu qualifizieren.

Ausgangspunkt einer »objektiven« Interessenbestimmung bildet eine Gesellschaftsanalyse mit der Funktion, »unnötige Herrschaft«, Ungleichgewichte oder Unterprivilegierung von Gruppen in den wirtschaftlichen und sozialen Beziehungen zu ermitteln. Als Bezug für die kritische Analyse (Defizitanalyse) können dabei, sowohl unter dem Gesichtspunkt der Verdeutlichung als auch unter dem der Durchsetzbarkeit, die klassischen Freiheits- und Gleichheitsrechte dienen, deren Gültigkeit offen jedenfalls selten bestritten wird. [. . .]

Mit dem Ergebnis der Defizitanalyse ergibt sich für den partizipatorischen Ansatz der Maßstab für das eigene Handeln. Die Überwindung der Diskrepanz von Norm und Wirklichkeit, die Überwindung so ermittelter Ungleichheit und Unfreiheit gilt als das »allgemeine, objektive Interesse«.

Aus der Erkenntnis aber, daß Gruppen der Bevölkerung existieren, deren objektive Interessen keine Vertretung finden, folgt für die partizipatorische Demokratievorstellung die Notwendigkeit, das Normensystem, das sich bislang weitgehend auf die Dimensionen Freiheit und Gleichheit bezieht, um eine altruistische Komponente, um den Bereich klassischer demokratischer Forderung zu erweitern, der schon in seiner Entstehungszeit in der Französischen Revolution und vor allem in der Entwicklung zur hochindustrialisierten Gesellschaft fast völlig aus dem Blickfeld geriet: Brüderlichkeit. Aus der Norm Brüderlichkeit leitet sich für die Aktionsfähigen die Verpflichtung ab, auch für diejenigen die Abhängigkeiten überwinden zu helfen, die durch ihre Position in der Gesellschaft dazu nicht in der Lage sind. Aktion im »allgemeinen, objektiven Interesse«, im Interesse anderer widerspricht damit auch insofern prinzipiell der marktwirtschaftlichen Vorstellung, als sich dort das »Gemeinwohl« gerade durch die Wahrnehmung des Einzelinteresses herstellt. Betrachtet man die historische Entwicklung, so scheinen sich Freiheit im Bereich des Wirtschaftens (Konkurrenzkampf) und Brüderlichkeit nahezu auszuschließen. Brüderlichkeit als Norm (etwa das Sozialstaatspostulat) ist von daher im Grundgesetz auch viel indirekter enthalten als Freiheit und Gleichheit.

(Zoll, S. 14—16)

3. Die liberale Demokratie

Die Theorie der liberalen Demokratie geht von grundsätzlich anderen Voraussetzungen aus. Der liberalen Demokratie liegt die Erfahrung zugrunde, daß sich Menschen in der Regel von Nutzenerwägungen leiten lassen. [. . .]

Das bedeutet aber, daß Interessengegensätze und Zielkonflikte in jeder Gesellschaft einen elementaren sozialen Sachverhalt darstellen, der sich nicht aus der Welt schaffen läßt. Es ist weder möglich, alle Konflikte zu beseitigen, noch wäre dies wünschenswert, da Konflikte auch positive Wirkungen haben und ein Motor des Fortschritts sein können. Zum mindesten aber empfiehlt es sich, in Politik und Gesellschaft jederzeit mit der Möglichkeit von Konflikten zu rechnen.

Wenn dies aber so ist, dann kommt es darauf an, Methoden und Verfahren, Mechanismen und Institutionen bereitzustellen, die eine menschliche, d. h. gewaltlose Austragung von Konflikten erlauben. Gesellschaften unterscheiden sich durch die Art und Weise, wie sie ihre Konflikte regeln. Im liberalen Verständnis ist dies die Aufgabe der Politik. Die Politik muß die gemeinsamen Probleme der Menschen in einer Gesellschaft lösen, Probleme, die man immer auf *verschiedene Weise* lösen kann, die man aber auf *eine* Weise lösen muß. Die Lösungen politischer Probleme sind also nie sicher und vorgegeben, sondern immer unsicher, umstritten und offen für Alternativen. In der Politik verdichtet sich die Grundsituation des Menschen: seine Freiheit und Not der Entscheidung (Arnold Bergsträsser). Politik und Konflikt sind wie Zwillinge: beide sind ohne einander nicht einmal denkbar.

Politik ist demnach gerade deshalb möglich und nötig, weil sich verschiedene Menschen verschieden entscheiden können, weil eine vorgegebene Übereinstimmung über politische Inhalte nicht notwendig besteht — weil Konflikte natürlich sind. Politik besteht also u. a. in der Methode, wie wir mit Konflikten fertig werden. [. . .] Wenn es in einer Gesellschaft immer unterschiedliche, ja gegensätzliche Interessen gibt, dann müssen möglichst viele Interessen ausgeglichen und in den politischen Entscheidungsprozeß eingebracht werden, so daß möglichst alle Interessen und Bedürfnisse der Menschen in gleicher und nicht in verzerrter Weise politisch berücksichtigt werden. Gruppen und Verbände erfüllen in diesem Zusammenhang eine wichtige Aufgabe. Mit ihrer Hilfe kann der einzelne seine Interessen oft wirksamer wahrnehmen. Der Bürger kann die Politik, vor allem zwischen den Wahlen, kaum mehr direkt und unmittelbar beeinflussen, sondern fast nur noch mittelbar durch Verbände und Organisationen. Sie vermitteln die Teilnahme des einzelnen am politischen Prozeß und verstärken so dessen Einfluß und Kontrolle. Die pluralistische Gesellschaft schützt den einzelnen vor dem direkten Zugriff des Staates. Er tritt nicht allein und isoliert einem allmächtigen Staat gegenüber. Er ist nur mit seiner politischen Rolle als Bürger in den Staat integriert. Ansonsten steht ihm eine Vielfalt von Möglichkeiten der Betätigung und Beteiligung zur Verfügung. Dies erhöht seine Freiheit und vermindert seine Abhängigkeit. Vielfältige Abhängigkeiten sind leichter zu ertragen als eine einzige Abhängigkeit von *einer* zentralen Instanz. Auf diese Weise organisiert der Pluralismus ein *»System des Geltenlassens und der Selbstverwirklichung möglichst vieler«* (H. F. Zacher).

Die Prinzipien der liberalen Demokratie konservieren nicht den Status quo: sie stehen nicht im Gegensatz zu gesellschaftlichen Veränderungen, ganz im Gegenteil. Eine an diesen Prinzipien orientierte Politik muß immer wieder die sozialen Voraussetzungen dafür schaffen, daß der einzelne seine individuellen Chancen mit Aussicht auf Erfolg wahrnehmen kann. Sie will die Gleichheit der Chancen verwirklichen, ist sich dabei aber stets bewußt, daß diese Gleichheit durch die Freiheit der Menschen zu ungleichen sozialen Ergebnissen führen wird: eine freie Gesellschaft ist immer auch eine ungleiche Gesellschaft.

(W. Dettling, Demokratisierung, S. 20 ff.)

4. Gutes Funktionieren der Demokratie

Aber dies genügt auch nicht. Es reicht nicht hin, daß ein Entscheidungssystem in optimaler Weise unsere Interessen berücksichtigt und zeit-ökonomisch arbeitet. Wir erwarten außerdem, daß es *sachgerechte* Entscheidungen produziert; daß die Entscheidenden nicht nur entscheiden, sondern auch kompetent und sachgerecht entscheiden; daß der Entscheidungskompetenz also eine Sachkompetenz entspricht. Diese Kompetenz ist nun keineswegs gleichmäßig verteilt. Wir alle sind nur auf bestimmten Gebieten Experten. Einen Zuwachs an Wissen und Kompetenz auf einem Gebiet erkaufen wir notwendig durch einen Zuwachs an Inkompetenz auf *allen* anderen Gebieten. Wer auf *einem* Gebiet *sehr viel* weiß, weiß auf *allen anderen Gebieten unter Umständen sehr wenig*. Dies ist ein gewiß ärgerlicher Sachverhalt, über den man optimistisch hinwegreden, den man aber nicht ändern kann. Eigene Inkompetenz bedeutet, daß man sich auf die Kompetenz anderer verlassen muß, daß man also gerade *nicht* vernünftig mitreden und mitentscheiden kann. Dies gilt vor allem für Situationen, in denen man selbst außerordentlich betroffen ist. Im Flugzeug oder auf dem Operationstisch verlassen wir uns total auf die Kompetenz des Piloten bzw. des Chirurgen. Niemand kommt auf den Gedanken, deren Entscheidungen beeinflussen zu wollen, obwohl von ihnen das eigene Leben abhängt. Von der persönlichen Betroffenheit auf das Recht zur Mitwirkung zu schließen, ist offensichtlich ein Trugschluß. Die Kompetenz eines Dritten als ein Kriterium anzusehen, um dessen Entscheidungen akzeptieren zu können, erscheint hingegen als vernünftig.

Dies also sind die drei Kriterien, die wir an Entscheidungssysteme anlegen:

— Präferenz,
— Ökonomie,
— Kompetenz.

Entsprechend können wir Entscheidungssysteme aus guten Gründen dann akzeptieren, wenn sie in optimaler Weise *allen* drei Prinzipien *gemeinsam* gerecht werden, wenn sie also die vorhandenen Interessen der Beteiligten möglichst weitgehend berücksichtigen, in begrenzter Zeit zu vernünftigen Entscheidungen kommen und die vorhandenen Kompetenzen so umfassend wie möglich ausschöpfen. *(Dettling, S. 78 f.)*

5. Die partizipatorische Demokratie

Diese Verabsolutierung des Prinzips der Beteiligung liegt der Forderung nach einer »partizipatorischen Demokratie« zugrunde. Sie soll Wirklichkeit werden durch einen Prozeß der Demokratisierung. In diesem Sinne wird Demokratisierung heute vielfach verstanden. Sie hat eine objektive und eine subjektive Dimension: zum einen sollen die politischen und sozialen Strukturen so verändert werden, daß sie die wirksame Artikulation von Bedürfnissen erleichtern; die Strukturen sollen durchlässiger werden für die Interessen der Menschen. Zum andern sollen das Bewußtsein und die Einstellung der Menschen verändert werden in einer Weise, daß diese die Chancen erhöhter Beteiligung auch tatsächlich ergreifen und es nicht vorziehen, sich anderen Betätigungen zuzuwenden.

Die Verwirklichung einer »partizipatorischen Demokratie« im emphatischen Sinne erscheint weder möglich noch wünschenswert, und zwar aus »subjektiven« wie aus »objektiven« Gründen. Der Mensch kann sich auf sehr vielfältige Weise selbst verwirklichen; politische Betätigung oder Beteiligung ist nur *eine* dieser Möglichkeiten. Die scheinbar ideale Demokratie, welche nur diesen einen Wert zu maximieren versucht, ist keineswegs das beste Regierungssystem.

Ferner ist die Fähigkeit des Menschen, an allen möglichen Entscheidungen sinnvoll und vernünftig teilzunehmen, begrenzt. Die Notwendigkeit, für das politische System wie für andere Bereiche eine sehr große Anzahl entscheidungsbedürftiger Probleme zu bewältigen, übersteigt diese Fähigkeit bei weitem. In jeder Gruppe läßt sich mit Hilfe des kleinen Einmaleins durchrechnen, wie viele Entscheidungen diese Gruppe fällen könnte, wenn jedes Gruppenmitglied zu jeder Entscheidung nur drei Sätze beisteuert.

Auf den utopischen Charakter einer »partizipatorischen« Demokratie hinzuweisen bedeutet nicht, Chancen und Notwendigkeit erweiterter Mitwirkungsrechte für den einzelnen in unserer Gesellschaft zu verkennen. Sie bereitzustellen, ist gerade das Ziel einer liberalen Demokratie. Auf diese Weise lassen sich auch das politische Interesse und die tatsächliche Mitwirkung erhöhen: beides ist wünschenswert. Nur: mit der Forderung nach einer »partizipatorischen« Demokratie hat das wenig zu tun.

Die liberale Demokratie ist keine »partizipatorische« Demokratie; sie versucht nicht, das *eine* Prinzip der persönlichen Beteiligung und der persönlichen Präferenz zu verabsolutieren. Statt dessen ist sie bemüht, allen drei genannten Prinzipien gemeinsam in bestmöglicher Weise gerecht zu werden. Wahlen und Abstimmungen binden die Entscheidungen der Regierung zurück an die Präferenz von Parlament und Bevölkerung. Gruppen und Verbände können zwischen den Wahlen die Interessen ihrer Mitglieder vertreten und auf den politischen Entscheidungsprozeß Einfluß nehmen. Der Sachverstand wird in der Bürokratie, in Parlamentsausschüssen, Experten-Hearings usw. organisiert. Dem Prinzip der Ökonomie des politischen Systems wird durch Verfahrensregeln, interfraktionelle Übereinkünfte (z. B. im Ältestenrat des Bundestages) und nicht zuletzt durch Mehrheitsentscheidungen Rechnung getragen, welche die politische Diskussion, wenn auch nur auf Zeit, beenden.

Die liberale Demokratie stellt den bisher erfolgreichsten Versuch dar, die genannten Kriterien bestmöglichst zu verbinden. Sie kann als institutionalisierte Lösung der Grundprobleme einer jeden Gesellschaft begriffen werden. Diese Lösung hat sich bisher vergleichbaren Lösungen als überlegen erwiesen, vor allem deshalb, weil sie mit weniger Nachteilen für die Menschen behaftet ist als andere. Das bedeutet natürlich nicht, daß man das Suchen nach besseren Lösungen aufgeben könnte oder dürfte, ganz im Gegenteil. Es ist eine legitime und notwendige Aufgabe, immer wieder neue Wege zu suchen, die Demokratie leistungsfähiger zu machen, aber auch sensibler für die Bedürfnisse der Menschen, sich Strategien zu überlegen, welche die Legitimität und die Funktionsfähigkeit des politischen Systems erhöhen. Vor allem erscheint es an der Zeit zu fragen, warum eigentlich die Werte, die wir im politischen Bereich achten, die Prinzipien, nach denen wir dort verfahren, die Kriterien, nach denen wir uns dort richten — warum diese Werte, Prinzipien, Kriterien der Demokratie nur im politischen Bereich zur Geltung kommen sollten. Wenn wir sie dort für gut befinden, warum wenden wir sie dann nicht in *allen* sozialen Bereichen an? Dies ist die Frage nach den Möglichkeiten und Grenzen einer Demokratisierung der Gesellschaft.

(Dettling, S. 78 ff.) ?

6. Demokratie und die Pluralität der Eliten

Mosca und Pareto gingen bei ihrer in der Elitetheorie formulierten Kritik an den demokratischen Staatstheorien von dem Gesichtspunkt aus, daß es in jeder Gesellschaft eine Minderheit gibt, die tatsächlich herrscht. Doch selbst angenommen, daß es in jeder Gesellschaft notwendigerweise eine herrschende Elite gibt, so läßt sich dieser Kritik — wie Mosca selbst einsah — entgegenhalten, die Demokratie als Regierungsform zeichne sich gerade dadurch aus, daß es eine freie Elitenbildung und einen geregelten Wettbewerb der Eliten um die Machtstellungen gibt. Diese Auffassung von der Demokratie als einem politischen System, in dem sich politische Parteien um die Stimmen einer Massenwählerschaft bewerben, schließt ferner ein, daß die Eliten relativ ›offen‹ sind und sich auf der Grundlage des persönlichen Wertes rekrutieren (das heißt man nimmt einen kontinuierlichen und extensiven Kreislauf der Eliten an); weiterhin bedeutet das, daß der Masse der Bevölkerung wenigstens insofern die Möglichkeit einer Beteiligung an der Regierung gegeben wird, daß sie unter den rivalisierenden Eliten eine Wahl treffen kann. [. . .]

Pareto betont mit Recht, daß die politische Macht immer von Minderheiten (Eliten) ausgeübt wird, und wir können auch Robert Michels' Gesetz von den oligarchischen Tendenzen der Parteiorganisation bejahen. Trotzdem wäre es falsch, die Stabilität solcher Eliten in demokratischen Gesellschaften oder die ihnen gegebenen Möglichkeiten willkürlicher Machtausübung zu überschätzen. In einer Demokratie können die Beherrschten immer Maßnahmen zur Absetzung ihrer Führer ergreifen oder diese zwingen, Entscheidungen im Interesse der Vielen zu treffen.« Auch er hebt hervor, welch entscheidende Rolle die Auswahl nach dem Verdienst und die Verringerung des Abstandes zwischen Eliten und Massen bei der Schaffung eines Ausgleichs zwischen Eliteherrschaft und demokratischer Regierung spielen: »Wir vertreten die Ansicht, daß die Demokratie nicht durch das Fehlen jeglicher Eliteschichten gekennzeichnet ist, sondern vielmehr durch eine neue Weise der Eliteauswahl und ein neues Selbstverständnis der Elite . . . Was sich im Laufe der Demokratisierung am stärksten verändert, ist der Abstand zwischen der Elite und der großen Masse. Die demokratische Elite hat die Masse als Hintergrund; deshalb kann sie für die Masse von Bedeutung sein.«

Der Ausgleich zwischen dem Elitegedanken und der Idee der demokratischen Regierungsform, durch eine Reihe günstiger Umstände gefördert, hat [. . .] im 20. Jahrhundert rasche Fortschritte gemacht. Einer dieser Umstände liegt in der gesteigerten Bedeutung, die dem Führertum heute allgemein beigemessen wird infolge der Ausdehnung der Kriegsmaßnahmen, der internationalen Konkurrenz im Ausbau der Wirtschaft und des Aufstiegs und der Entwicklung neuer Nationen; das alles hat dazu geführt, daß das Denken weniger die Gefahren einer Eliteherrschaft vor Augen hat als die Notwendigkeit einer brauchbaren Elite. Ein anderer Umstand, der die Vorstellung von dem freien Spiel der Kräfte in der Demokratie stützt, ist der Kontrast zwischen den Konsequenzen der Eliteherrschaft in Einparteienstaaten und den Erfahrungen solcher demokratischen Gesellschaften, in denen mehrere politische Parteien um die Macht wetteifern, ohne daß eine von ihnen eine radikale Änderung der Gesellschaftsstruktur anstrebte. Überdies besitzt diese Vorstellung auch für den Wissenschaftler Anziehungskraft, denn sie bietet eine gewisse Analogie zur Vorstellung vom Spiel der Kräfte in einer freien Wirtschaftsordnung und stellt so eine Analyse des politischen Verhaltens in Aussicht, die ebenso streng und exakt, wenn auch ebenso begrenzt ist wie die Wirtschaftsanalyse. Schumpeter verweist ausdrücklich auf diese Analogie und geht dann zu der allgemeineren Feststellung über, die moderne Demokratie habe sich mit dem kapitalistischen Wirtschaftssystem entwickelt und sei ursächlich mit ihm verknüpft. Der gleiche Gedanke kommt in der von ihm zitierten Bemerkung eines erfolgreichen Politikers zum Ausdruck: »Was die Geschäftsleute nicht verstehen, ist, daß ich genauso mit Stimmen handle, wie sie mit Öl handeln.« In neuerer Zeit ist diese Auffassung der Demokratie als eines Wettbewerbs der politischen Parteien um die Wählerstimmen ausführlicher behandelt worden, so zum Beispiel in der ›wirtschaftlichen Theorie der Demokratie‹ von A. Downs, der seine Theorie folgendermaßen zusammenfaßt: »Unsere Hauptthese lautet, daß sich die Parteien in einem demokratischen Staatswesen ähnlich verhalten wie Unternehmer in einer auf Gewinn ausgerichteten Wirtschaft. So formulieren sie, um ihre privaten Ziele zu erreichen, politische Grundsätze, die ihrer Meinung nach die meisten Stimmen einbringen; sie handeln also wie

Unternehmer, die Erzeugnisse produzieren, die ihrer Ansicht nach den höchsten Profit abwerfen.« Ein anderes Beispiel für diese Vorstellungsweise ist der Versuch, die Spieltheorie auf das politische Verhalten anzuwenden, das heißt die Tätigkeit politischer Parteien in einem mathematischen Schema zu erfassen, das weitgehend hinausläuft auf die Analyse des wirtschaftlichen Verhaltens.

[...]

Gegen die Definition der Demokratie als Wettbewerb zwischen Eliten lassen sich verschiedene kritische Einwände vorbringen, so zum Beispiel, daß diese Definition äußerst willkürlich ist und allgemein anerkannte Züge des von ihr umrissenen Phänomens außer acht läßt oder, daß die Theorie, die mit ihr arbeitet, unzulänglich oder falsch ist oder, daß sie von einer Reihe von Werturteilen ausgeht, denen sich andere Werturteile entgegenhalten lassen. Die moderne Demokratie ist in den meisten Fällen und von den meisten politischen Denkern als Beteiligung der Masse des Volks an der Regierung definiert worden; eine der klassischen Formulierungen findet sich in Lincolns Gettysburg Address: »Herrschaft des Volks, durch das Volk, für das Volk«.

Alle Elitetheorien bestreiten jedoch, daß es in einem echten Sinn Herrschaft *durch* das Volk geben kann. Sie begründen ihre Behauptung entweder, wie Pareto und Mosca, mit dem etwas trivialen Hinweis, in den meisten bekannten Gesellschaftsformen der Vergangenheit habe eine klare Scheidung zwischen Herrschenden und Beherrschten bestanden; oder aber sie stützen sich wie Michels, Mannheim und Aron auf eine mehr theoretische Analyse, die aufzuzeigen sucht, daß die Demokratie in jeder großen und komplexen Gesellschaft (und in großen und komplexen Organisationen innerhalb der Gesellschaft) nur durch Repräsentanten, nicht direkt wirken kann, und daß die Volksvertreter eine Minderheit bilden, die eindeutig größere politische Macht besitzt als jene, die sie vertreten; denn der Einfluß des Volkes beschränkt sich darauf, in ziemlich langen Zeitabständen über die Tätigkeit der Minderheit ein Urteil abzugeben. Doch lassen sich gegen diese Analyse verschiedene Einwände geltend machen. Vor allem erscheint, gemessen an der hier behandelten Auffassung von der Demokratie, das System der Repräsentativverfassung insofern ganz eindeutig als unvollkommene Verwirklichung der Demokratie, als es die große Masse ständig von jeder Regierungspraxis ausschließt. Der undemokratische Charakter der Repräsentativverfassung tritt besonders deutlich zutage, wenn das Repräsentativprinzip in einem indirekten Wahlsystem zur Anwendung gelangt, wodurch eine gewählte Elite ihrerseits eine zweite mit gleicher oder höherer politischer Macht ausgestattete Elite wählt.

[...]

Die fast während des ganzen 19. Jahrhunderts vorherrschende Auffassung von der Demokratie als Herrschaft *durch* das Volk dagegen sah in der Demokratie einen fortschreitenden Prozeß, in dessen Verlauf politische Rechte, die Macht, sozialpolitische Entscheidungen zu beeinflussen, nach und nach auf Bevölkerungsgruppen ausgedehnt werden, denen sie früher vorenthalten worden waren. Das bedeutet zweierlei: erstens, daß die Demokratie ursprünglich als Doktrin und politische Bewegung der unteren Gesellschaftsklassen gegen die Herrschaft der aristokratischen und reichen Klassen auftrat (und das ist natürlich einer der Hauptgründe, warum sie die Entgegnung der Elitetheorien herausforderte); und zweitens, daß man in ihr eine Entwicklung zu einem idealen Gesellschaftszustand sah, in dem sich die Menschen völlig selbst regieren würden — ein Zustand, der sich zwar nie gänzlich erreichen läßt, den die Demokraten jedoch erstreben sollten. Den meisten demokratischen politischen Denkern des 19. Jahrhunderts wäre es nicht eingefallen, das allgemeine Wahlrecht, den Wettbewerb zwischen verschiedenen politischen Parteien und die Repräsentativverfassung, so brauchbar sie im Gegensatz zu den Einrichtungen anderer politischer Regierungsformen auch sein mögen, als letztes Ziel des demokratischen Fortschritts zu betrachten, über das man sich keinesfalls hinauswagen könne.

Daß im 20. Jahrhundert die Demokratie statisch aufgefaßt wird, als eine Bestätigung der Eliteherrschaft durch periodische Wahlen, hat seine Gründe in den politischen Verhältnissen dieses Jahrhunderts. Durch die Errichtung von Einparteienstaaten — in Deutschland und Italien von faschistischer, in der UdSSR von kommunistischer Prägung — erhielt die Gleichsetzung von Demokratie mit einem Vielparteien-Repräsentativsystem Nachdruck und Glaubwürdigkeit. Das geht mit aller Deutlichkeit aus der bereits zitierten Stelle von Raymond Aron hervor, in der die einheitliche Elite in Gesellschaften sowjetischen Typs der Pluralität der Eliten in Gesellschaften westlichen Typs gegenübergestellt wird. Es ist jedoch zu bezweifeln, ob organisierte politische Parteien — und im weiteren Sinn organisierte Elitegruppen — eine notwendige oder ausreichende Voraussetzung für ein demokratisches Regierungssystem bilden. Häufig ist die Meinung vertreten worden, sie seien *nicht* notwendig; zum Beispiel könnte in politischen Systemen, etwa wenn sie dezentralisierter wären als die heute in den meisten Nationen vorhandenen, die Auslese der politischen Führer durch Vereinigungen erfolgen, die weniger hochorganisiert, weniger bürokratisch und beständig waren als die heutigen politischen Parteien. Außerdem wäre in einer Gesellschaft ohne soziale Klassen (die viele Denker als Folge der zunehmenden Demokratisierung angesehen haben) die wichtigste Grundlage für die Bildung von Parteien gleichfalls hinfällig geworden; und wenn auch noch andere soziale Unterschiede denkbar sind, aus denen politische Parteien hervorgehen könnten, so dürften derartige Parteien doch wohl kaum denselben Wirkungskreis und Einfluß im politischen Leben haben wie die uns heute bekannten.

[. . .]

Es ist bemerkenswert, daß die modernen Elitetheorien, nachdem sie die Demokratie einfach als ›die Regierungsform einer ganzen Gesellschaft‹ definiert und damit alle nicht-politischen Faktoren, wie sie zum Beispiel in den Begriffen ›Sozialdemokratie‹ oder ›Wirtschaftsdemokratie‹ zum Ausdruck kommen, von der Definition ausgeschlossen haben, sogar den Einfluß, den derartige Faktoren auf die Regierungsform als solche ausüben können, so weit wie möglich ausklammern. Das jedoch heißt einen Grundgedanken der Soziologie übersehen oder ablehnen; nämlich, daß die in den verschiedenen Gesellschaftssphären existierenden Einrichtungen nicht nur nebeneinander bestehen, sondern durch Übereinstimmung oder Gegensätzlichkeit miteinander verknüpft sind und aufeinander einwirken. Diesen Gedanken hat Marx in seiner Kritik der Staatsphilosophie seiner Zeit treffend formuliert, als er nachwies, daß es ein schwerer Irrtum ist, eine scharfe Trennungslinie zu ziehen zwischen dem Menschen als Bürger (das heißt als Individuum mit politischen Rechten) und dem Menschen als Mitglied der bürgerlichen Gesellschaft (das heißt als Individuum, das im Familienleben und in der wirtschaftlichen Produktion steht).

Sollen wir zum Beispiel annehmen, daß die von vielen Soziologen erschöpfend beschriebene moderne demokratische Familie in den westlichen Gesellschaften, in der die Beziehungen zwischen den einzelnen Mitgliedern im allgemeinen mehr auf Zusammenarbeit beruhen, weniger autoritär sind als in der Familie des 19. Jahrhunderts, unbeeinflußt von demokratischen Staatsvorstellungen entstanden ist; oder daß sie, einmal vorhanden, für die Aufrechterhaltung und Ausbreitung demokratischer Haltungen und Praktiken in der Regierungssphäre ohne Bedeutung bleibt? Können wir annehmen, daß die demokratische Regierungsform, die vom einzelnen selbständiges Urteil und aktive Beteiligung an der Entscheidung wichtiger sozialer Fragen fordert, blüht und gedeiht, wenn in einem der wichtigsten Lebensbereiche — dem der Arbeit und wirtschaftlichen Produktion — der großen Mehrheit die Möglichkeit versagt bleibt, wirksam an den ihr Dasein ganz unmittelbar betreffenden Entscheidungen mitzuwirken? Ich glaube nicht, daß ein Mensch lange Zeit seines Lebens in vollständiger und unveränderlicher Unterordnung leben und sich trotzdem an verantwortungsbewußte Entscheidung und Selbstregierung gewöhnen kann, wie sie die politische Demokratie erfordert. Es stimmt, daß in den westlichen Gesellschaften die Unterordnung des einzelnen bei der Arbeit in mancher Hinsicht weniger drückend ist als ehedem; der einzelne Arbeiter übt durch seine Gewerkschaft und die in Ansätzen vorhandenen Institutionen der Mitbestimmung einen gewissen Einfluß auf seine Arbeitsverhältnisse aus; gleichzeitig hat die beträchtliche Zunahme an Freizeit den Bereich erweitert, in dem er selbständig Entscheidungen treffen kann. Auf der anderen Seite aber ist heutzutage ein guter Teil der Fabrikarbeit spezialisierter und eintöniger als je zuvor; die Folge ist, daß der Arbeiter, selbst wenn er nicht der alten Form autoritärer Kontrolle durch seinen Arbeitgeber untersteht, doch immer weniger Gelegenheit findet, bei der Ausführung seiner Aufgabe Urteilskraft, Fantasie oder Geschicklichkeit zu entfalten.

Es gibt noch andere, häufiger erörterte Faktoren, die sich auf die demokratische Regierungspraxis auswirken. So wird das Ausmaß, in dem sich der Einzelne an der Lenkung des Gemeinwesens aktiv beteiligen kann, ganz eindeutig durch die große Ungleichheit des Reichtums und Einkommens beeinflußt. Für den Reichen mag es zwar schwer sein, ins Himmelreich zu kommen, aber zu den höheren Ausschüssen einer politischen Partei oder zu einer Regierungssparte wird er relativ leicht Zugang finden. Er kann das politische Leben außerdem noch auf andere Weise beeinflussen: durch die Kontrolle von Kommunikationsmitteln, durch Anknüpfung von Beziehungen zu höheren politischen Kreisen, durch maßgebliche Beteiligung an pressure groups und beratenden Körperschaften dieser oder jener Art. Der Arme genießt keinen dieser Vorteile: er hat keine Verbindungen zu einflußreichen Leuten, er kann der politischen Aktivität nur wenig Zeit oder Energie widmen und hat kaum Gelegenheit, sich eine gründliche Kenntnis politischer Ideen oder Fakten anzueignen. Die aus der wirtschaftlichen Ungleichheit erwachsenden Unterschiede werden noch verschärft durch eine unterschiedliche Ausbildung. In den meisten westlichen Demokratien besteht ein scharfer Unterschied zwischen der Ausbildung jener Klassen, die in der Hauptsache die Beherrscher des Gemeinwesens stellen, und der, die der zahlenmäßig größeren Klasse der Beherrschten offensteht. Das Erziehungssystem der meisten westlichen Gesellschaften versteift nicht nur den Gegensatz zwischen Herrschenden und Beherrschten; es erhält auch die gesamte Ideologie der Eliteherrschaft lebendig, denn es zielt mehr auf die Auswahl außergewöhnlicher Individuen für Elitepositionen und die Belohnung schulischer Leistung durch Einkommen und Stellung ab als auf die Hebung des allgemeinen Bildungsniveaus der Gesamtgemeinschaft als Voraussetzung für eine stärkere Beteiligung der Masse der Bürger an der Regierung. Die erwähnten Unterschiede von Reichtum und Bildung sind Kennzeichen der in Klassen gespaltenen Gesellschaft; diese grundlegende Spaltung aber ist oft, zum Beispiel in den Theorien von der ›sozialen Demokratie‹, als mit der demokratischen Regierungsform unvereinbar betrachtet worden.

[. . .]

Eine der politischen Mythen unserer Zeit lautet, die Demokratie werde hauptsächlich oder einzig geschützt und aufrechterhalten durch den Konkurrenzkampf zwischen den Eliten, deren Macht sich gegenseitig ausgleiche und beschränke. Betrachten wir jedoch die von den Elitetheoretikern zur Untermauerung dieser These angeführten Argumente, so stoßen wir auch hier auf einen Widerspruch; im Verlauf der Beweisführung verwechseln sie in gewisser Hinsicht die Pluralität von Eliten mit dem davon ganz verschiedenen Begriff der Vielheit freiwilliger Vereinigungen. So können sich, zum Beispiel nach Mosca, in einem demokratischen System viele verschiedene ›soziale Kräfte‹ (nicht Eliten) am politischen

Leben beteiligen und die Macht anderer sozialer Kräfte, vor allem der Bürokratie, beschränken. Ganz ähnlich benennt Aron im Zusammenhang mit der Machtausbreitung in den pluralistischen Demokratien nicht nur die wichtigsten Eliten, sondern auch die große Anzahl beruflicher und politischer Organisationen, die sich in derartigen Gesellschaften finden und der Macht der Herrschenden Grenzen setzen. Wenn die Elitetheoretiker lebenskräftige freiwillige Vereinigungen als wesentliche Voraussetzung für eine echte Demokratie befürworten, so stützen sie damit ihre eigenen Theorien nicht. Mißt man nämlich einer kräftigen Lokalverwaltung, Berufsvereinigungen und anderen freiwilligen und autonomen Körperschaften solch hervorragende Bedeutung bei, so heißt das nicht, daß diese Organisationen in größere politische Machtkämpfe verwickelte Eliten sind, sondern daß sie Männern und Frauen die Gelegenheit und Möglichkeit bieten, die Aufgabe der Selbstregierung zu erlernen und sich in ihr zu üben. Es sind Mittel, durch welche die Herrschaft *durch* das Volk in einer großen, komplexen Gesellschaft greifbarer und durchführbarer wird. [. . .]

(*T. B. Bottomore, Elite und Gesellschaft, S. 114—129*)

7. Die Elitetheorie

Wir können folgendermaßen zusammenfassen. Bei der Betrachtung menschlicher Gesellschaften macht es uns in der Regel keine Schwierigkeit, wenigstens in der rohen Art des gesunden Menschenverstandes die verschiedenen Ziele zu spezifizieren, die die hier untersuchten Gesellschaften zu erreichen streben. Von diesen Zielen kann gesagt werden, daß sie den Grund oder Sinn der entsprechenden individuellen Tätigkeiten erklären. Aber es folgt nicht daraus, daß der soziale Sinn eines Tätigkeits-Typs notwendig auch das treibende Motiv und folglich die Erklärung des letzteren darstellt. Wenn dies nicht der Fall ist, dann kann eine Theorie, die sich mit einer Analyse des sozialen Zieles oder des zu befriedigenden sozialen Bedürfnisses begnügt, nicht als hinreichende Begründung für die Tätigkeit, die diesem Ziel dient, akzeptiert werden. Zum Beispiel ist der Grund, warum es so etwas wie eine ökonomische Tätigkeit gibt, natürlich der, daß die Menschen sich nähren und kleiden usw. wollen. Die Mittel zur Befriedigung dieser Wünsche zu liefern, ist das soziale Ziel oder der soziale Sinn der Produktion. Trotzdem sind wir uns alle einig, daß diese These ein sehr wirklichkeitsfremder Ausgangspunkt für eine Theorie der wirtschaftlichen Tätigkeit in der kommerziellen Gesellschaft wäre und daß wir besser vorwärtskommen, wenn wir von Thesen über Profite ausgehen. In ähnlicher Weise ist der soziale Sinn oder die soziale Funktion der parlamentarischen Tätigkeit ohne Zweifel die, Gesetze und teilweise auch Verwaltungsmaßnahmen hervorzubringen. Aber um zu verstehen, wie die demokratische Politik diesem sozialen Ziele dient, müssen wir vom Konkurrenzkampf um Macht und Amt ausgehen und uns klar werden, daß die soziale Funktion, so wie die Dinge nun einmal liegen, nur nebenher erfüllt wird — im gleichen Sinne wie die Produktion eine Nebenerscheinung beim Erzielen von Profiten ist.

Schließlich zur Rolle der Wählerschaft. Hier bedarf nur ein Punkt noch besonderer Erwähnung. Wir haben gesehen, daß die Wünsche der Parlamentsmitglieder nicht die letzten Daten des Prozesses sind, der die Regierung hervorbringt. Eine ähnliche Feststellung ist in bezug auf die Wählerschaft zu machen. Ihre Entscheidung — die ideologisch zur »Berufung durch das Volk« erklärt wird — fließt nicht aus ihrer eigenen Initiative, sondern wird geformt, und diese Formung ist ein wesentlicher Teil des demokratischen Prozesses. Wähler entscheiden keine Streitfragen. Aber ebensowenig lesen sie völlig unbefangen ihre Parlamentsmitglieder aus der wählbaren Bevölkerung aus. In allen normalen Fällen liegt die Initiative beim Kandidaten, der sich um das Amt als Parlamentsmitglied und die damit jeweils verbundene lokale Führung bewirbt. Die Wähler beschränken sich darauf, sein Angebot entweder anderen vorzuziehen und es anzunehmen oder es abzulehnen. Selbst die meisten jener Ausnahmefälle, in denen jemand ursprünglich durch die Wähler aufgestellt wird, fallen in die gleiche Kategorie aus einem der folgenden Gründe: natürlich braucht sich ein Mann nicht um die Führerschaft zu bewerben, wenn er sie bereits besitzt; oder es kann geschehen, daß ein lokaler Führer, der die Abstimmung kontrollieren oder beeinflussen kann, jedoch nicht imstande oder nicht willens ist, sich selbst um ein Mandat zu bewerben, einen andern designiert, der dann anscheinend durch die Wähler auf deren eigene Initiative ausgesucht worden ist.

Aber auch das Maß von Initiative der Wählerschaft, das in der Annahme eines der konkurrierenden Kandidaten liegt, wird durch das Vorhandensein von Parteien noch weiter beschränkt. Eine Partei ist nicht, wie uns die klassische Lehre (oder Edmund Burke) glauben machen möchte, eine Gruppe von Menschen, die das allgemeine Wohl »auf Grund eines Prinzips, über das sie sich alle einig sind«, zu fördern beabsichtigen. Diese Rationalisierung ist darum so gefährlich, weil sie so verlockend ist. Denn alle Parteien werden sich natürlich jederzeit mit einem Vorrat von Prinzipien oder Rettungsplanken versehen, und diese Prinzipien oder Planken können ebenso charakteristisch für die Partei, die sie annimmt, und ebenso wichtig für ihren Erfolg sein, wie die Warenzeichen der Artikel, die ein Warenhaus verkauft, für dieses charakteristisch und für seinen Erfolg wichtig sind. Aber das Warenhaus kann nicht durch seine Warenzeichen und eine Partei nicht durch ihre Prinzipien definiert werden. Eine Partei ist eine Gruppe, deren Mitglieder willens sind, im Konkurrenzkampf um die politische Macht in Übereinstimmung miteinander zu handeln. Wenn das nicht so wäre, wäre es unmöglich, daß verschiedene Parteien genau das gleiche oder doch beinahe das gleiche Programm aufstellten. Und doch geschieht dies, wie jedermann weiß. Parteipolitiker und Parteimaschinen sind nur die Antwort auf die Tatsache, daß die Wählermasse keiner andern Handlung als der Panik fähig ist, und sie bilden einen Versuch, den politischen Konkurrenzkampf genau gleich wie die entsprechenden Praktiken eines Wirtschaftsverbands zu regulieren. Die Psychotechnik der Parteileitung und der Parteireklame, der Schlagworte und der Marschmusik ist kein bloßes Beiwerk. Sie gehören zum Wesen der Politik. So auch der politische »boß«. *(J. A. Schumpeter, Kapitalismus, S. 448 f.)*

8. Defizite der pluralistischen Analyse: Beteiligung und Gleichheit

Erläuterungen

Elitetheorie und auch das in Text 3 formulierte Demokratieverständnis (›liberale Demokratie‹) konnten vor allem in den sechziger Jahren als das herrschende Demokratieverständnis gelten. Beide gehen davon aus, daß Politik und politisches Handeln aus dem Interessenausgleich zwischen verschiedenen Gruppen hervorgehe. Das Merkmal demokratischer Herrschaft besteht gerade darin, daß ein Gegeneinander verschiedener Interessengruppen vorausgesetzt wird, an dem sich jeder beteiligen kann unter der Bedingung, daß sein Interesse organisierbar ist. Hierzu werden organisatorische Mittel geradezu bereitgestellt: Innerhalb der Parteien kann jeder seine Interessen vortragen. Indem die Parteien sie aufnehmen und in die politische Auseinandersetzung einbringen, hat sich der entscheidende Wandel vom persönlichen Sonderinteresse zum politischen Interesse vollzogen. Dasselbe ist nicht nur in den Parteien möglich, sondern im Rahmen von Interessenverbänden, wie Gewerkschaften, Vereinigungen der Arbeitgeber, Kirchen usf. Diese Auffassung ist auch noch mit der Elitetheorie vereinbar, da sich die Eliten oft ihre Legitimation verschaffen, indem sie Interessen von der ›Basis‹ aufnehmen.

Gegen dieses herrschende Politikverständnis ist gegen Ende der sechziger Jahre Kritik aufgekommen. Die folgenden Texte können exemplarisch Ansatzpunkte der Kritik aufzeigen:
— Zum einen ist der demokratische Gleichheitsanspruch nicht überzeugend genug eingelöst. Narr und Naschold greifen im folgenden die bereits von Bottomore geäußerten Bedenken in allgemeiner Form wieder auf (vgl. Text 6), zugleich weisen sie darauf hin, daß Beteiligung noch nicht ein Mehr an Demokratie bedeutet. Die Ausführungen am Ende des Textes lassen sich besonders auf das Verhältnis von Bürgerinitiativen und politischen Institutionen anwenden.
— Zum zweiten muß gefragt werden, wie sehr die pluralistische Theorie überhaupt die politische Realität erfassen kann, da nämlich wesentliche Voraussetzungen nicht geklärt sind: »Zustandekommen (von) Interessen, ihre Organisationsform und die Weise der Verarbeitung der zugrundeliegenden Zielkonflikte«. Offe geht aus von einer Analyse der Berufsbildungsreform. Hier handelt es sich um den Versuch, durch ein Berufsbildungsgesetz auf die Ausbildungsbedingungen in den Betrieben Einfluß zu nehmen. Vor allem die Gewerkschaften hatten ein solches Gesetz gefordert, weil die Ausbildung in den Betrieben zu ungleich war und hinterher bei der Arbeitssuche gewisse Gruppen benachteiligt waren oder umgeschult werden mußten. Mit dem Berufsbildungsgesetz von 1969 sollte eine Angleichung der Ausbildungsbedingungen in den einzelnen Betrieben und zugleich eine qualitative Verbesserung erreicht werden. Infolge der wenig später einsetzenden Knappheit an Lehrstellen konnte das Gesetz nur teilweise durchgesetzt werden.

Das pluralistische Konzept der Beteiligung ist, wenn nicht gescheitert, so doch offensichtlich unzureichend. Auf der einen Seite sind zu viele Entscheidungen (strukturell u. a.) vorweggenommen. Auf der anderen Seite kommen offensichtlich ganze Schichten, die man zu potentiellen Gruppen stilisierte, zu kurz. Außerdem beachtete man den in den Gruppen selbst erfolgenden Prozeß kaum.

Über die Bedeutung des Beteiligungsaspekts im demokratietheoretischen Zusammenhang kann generell kaum Zweifel bestehen. [. . .] »Einmal repräsentiert Teilnahme einen allgemeinen Wert in unserer Gesellschaft; wir erwarten, daß die Individuen über ein gewisses Maß an Kontrolle und Autonomie, ihr eigenes Schicksal zu bestimmen, verfügen.« Politische Beteiligung als Teilnahme am Bestimmungsprozeß über die Verteilung gesellschaftlicher Güter (und Pflichten) im weitesten Sinn ist Bestandteil, wenn auch nicht identisch mit politischer Handlung, politischer Aktivität generell. Änderungen in Strukturen und Verteilungsmodi werden, wenn nicht verursacht, so doch übersetzt von politischer Beteiligung. Letztere selbst wiederum wirkt zurück auf Selbstwertgefühl und Eigenrationalität der beteiligten bzw. ausgeschlossenen Personen. [. . .]

Es lassen sich für eine nicht isolierte Untersuchung von Partizipation und Partizipationschancen eine ganze Reihe von wichtigen Dimensionen und Kriterien angeben:
— an welchen Objekten ist Teilnahme möglich, und was sind die gewöhnlichen Resultate;
— wie sehen die Vorbedingungen von Partizipation aus, da sich offensichtlich die intellektuellen (bildungsmäßigen), sozialen und ökonomischen Ungleichheiten in Fähigkeit zu und Art der Teilnahme auswirken; [. . .]
— welche Informationen und Kommunikationen sind permanent nötig; allzu schnell wird etwa das politische Kosten- und das Zeitargument von oben benutzt, das zweifellos zutrifft, wenn Partizipation ohne strukturelle Änderung eingeführt und verlangt werden sollte. Insgesamt lautete die Frage: Wie muß das Institutionengefüge bei Erhaltung gegenwärtig unabdingbarer, allerdings zu rechtfertigender Leistungen gestaltet sein, damit es Beteiligung im größtmöglichen Maße gestattet?

[. . .] lautet freilich die z. Z. am häufigsten begegnende Frage nicht: Wie kann ich das ›System‹ ändern, daß . . ., sondern: Wie kann ich, wie muß ich das System verbessern, daß es seine vorgesehenen Aufgaben effizienter erfüllt? Partizipation erfolgt so allenfalls nach dem ›kooperativen‹ Modell. Die Ziele stehen fest, auch die Strukturen sollen nicht prinzipiell geändert werden, es geht nur darum, den ›organisatorischen Wasserkopf‹ mit mehr informationellen Kapilaren zu versehen, da sonst zu viel spezifische Information verlorengeht. Außerdem sollen Entscheidungsbefugnisse soweit delegiert werden, [...] daß die aktuelle, die praktische Verwirklichung des Ziels und entsprechende Reaktionen auf von außen kommende Anforderungen präziser und schneller möglich sind; mit anderen Worten: Die Reagibilität soll erhöht werden.

(Narr/Naschold, Einführung in die moderne politische Demokratie, Bd. III, S. 157—161)

9. Defizite der pluralistischen Analyse: Interessenvertretung

Solche Ansätze gehen von der — methodisch gesehen: pluralistischen — Annahme aus, daß die konkreten Abläufe und Ergebnisse der Politikbildung (»policies«) zureichend als Resultate der vorausgegangenen Repräsentationsverhältnisse, Machtkämpfe und Durchsetzungstaktiken (»politics«) der beteiligten organisierten Interessen gedeutet werden können.

Diese Annahme ist jedoch problematisch. Sie setzt nämlich — als methodische Grundlage der Politik-Analyse — voraus, daß 1. jede der beteiligten Interessengruppen in ihrem Interesse »identisch«, d. h. ungespalten und über relevante Zeiträume stabil ist, und daß 2. es keine ins Gewicht fallenden Einflußgrößen gibt, die außerhalb des Spektrums organisierter Interessen auf die konkrete Politikentwicklung von Belang wären. Beide Annahmen sind zu kritisieren.

ad 1: »Interessenidentität« von organisierten Interessen. Wir gehen hier von der vereinfachten, für den speziellen Fall der Berufsbildungsreform aber nicht ganz unrealistischen Annahme aus, daß alle wichtigen Teilnehmer an der berufsbildungspolitischen Auseinandersetzung sich entweder der Arbeitskraft oder dem Kapital zurechnen lassen. Bei Arbeit wie Kapital zeigen sich aber *Widersprüchlichkeiten* bei der Verfolgung der jeweiligen Interessen und ihrer Durchsetzung im Politikbildungsprozeß. Das Interesse der Arbeitskraft bzw. der Gewerkschaften als ihrer Repräsentationsinstanz ist nicht einheitlich, sondern es zerfällt in widersprüchliche Motive, die sich verkürzt so beschreiben lassen: auf der einen Seite das Motiv, die Arbeitskraft, ihre Lebens- und Arbeitsbedingungen der kontrollierenden Gewalt des Kapitals so weit wie möglich zu entziehen, d. h. über den »Gebrauchswert« der Arbeitskraft in möglichst großem Umfang unabhängig von den profitgesteuerten Motiven der jeweiligen Kapitalorganisation disponieren und diesen Gebrauchswert entwickeln zu können; auf der anderen Seite das Motiv, durch entsprechende Organisation der Angebotsseite des Arbeitsmarktes (bzw. durch Einflußnahme auf die staatliche Bildungs- und Arbeitsmarktpolitik) den »*Tauschwert*« der Arbeitskraft so weit wie möglich heraufzutreiben, d. h. die Arbeitskraft der unternehmerischen Disposition uneingeschränkt zu überlassen, *wenn* und solange dafür ein entsprechender Lohn gezahlt wird. Emanzipation des Gebrauchswerts und Steigerung des Tauschwerts der Arbeitskraft sind nun Motive, die nicht unter allen Umständen miteinander in Einklang gebracht werden können. [...]

Der Erklärungsanspruch einer solchen gruppentheoretischen Analyse macht also auf halbem Wege halt. Bevor nämlich der Einfluß organisierter Interessen auf den Politikbildungsprozeß bestimmt werden kann, müßten das Zustandekommen dieser Interessen, ihre Organisationsformen und die Weise der Verarbeitung der zugrunde liegenden Zielkonflikte geklärt sein.

Geläufiger ist diese Spaltung oder »Gabelung« von Interessen auf der Seite des Kapitals: jede einzelne Kapitaleinheit ist immer zugleich daran interessiert, Arbeitskräfte mit möglichst geringem Tauschwert (geringe Lohnkosten), zugleich aber auch solche haben zu können, die sich durch hohen Gebrauchswert für das Kapital (hohe psychische Produktivität) auszeichnen. Auch hier führt die Widersprüchlichkeit der Motive dazu, daß jeder Akt der Interessendurchsetzung in stärkerem oder geringerem Maße von seinem Gegenteil, nämlich der Verletzung des jeweils anderen Interesses, kontaminiert ist. Das äußert sich in der bekannten Diskrepanz von kurzfristiger (kostenorientierter) und langfristiger (qualifikationsorientierter) Perspektive, von einzelkapitalistischer und gesamtkapitalistischer Interessendefinition, in Interessengegensätzen zwischen kleinen Unternehmen, die einen großen Teil der Ausgebildeten später nicht selbst beschäftigen, und Großunternehmen mit großem »internen« Arbeitsmarkt, usw.

[...] Mit diesen wenigen Andeutungen sollen hier nur die Schwächen eine pluralistisch-gruppentheoretischen Politikanalyse vergegenwärtigt werden; ihr erster Mangel ist, daß sie über die Identität, Konsistenz und Stabilität der Gruppeninteressen, die sie doch voraussetzen muß, allenfalls höchst fragwürdige Unterstellungen machen kann.

(C. Offe, Berufsbildungsreform, S. 75—77)

10. Rolle der Interessenverbände (Beispiel Wirtschaftsverbände)

Das relativ naive verbandssoziologische Modell, dem zufolge Interessenverbände erstens Verhandlungen untereinander führen und zweitens Forderungen an die Politik richten, erweist sich bei der Betrachtung dieser Aktivitäten als völlig unzulänglich. Da sich wegen der Struktur der Berufsausbildung in der BRD kaum Interessenverbände finden, die als Verhandlungspartner in Berufsbildungsfragen für »die Wirtschaft« in Betracht kämen (Ausnahmen: die Organisationen der Berufsschullehrer und neuerdings der betrieblichen Ausbilder), und da nur Einzelaspekte in den Bereich tarifvertraglicher Regelung fallen und von den Gewerkschaften auch nur zum Teil genutzt werden, fehlt der Aktivitätstypus des »bargaining« fast völlig. Interessant ist aber vor allem, daß der verbleibende Adressat, nämlich die Parteien, Parlamente und Regierungen, nicht generell mit »Forderungen«, sondern überwiegend mit einem sehr speziellen Typus von Forderungen konfrontiert werden, die man als *Negativforderungen* bezeichnen könnte: seit Beginn der Berufsausbildungs-Auseinandersetzungen in der BRD Anfang der 60er Jahre hat sich der bei weitem größte Teil von Stellungnahmen »der Wirtschaft« darauf gerichtet, die Politik von Reformplänen *abzubringen*. Die Verbandsaktivitäten haben weniger (wie etwa im Falle der Gewerkschaften) in der Vorlage von Forderungskatalogen oder gar Gesetzentwürfen bestanden als vielmehr in Versuchen, die aufkommenden Reforminitiativen, die den definierten Verbandsinteressen entgegenstanden, ad hoc abzuwehren und dadurch die privatautonomen unternehmerischen Gestaltungsmöglichkeiten zu wahren. Das hat u. a. die Besonderheit zur Folge, daß ein zusammenhängendes Bild von den integrierenden *Interessen* der Wirtschaftsverbände nicht positiv gezeichnet zu werden brauchte, sondern nur als Resultante der ablehnenden Voten, gleichsam als Schattenriß, sichtbar wurde. So konnte auch vermieden werden, die Interessenbasis der Verbände als ein besonderes und mit anderen sozialen Kategorien in Konflikt stehendes Interesse inhaltlich auszuweisen und sie genauer zu bezeichnen als mit den Gegensatzpaaren von »vordergründigen politischen Zielsetzungen« und »ideologischen Motiven« einerseits, den »wirtschaftlichen und sozialen Realitäten« andererseits. Wohl an wenigen Beispielen kann man so deutlich wie an der Berufsbildungspolitik den paradoxen Sachverhalt studieren, daß die Interessenverbände der Unternehmer explizit nicht Interessen, sondern die Realität selbst vertreten. [. . .]

Die Negativforderungen der Wirtschaftsverbände treten formal meist als »*Warnungen*« an die Politik auf, sich nicht auf »unrealistische« Experimente und Reformvorhaben einzulassen. Der Substanz nach handelt es sich dabei um *Drohungen* — um die Androhung von Reaktionen »der Wirtschaft« nämlich, die für den Fall in Aussicht gestellt werden, daß die Politik die Warnungen nicht beherzigt. Das logische Verhältnis zwischen Drohung und Warnung entspricht dem zwischen der Vertretung von Interessen und der Vertretung von »Realitäten«. Um die »Realität« aber interessenkonform zu bilden, d. h. der *Warnung* mit *Drohungen* materielle Gewalt verleihen zu können, reicht eine wohlorganisierte Verbandsbürokratie nicht aus: sie ist auf die Reaktionen der Verbands*mitglieder* verwiesen. Insofern ist die an *politische* Instanzen adressierte Abwehr der Verbände immer zugleich nach »innen« gerichtet, nämlich als Verhaltensrichtlinien und Orientierungshilfen an die Untergliederungen und *Mitglieder* der Verbände, die allein durch ihre abgestimmten und zeitlich gezielten Reaktionen den politischen Negativforderungen der Verbandsspitze Nachdruck verleihen können. Das methodische Changieren zwischen *Interesse* und *»Realität«, Drohung und Warnung, Aufforderung* nach *innen* und *Negativforderung* an die *Politik* kann deshalb als Strukturmerkmal der Wirtschaftsverbände und ihrer von außen her einsehbaren Aktivität auf den Politikbereich der Berufsbildungsreform angesehen werden; dieses Merkmal unterscheidet sich gleichzeitig von Struktur und Politik der Arbeitnehmerorganisationen.

(Offe, S. 150—152)

11. Entwicklung der Demokratietheorie

Erläuterungen

Habermas versucht in dem folgenden Überblick zur Entwicklung der Demokratietheorie aufzuzeigen, daß von der ursprünglichen Leitvorstellung laufend Abstriche gemacht werden mußten. — Die ideale bürgerliche Gesellschaft sollte durch Freiheit und Gleichheit geprägt sein, weil Ungleichheit Abhängigkeit schafft, die nicht vereinbar ist mit dem Leitbild vom unabhängigen (freien) Individuum. Demokratische Herrschaft wurde aufgefaßt als ein Vertrag zwischen gleichen und unabhängigen Individuen, die einen Teil ihrer ursprünglich unbegrenzten Freiheit an den Staat abtraten, damit dieser die gesamtgesellschaftlichen Belange wahrnimmt (z. B. Überwachung der Geltung des Rechts und dessen Durchsetzung, Verteidigung nach außen). Jedes Individuum wurde als von Natur aus frei und gleich geboren aufgefaßt (naturrechtlicher Idealismus), die Gesellschaft und Herrschaft sollten entsprechend organisiert sein. — Allerdings schieden sich die Demokratietheorien des 18. Jahrhunderts (z. B. Montesquieu und Rousseau) sehr schnell an der Frage, wie weit die Gleichheit in der demokratischen Gesellschaft zu gehen habe: Rousseau trat für eine Gleichheit des Besitzes ein, da bei ungleicher Besitzverteilung sehr bald die damit entstehende ökonomische Abhängigkeit von Bevölkerungsgruppen in politische Abhängigkeit umschlagen müsse, mithin das Erfordernis der Freiheit nicht einlösbar sei. Während Rousseau sich noch eine Gesellschaft aus Handwerkern und Kleinbauern vorstellte, die im ständigen Austausch von Waren oder Diensten verbunden waren, versuchte Marx diesen Grundgedanken auf Verhältnisse der Industriegesellschaft anzuwenden. — Dem stand von Anfang an ein ›realistischer Strang‹ der Theoriebildung gegenüber. Hier ging es um die Entwicklung einer Demokratietheorie unter der Voraussetzung sozialer Ungleichheit. Das Beispiel der USA schien in der Anfangsphase zu belegen, daß die Demokratie auch ohne soziale Gleichheit zu erreichen war. Jedoch schon zu Beginn des 19. Jahrhunderts wies Tocqueville darauf hin, daß diese Demokratie von einer Elite regiert werde, deren politische Tätigkeit sich aber nicht wie in Frankreich vor der Revolution in der Verteidigung ihrer Privilegien erschöpfe, sondern die selber den gesellschaftlichen Wandel am stärksten vorantreibe. — Die Entwicklung der Sozialwissenschaften (Schumpeter, Max Weber) ließ obendrein die Leitfigur des freien, unabhängigen Individuums als immer unrealistischer erscheinen: Gerade die Soziologie (z. B. Durkheim) wies nach, in welchem Ausmaße der Mensch durch seine Umwelt geprägt und von ihr abhängig gemacht wird. Daher mußte eine Demokratietheorie entwickelt werden, die das Faktum der sozialen Ungleichheit mit berücksichtigte. Diese Demokratietheorie war zugleich politisch notwendig, weil im Laufe des 20. Jahrhunderts mit den faschistischen und kommunistischen Herrschaftssystemen konkurrierende Herrschaftsmodelle auftauchten. Mit Hilfe der Demokratietheorie versuchten die bürgerlichen Gesellschaften ein Selbstverständnis zu gewinnen, das die Abgrenzung zum Totalitarismus erlaubte. Dabei schien die Konkurrenz der Eliten und deren Auswahl durch die Basis das entscheidende Merkmal der Unterscheidung.

Aus dieser Entwicklung zieht Habermas folgende Schlüsse für die Gegenwart:

Unter Demokratie werden nicht länger die Bedingungen verstanden, unter denen alle legitimen Interessen auf dem Wege über die Verwirklichung des fundamentalen Interesses an Selbstbestimmung und Partizipation erfüllt werden können; sie meint jetzt nur noch einen Verteilerschlüssel für systemkonforme Entschädigungen, also einen Regulator für die Befriedigung von Privatinteressen; diese Demokratie macht *Wohlstand ohne Freiheit* möglich. Demokratie wird nicht länger mit politischer Gleichheit im Sinne einer Gleichverteilung politischer Macht, das heißt: der Chancen, Macht *auszuüben*, verbunden; politische Gleichheit bedeutet nur mehr das formelle Recht auf den chancengleichen *Zugang* zur Macht, d. h. »gleiche Wählbarkeit in Machtpositionen«. Demokratie hat nicht länger das Ziel der Rationalisierung von Herrschaft durch Beteiligung der Bürger an *diskursiven* Willensbildungsprozessen, sie soll vielmehr *Kompromisse* zwischen herrschenden Eliten ermöglichen. Damit wird schließlich auch die Substanz der klassischen Demokratietheorie preisgegeben; nicht mehr *alle* politisch folgenreichen Entscheidungsprozesse, sondern nur noch die als *politisch definierten* Entscheidungen des Regierungssystems sollen den Geboten demokratischer Willensbildung unterstehen. So macht ein Elitenpluralismus, der die Selbstbestimmung des Volkes ersetzt, privat ausgeübte gesellschaftliche Macht von Legitimationszwängen unabhängig und gegen das Prinzip vernünftiger Willensbildung immun: der neuen Herrschaftstheorie zufolge sind die Voraussetzungen der Demokratie erfüllt, »wenn (a) die Wähler zwischen konkurrierenden Eliten wählen können, (b) es den Eliten nicht gelingt, ihre Macht erblich werden zu lassen oder neuen gesellschaftlichen Gruppen den Zugang zu Elitepositionen zu versperren, (c) die Eliten auf die Unterstützung wechselnder Koalitionen angewiesen sind, so daß keine ausschließliche Form der Herrschaft sich durchsetzen kann, und (d) die Eliten, die in verschiedenen Gesellschaftsbereichen — etwa in Wirtschaft, Erziehung und Kunst — dominieren, keine gemeinsame Allianz bilden können.«

(J. Habermas, Legitimationsprobleme des Spätkapitalismus, S. 169 f.)

Aufgaben zu Phase V

Text 1—2

— Leiten Sie aus beiden Texten ab, welche Handlungsmöglichkeiten dem Bürger offenstehen; kennzeichnen Sie besonders die jeweiligen Gegensätze.

— Arbeiten Sie heraus, in welcher Weise die Tatsache der ›sozialen Ungleichheit‹ im Rahmen der beiden Theorieansätze berücksichtigt ist (beide Ansätze sollten kritisch betrachtet werden; bei Text 2 wäre z. B. zu fragen: Wie findet man die ›objektiven Interessen‹?).
— Analysieren Sie die in Text 1 genannten »der Demokratie unzugänglichen Bereiche« unter folgenden Gesichtspunkten: Sind sie alle gleich gelagert; wodurch sind die jeweiligen Abhängigkeiten bestimmt; inwiefern lassen sie sich aufheben; ist dies notwendig?
— Überlegen Sie, inwiefern sich die beiden theoretischen Positionen in den Aussagen Schmidts und Kohls wiederfinden lassen *(Phase I)*.

Text 3
— Benennen Sie aus dem Text heraus die Aufgabe von Politik.
— Begründen Sie, inwiefern die Theorie der liberalen Demokratie eine Art vermittelnder Position zwischen etatistischer und partizipatorischer Demokratie einnimmt.
— Zeigen Sie, inwiefern sich das liberale Demokratieverständnis vom konservativen, bzw. partizipatorischen unterscheidet (berücksichtigen Sie hierzu die Aussagen über ›Konflikt‹, ›pluralistische Gesellschaft‹, ›Gleichheit‹).

Zusammenfassung zu den Texten 1—3
— Überlegen Sie, ausgehend von den Ergebnissen der *Phase II,* die Realisierungsbedingungen für die Theorieansätze.
— Schätzen Sie ab, inwiefern die in den Parteien realisierte »politische Willensbildung des Volkes« (Art. 21 GG) Elemente aller drei Theorien enthält. — Benutzen Sie die Ergebnisse aus den *Phasen III* und *IV* und überlegen Sie, ob die Parteien die ihnen obliegende Aufgabe hinreichend einlösen.
— Prüfen Sie anhand der Artikel 20, 21, 28, 38 GG, welche der drei Theorien für das GG insgesamt leitend war. (Hinweis: Es muß keine eindeutige Lösung geben. So bedeutet z. B. die Tatsache, daß die Interessenverbände in den genannten Artikeln nicht erwähnt sind, in keiner Weise, daß der Grundgesetzgeber sie abgelehnt habe o. ä., wie sich an Art. 9 GG belegen läßt. Vielmehr ist zu fragen, an welcher Stelle der politischen Willensbildung die Interessenverbände ihren Ort finden, wo ihre Grenze liegt; Art 21 und 38 GG.)

Text 4
— Arbeiten Sie die politischen Absichten heraus, die der Autor mit seinen Ausführungen verbindet. — Hierzu sollten Sie folgende Vorüberlegungen anstellen: Was versteht der Autor unter ›Kompetenz‹? Wie übertragbar sind seine Beispiele auf politische Sachverhalte? Welche politischen Folgen hat sein Kompetenzbegriff?
— Erarbeiten Sie eine Stellungnahme zu dem Text. Ihre Argumentation sollten Sie mit einem Beispiel belegen, z. B. der Energiepolitik (vgl. *Phase I*).

Text 5
— Charakterisieren Sie die Argumentation und die Beweisführung des Textes (Gesichtspunkte: Überprüfbarkeit von Annahmen, manipulative Begriffswahl, Korrektheit bei der Wiedergabe von Positionen, Auswahl von Informationen). — Welche Schlußfolgerungen ergeben sich für den Aussagewert des Textes (Beurteilen Sie den Versuch des Verfassers, Elemente liberaler Demokratie mit denen partizipatorischer in Einklang zu bringen.)?

Text 6
— Geben Sie die Position Moscas und Paretos wieder. — Inwiefern kann hier noch von Demokratie im Sinne von ›Volksherrschaft‹ die Rede sein?

— Was heißt ›Pluralität‹ der Eliten? Bis zu welchem Grade deckt sich die Position Schumpeters mit der von Mosca und Pareto; wo liegen die Unterschiede?
— Stellen Sie die Kritik Bottomores am Repräsentativsystem heraus.
— Leiten Sie aus dem Text ab, daß die Elitetheorie als Gegenideologie zum Kommunismus verstanden werden kann (Position Arons, Aussagen zu Marx).
— Arbeiten Sie den Zusammenhang zwischen Demokratie und Sozialstruktur heraus (Arbeitswelt, Erziehung, Eigentumsverhältnisse, Bildung) und erläutern Sie, inwiefern sich dadurch eine kritische Position gegenüber der Elitetheorie gewinnen läßt.
— Belegen Sie mit Beispielen aus dem politischen Leben der Bundesrepublik Deutschland, inwiefern die Elitetheorie die politische Realität beschreibt.

Text 7
— Fassen Sie die Aussagen von Schumpeter in Thesen zusammen.
— Diskutieren Sie die Aussagen Schumpeters zum Verhältnis der Parteien und Wählerschaft unter dem Gesichtspunkt der bisher erarbeiteten Demokratietheorien.

Text 8
— Gehen Sie von den Beispielen Bottomores aus, und erläutern Sie den Kernpunkt der Kritik bei Narr und Naschold. — Leiten Sie aus dem letzten Textabschnitt ab, welche Funktion eine stärkere Berücksichtigung von Bürgerinitiativen bei der politischen Willensbildung haben könnte.

Text 9
— Erläutern Sie am Beispiel der Lehrlingsausbildung die Zielkonflikte jeweils auf der Seite der Unternehmer und auf der Seite der Gewerkschaften und leiten Sie hieraus die grundsätzliche Kritik Offes am Pluralismus ab.

Text 10
— Vergleichen Sie die Aussagen Offes mit Text 3 und 5 dieser Phase und stellen Sie die Gegensätze heraus. — Überprüfen Sie die Aussagen an einem Beispiel (geeignet sind Tarifverhandlungen und die damit verbundenen Auseinandersetzungen in der Öffentlichkeit).

Zusammenfassung zu den Texten 8—10
— Beziehen Sie Text 1 und 6 aus *Phase II* mit ein und stellen Sie zusammen, welche Argumente sich gegen die Pluralismustheorie vorbringen lassen.
— Analysieren Sie, inwiefern von dieser Kritik auch die partizipatorische Demokratie betroffen ist.

Text 11
— Stellen Sie die Kritikpunkte bei Habermas an der herrschenden Demokratietheorie zusammen. — Vergleichen Sie anhand der Texte 1—3 und 7, inwiefern sie zutreffen.
— Von welchem Demokratiebegriff läßt sich Habermas leiten?

Zusammenfassung zu Phase V
— Beurteilen Sie zusammenfassend, welche Funktionen Demokratietheorien haben (gehen Sie von den Analysen bei Bottomore [Text 6] und Habermas [Text 11] aus. Gesichtspunkte könnten sein: Verhältnis von Demokratietheorie und Realität, Rechtfertigung des Bestehenden vs. Anspruch auf Veränderung, Zeitgebundenheit, Gebundenheit an Interessen).

Phase VI

Im Vordergrund steht die Frage, inwiefern es richtig ist, von einer Krise des Parlamentarismus zu sprechen. In diesem Zusammenhang soll auch untersucht werden, wie Basisbewegungen (z. B. Bürgerinitiativen) das Repräsentativsystem ergänzen können.

1. Probleme parlamentarischer Entscheidungsprozesse

Der Alltag der demokratischen Politik in der Bundesrepublik bietet gewiß nicht das Bild einer trägen, stagnierenden initiativlosen Demokratie. Der Bundestag ist ein stark beschäftigtes Parlament, das kaum zur Ruhe und Besinnung findet, weil es sich ständig mit neuen Initiativen oder der Modifikation von alten Initiativen auseinandersetzen muß. Es ist schwer, gerecht zu beurteilen, ob unsere parlamentarische Arbeit unter einem Zuviel oder Zuwenig an politischer Initiative leidet. Es gibt Argumente für das eine wie für das andere.

Für ein Zuviel an Initiative spricht die Erfahrung, daß der Gesetzgeber immer wieder von der Bürokratie, den politischen Parteien, den organisierten Kräften in der Gesellschaft und auch der öffentlichen Meinung unter Druck gesetzt wird, bestimmte gesetzgeberische Initiativen zu ergreifen, die für besonders wichtig erachtet werden, ohne daß in jedem Fall, wie die Erfahrung zeigt, ausreichend Zeit und Muße bleibt, die oft schwierigen rechtlichen und sozialen Konsequenzen solcher Initiativen genügend abzuschätzen und gewissenhaft zu erörtern. Die Tatsache, daß eine große Zahl von Gesetzeswerken nach relativ kurzer Zeit wieder novelliert werden muß, weil Folgeerscheinungen sichtbar geworden sind, die man entweder nicht einkalkuliert oder allzu schnell in Kauf genommen hatte, spricht jedenfalls nicht durchgehend für die Qualität der politischen Initiativen, die zu konkreten politischen Entscheidungen geführt haben.

Für einen Mangel an Initiative in unserem heutigen Parlamentarismus spricht die von vielen Kritikern gemachte Beobachtung, daß Regierungen und Parlamente nicht in der Lage sind, solche Initiativen aufzunehmen und zu verarbeiten oder auch selbst zu entwickeln, die angesichts der großen Herausforderungen der Zukunft eine langfristige Sicherung und Entfaltung des freiheitlichen und sozialen Rechtsstaates zum Ergebnis haben. Man hat in der Tat nicht den Eindruck, daß es der gegenwärtigen Politik gelingt, neue tragfähige und in sich stimmige Konzeptionen vorzulegen und politisch durchzusetzen. Daran entzündet sich stets von neuem die Kritik am »konzeptionslosen Pragmatismus«, der unsere Politik beherrsche. Gesetzesunternehmen, die zunächst als »Jahrhundertwerke« angekündigt werden, wie etwa die Steuerreform, erweisen sich binnen kurzem als höchst vorläufig und unvollkommen. Selbst da, wo man ganz neue Akzente zu setzen versucht hat, wie in der Hochschulreform in einigen Ländern der Bundesrepublik, gibt es Grund zu der Annahme, daß im Endergebnis die neue Gesetzgebung die Situation an den Hochschulen nicht verbessert, sondern eher verschlechtert hat. Das Gehäuse der demokratischen Politik erscheint im Hinblick auf die Gesetzgebung also eher der Werkstatt eines Flickschusters vergleichbar als der Idee eines Hohen Hauses, in dem die maßgeblichen legislativen Richtlinien für die Gestaltung des politischen und sozialen Lebens in unserem Lande entwickelt und festgelegt werden. Doch derartige kritische Urteile kommen um so leichter von den Lippen, je weniger man sich mit den realen Prozessen der politischen Meinungs- und Willensbildung in einer Demokratie wie der unseren vertraut macht.

In einem demokratischen Rechtsstaat bedarf alles politische Handeln der rechtlichen Ermächtigung und Fundierung, deshalb kommt dem Gesetzgeber, der diese Ermächtigung erteilt, und die Modalitäten des politischen Handelns festlegt, nach wie vor eine entscheidende Bedeutung zu. Die uns interessierende Frage lautet jedoch, wer ergreift in diesem Prozeß der politischen Willensbildung jeweils die Initiative; welches sind die Organe oder Institutionen, die solche Initiativen vorbereiten und ins Werk setzen? Ein Hinweis darauf, daß die Gesetzgebungsinitiative nach unserem Grundgesetz sowohl bei der Regierung wie bei Bundestag und Bundesrat liegt, erbringt offensichtlich nicht viel, denn alle hier genannten Verfassungsorgane sind ja nicht oder nur ausnahmsweise autonome Produzenten von politischen Initiativen, sondern in dieser Funktion eingebettet in ein kompliziertes Netz von Beziehungen und Einflüssen der pluralistisch organisierten Gesellschaft, seien es die Verbände oder die politischen Parteien oder die Organe der öffentlichen Meinung. So läßt sich feststellen, daß die Gewerkschaften die maßgebliche treibende Kraft bei der Regelung der Mitbestimmung waren. Dennoch hat die von den Gewerkschaften verfolgte Initiative nicht das von ihnen erstrebte Ergebnis gehabt, sondern das jetzt geltende Mitbestimmungsrecht ist das kompromißhafte Ergebnis einer über Jahre hin geführten politischen Auseinandersetzung, die schließlich zu einem Konsensus aller im Bundestag vertretenen politischen Parteien führte.
(K. Sontheimer, Die Initiative in der Demokratie, in: Frankfurter Allgemeine Zeitung [FAZ], Nr. 42, v. 21. 2. 78)

2. Neu auftretende Elemente direkter Demokratie

Die Demokratie der Bundesrepublik ist eine Parteiendemokratie, weil alle politischen Initiativen des politischen Systems den Filter der Parteien passieren müssen, wenn sie eine Aussicht auf Verwirklichung haben sollen. Dies bedeutet, daß nur solche Initiativen eine Chance auf Erfolg haben, die sich in den bestehenden Horizont des parteipolitischen Verständnisses einfügen lassen. Was jenseits dieses Horizonts ist, kann innerhalb des Parteienstaates nicht auf Beachtung oder Berücksichtigung rechnen. Gewiß, der Horizont der Volksparteien ist sehr weit, da er die unterschiedlichsten Interessen und Zielrichtungen in sich aufgenommen hat. Doch genau dieses Faktum bewirkt faktisch eine Einengung der parteipolitischen Manövrierfähigkeit, weil die Parteien nur solche politischen Initiativen in sich aufzunehmen und zu verwirklichen bereit sind, die sich auf den mehr oder weniger etablierten Interessenkompromiß, den die Parteien intern vollzogen haben, reduzieren lassen. Ein Parteienstaat wie der unsere ist also wegen der Schlüsselpositionen der Parteien in bezug auf die Chance für soziale Innovation und politische Initiative weitgehend von der Qualität seiner politischen Parteien abhängig. [. . .] Doch haben wir nicht die Bürgerinitiativen? Das neue Phänomen der Bürgerinitiativen ist von Beobachtern als »Versagen der politischen Parteien« interpretiert worden. Ich würde so weit nicht gehen. Ich sehe in den Bürgerinitiativen nicht allein einen Protest gegen den Parteienstaat, sondern ebenso sehr gegen den Verwaltungs- und Verbändestaat. In der Bürgerinitiativbewegung verband sich das stärker gewordene Interesse für demokratische Partizipation und die Wahrnehmung demokratischer Rechte mit der extrem gewachsenen Sensibilität gegenüber den Phänomenen der Beschädigung und Zerstörung der Umwelt. Daß Bürgerinitiativen und politische Parteien so oft in Gegensatz geraten, erklärt sich aus der bereits angedeuteten Tendenz der politischen Parteien, alle wesentlichen, in der Gesellschaft vorhandenen Interessen zu bündeln und auszugleichen, so daß die konkreten Interessen von vielen Bürgern bei ihnen keinen Ansatzpunkt mehr finden können. Die Bürgerinitiativen füllen jene Nischen aus, die von der großflächig angelegten Interessenorganisation der Verbände und Parteien nicht mehr erfaßt werden. Insofern stellen sie eine wichtige Ergänzung der politischen Willensbildung in der repräsentativen Demokratie dar, sofern sie sich nicht anmaßen, an die Stelle der legitimierten demokratischen Entscheidungsträger treten zu wollen, oder gar mit Mitteln der Gewalt ihre Positionen durchzusetzen trachten.

In der pluralistisch organisierten Industriegesellschaft mit ihren zahllosen Verbänden und Gruppen sind es die Interessenverbände, die noch am ehesten gezielte politische Initiativen ergreifen können und die Verhältnisse in ihrem Sinne zu beeinflussen trachten. Doch es liegt auf der Hand, daß die politischen Initiativen, die von Interessenverbänden ausgehen, naturgemäß auf die Interessen der Verbände bezogen sind und sich nicht am Gesamtinteresse legitimieren, wie es für die Parteien geboten ist.

Wer nach politischen Initiativen Ausschau hält, durch die im Interesse des allgemeinen Wohls gewisse erstarrte und verkrustete Verhältnisse in unserer Gesellschaft in Bewegung geraten könnten, der wird darum von den großen sozialen Verbänden relativ wenig Hilfe erwarten können.

Sie sind es ja, die am ehesten daran interessiert sind, die bestehenden Verhältnisse zu stabilisieren und sie dann »fortzuschreiben«, wenn sie in diesen Verhältnissen einigermaßen gut eingebettet sind. Dies kann man zumindest von den großen Arbeitgeberinteressen behaupten, aber nicht minder von den Gewerkschaften, wofür die wechselseitige Warnung vor einem Unternehmer — oder einem Gewerkschaftsstaat ein Beleg ist.

(Sontheimer, Initiative)

3. Chance zur sozialen und politischen Innovation durch Institutionen wie Kirche und Universität

Für jemanden, der glaubt, unsere Gesellschaft bedürfe neuer, wohlüberlegter politischer Initiativen, um den Herausforderungen der Zukunft und auch den Belastungen der Gegenwart besser Herr werden zu können, ist die Erfahrung, daß bei der Planung und Entfaltung solcher Initiativen an allen Ecken und Enden Interessenvertreter in die Arena hinabsteigen, um vernehmlich darzutun, daß durch einen solchen Plan das Allgemeininteresse, sprich, ihr Partikularinteresse, gefährlich beeinträchtigt würde, deprimierend und auf lange Sicht entmutigend. Deshalb ist die Frage berechtigt, ob es neben der Bürokratie, neben den politischen Parteien und neben den großen Interessenverbänden möglicherweise doch Institutionen gibt, bei denen die Fähigkeit zur politischen und sozialen Innovation zum Entfalten politischer Initiative besonders ausgeprägt wäre.

In diesem Zusammenhang erwähnt man immer wieder die Kirchen und die Universitäten. Beide sind sie, wenigstens bis zu einem gewissen Grade, aus dem Interessenkampf gesellschaftlicher Gruppen herausgenommen, beide sind von ihrem Auftrag her darauf verwiesen, die Interessen der Allgemeinheit in spezifischer Weise in den Blick zu fassen und zu fördern. Die Kirche tut es, indem sie das Heil verkündigt, Frieden und Versöhnung predigt und für die Aufrechterhaltung ethischer Standards eintritt; die Wissenschaft, indem sie sich der Erkenntnis der Wahrheit verpflichtet und sich nicht, jedenfalls nicht absichtsvoll, zu akademischen Handlangern gesellschaftlicher Interessen macht.

Dennoch erscheint es wenig aussichtsreich, von diesen Institutionen heutzutage durchschlagkräftige politische Initiativen zu erwarten. Die geistige Strahlungskraft der Kirchen und des Glaubens in dieser Gesellschaft entspricht kaum dem großen Gewicht, das die Kirchen als Institutionen des öffentlichen Rechts besitzen. Mit den Universitäten steht es kaum viel besser. Die Universitäten haben seit Jahrzehnten die Frage thematisiert, in wie starkem Maße auch der Prozeß der wissenschaftlichen Erkenntnis interessenverhaftet und positionsgebunden ist. [. . .]

In vielen der zentralen politischen Auseinandersetzungen, die es in dieser Gesellschaft gibt, erweisen sich Wissenschaftler als emsige Protagonisten der verschiedensten Interessenrichtungen, die sie jeweils mit akademischen Argumenten stützen. Zwar wäre die Gesellschaft angesichts der Wissenschaftsgläubigkeit, der sie noch immer huldigt, durchaus bereit, ein begründetes Wort der Wissenschaft im Hinblick auf wichtige Gestaltungsfragen unserer Gesellschaft ernst zu nehmen, aber die Wissenschaft ist in ihrer derzeitigen Verfassung kaum imstande, über solche wichtigen Fragen einen arbeitsfähigen Konsensus zu erzielen. Gerade in den Sozialwissenschaften, auf die es hier besonders ankäme, sind die Uneinheitlichkeit, ja die Zerrissenheit und Spaltung besonders groß.

(*Sontheimer, Initiative*)

4. Mängel im politischen Bereich als Ursachen für Bürgerinitiativen

Die Zahl der Bürgerinitiativen ist in den letzten Jahren auf mehrere zehntausend angestiegen. Bei ihnen handelt es sich oft nicht nur um kurzfristige Aktionsformen. Vielmehr bestehen sie häufig über viele Jahre hinweg, ohne daß Erfolge oder Mißerfolge ihrer Aktionen zu ihrer Selbstauflösung führen. Die spektakulären Ereignisse in Wyhl, Brokdorf, Grohnde und Kalkar haben bundesweit deutlich gemacht, daß es Bürgerinitiativen gelungen ist, mit ihren Aktionen die Entscheidungsorgane unserer repräsentativen demokratischen Ordnung zu beeinflussen.

Zahl und Einfluß der Bürgerinitiativen geben Anlaß zu Fragen:
— auf welche Ursachen das Entstehen von Bürgerinitiativen zurückzuführen ist, in welcher Richtung daher eine Politik wirksam werden muß, die in erster Linie bei den Ursachen und nicht bei den Folgen des Phänomens der Bürgerinitiativen ansetzt.

1. Gesellschaftliche Ursachen
— Eine Inflation von Ansprüchen an den Staat, vor allem durch organisierte gesellschaftliche Gruppen, hat Leistungserwartungen und Opferbereitschaft aus dem notwendigen Gleichgewicht gebracht,
— der Blick auf das Ganze ist angesichts immer stärkerer Gruppeninteressen verlorengegangen,
— die Bereitschaft, politische Entscheidungen hinzunehmen, die in den Wohn- und Lebensbereich hineinwirken, ist gesunken. Gleichzeitig sind die Ansprüche an die umfassenden, störungsfrei funktionierenden öffentlichen Dienstleistungen gestiegen.

2. Versagen von Regierung und Parlament
— Reformeuphorie, die hohe, nicht zu erfüllende Erwartungen geweckt hat,
— Freigabe aller überkommenen Ordnungen zur Veränderung ohne Rücksicht auf Bewährung,
— unkritische »Demokratisierungsbemühungen«, die politische Entscheidungen schwerfälliger und unüberschaubarer gemacht und dadurch das Ansehen des Parlaments und der Verwaltungen vermindert haben,
— Ermunterung des Bürgers zum Widerspruch gegen politische Entscheidungen bei Verminderung seiner Bereitschaft, eigene Interessen wenigstens zeitweilig zurückzustellen,

— Hinnahme begrenzter Gesetzesverstöße (z. B. Hausbesetzungen, Vorlesungsboykott),
— Unüberschaubarkeit und mangelnde Solidarität der Arbeit von Regierungen und Parlamenten, die
immer weitere Lebensbereiche in ihre Planungen einbeziehen und so die autonomen Handlungs- und Gestaltungsmöglichkeiten des Bürgers immer mehr begrenzen,
ihre innere Souveränität (Unabhängigkeit) immer stärker an hoch organisierte gesellschaftliche Gruppen, wie Verbände und Gewerkschaften, abtreten,
ständig mehr öffentliche Aufgaben erschließen, als sachlich und finanziell zu verantworten ist,
die Entscheidungsbefugnisse immer mehr auf die höchsten staatlichen Ebenen verlagern,
bei wichtigen Zukunftsaufgaben sich auf zu allgemeine Zielaussagen beschränken und die konkrete Entscheidung der Verwaltung überantworten, [. . .]
darauf verzichten, die übernommenen und öffentlichen Aufgaben einer laufenden Zweckmäßigkeits- und Vollzugskritik zu unterwerfen, [. . .]
Gesetze nach hektischer Beratung verabschieden, die weder fachlich noch politisch durchdacht und in der Praxis mit zahlreichen Lücken, Unklarheiten und Mängeln behaftet sind, was dazu führt, daß sich Fehler vervielfachen,
zulassen, daß die Parlamente immer mehr zu Hilfsorganen der Regierung degradiert werden,
— Verkümmern der kommunalen Selbstverwaltung durch Aufgabenvermehrung im Bereich der Pflichtaufgaben und Auftragsangelegenheiten,
immer größere Abhängigkeit und stärkere Einbindung in staatliche Gesetze, Pläne und Haushalte,
Beschneidung der Befugnis, Planungen und Maßnahmen auf den örtlichen Bedarf zuzuschneiden, [. . .]
staatliche Förderungsprogramme als Verlockung für die Gemeinden von ihren ursprünglichen Planungen und Prioritäten abzuweichen,
Unüberschaubarkeit der Zuständigkeiten und Aufgaben des Rates der dem Bürger häufig mehr als Kontroll-, denn als Gestaltungs- und kommunales Leistungsorgan erscheint,
Verunsicherung der Ratsmitglieder, weil sie sich angesichts der Einengung ihres Handlungsspielraumes immer weniger als vollwertige Repräsentanten der Bürgerschaft empfinden.

3. Überforderung und Versagen von Verwaltungen

— Ausweitung der politischen Aufgaben für die Verwaltung (z. B. Vorwegnahme politischer Zielentscheidungen der Vertretungskörperschaften bei der Vorbereitung von Gesetzen und Plänen),
— Vollzug sehr perfektionierter Gesetze, Pläne und Satzungen, die eine Anpassung der jeweiligen örtlichen Gegebenheiten oft unmöglich machen,
— scheinbar willkürliches Handeln da, wo der Gesetzgeber keine klare oder verbindliche Norm gesetzt hat,
— Überorganisation, bürokratische Aufblähung, unübersichtliche Verfahren und Zuständigkeiten, unzumutbare lange Bearbeitungszeiten,
— überzogene Erwartungen und einseitige Auslegung von Gesetzen durch Betroffene zu ihren Gunsten.

4. Leistungsmängel bei politischen Parteien

— im Hinblick auf ihren Charakter als Volksparteien: Sie müssen die politischen Interessen unterschiedlicher Bevölkerungsgruppen wahrnehmen, verdeutlichen und im Sinne des

Gemeinwohls abwägen. Dabei müssen sie im Vorfeld politischer Entscheidungen unterschiedliche Interessen integrieren und zu einer Übereinstimmung führen. Dabei können sie nicht die Wünsche aller Bürger im gleichen Umfang, gleichzeitig und immer berücksichtigen. Nicht zu integrierende Sonderinteressen und das legitime Betätigungsfeld für Bürgerinitiativen und Verbände,
— wegen geringer Durchschaubarkeit und Verdeutlichung der politischen Bezüge der Kommunalpolitik in den Parteiprogrammen und in der politischen Auseinandersetzung auf kommunaler Ebene,
— wegen des oft verspäteten unvollständigen Erfassens, Verdeutlichens und Integrierens neuer gesellschaftlicher Bedürfnisse, nicht selten auch wegen einer Verwechslung von (Kommunal-)Politik und Personalpolitik.

5. Vergrößerung von Gemeinden ohne Rücksicht auf verwurzelte Bürgerbindung mit
— oft unsinnigem Gebietszuschnitt,
— schwer verständlicher Zuordnung zu Kreisen und Regierungsbezirken,
— Zusammenwerfen nicht zueinander gewachsener Bevölkerung in einer Stadt oder Gemeinde,
— Entfernung der Ratsvertreter von ihrer vergrößerten Wählerschaft. [. . .]
(Auszug aus einem Thesenpapier der CDU: Bürgerinitiativen als Problem von Staat und Gesellschaft, vorgelegt von Heinz Schwarz, Bundestagsabgeordneter und Vorsitzender des CDU-Fachausschusses Innenpolitik, am 4. 1. 1978, abgedruckt in: Frankfurter Rundschau, Nr. 38, v. 16. 2. 78)

5. Reformfähigkeit des politischen Systems

Erläuterungen
Der Autor vertritt die Auffassung, daß die seit 1969 eingeleiteten Reformen weitgehend gescheitert seien. Diese Kritik begründet er vor allem an dem Versuch, die berufliche Ausbildung zu reformieren (Berufsbildungsgesetz). In einer ersten Überlegung stellt er dar, daß die wachsenden, oftmals aber auch erfolglosen Eingriffe des Staates in die Wirtschaft die Illusion erzeugen, daß der Staat für auftretende wirtschaftliche Schwierigkeiten verantwortlich sei (z. B. Fortbestehen einer hohen Arbeitslosenquote) und entsprechend in Legitimationsschwierigkeiten komme. — Die mangelnde Fähigkeit des politischen Systems, grundlegende Reformen durchzuführen, kann aber noch weitergehende Folgen haben:

Eine zweite Überlegung bezieht sich auf systematisch in Erscheinung tretende Grenzen, an denen die Legitimationsstrategie der *Konfliktverleugnung* und der *Symbolisierung von Reform-Zuversicht* versagt. Hier wäre zu prüfen, ob sich nicht die Reformpolitik im Widerspruch zwischen ihren ganz unvermittelt erfahrbaren oszillierenden Bewegungen einerseits und den ambitionierten Selbstdarstellungen über ihren zu erwartenden Verlauf andererseits auf einen Realitätstest einläßt, den sie nicht bestehen kann. Das wäre dann der Fall, wenn es einer Regierungspolitik nicht gelänge, von sich selbst beim Wählerpublikum genau jene Gestaltwahrnehmung zielbewußten, pragmatischen und realitätstüchtigen, kurz: *sinnvollen Handelns* zu hinterlassen, die sie als ihr Gütezeichen vor sich herträgt. Problematisch wird dieser Fall für die Struktur des politischen Systems — und nicht nur für eine politische Partei — natürlich erst dann, wenn die aus dem Scheitern dieses Realitätstests resultierende *Abwendung* von *einer* Partei nicht von der *Zuwendung* zur konkurrierenden Partei begleitet wird; genau dieser Fall ist aber mit dem Stichwort der »Unregierbarkeit« gemeint. Auch dann könnten sich freilich die Effekte auf die weitere Ausbreitung von Einstellungssyndromen beschränken, die als »politische Entfremdung«, »politischer Zynismus« und »politische Apathie« beschrieben worden sind. Die Gefahr einer solchen Entwicklung, der die politischen Parteien sich durch weitere demonstrative Kraftakte reformpolitischen Selbstvertrauens widersetzen müssen, besteht nicht so sehr im »Vertrauensschwund« selbst als vor allem in dem Risiko, das mit ihm einhergeht: nämlich in der Möglichkeit, daß die Wähler und Bürger sich von den Bindungen eines mehr oder weniger zuversichtlichen Reformvertrauens emanzipieren und für Methoden der Interessendurchsetzung zugänglich werden, welche die *Zuständigkeit staatlicher Politik* für ihre Interessen *negiert.*

Sowohl die beobachtbaren Anstrengungen der sozialdemokratischen Parteien, die »Spontaneität des normalen Bürgers« durch effektivierte »Vertrauensarbeit« zu »nutzen« und in institutionelle Kanäle zu leiten, wie die Versuche liberaler und konservativer Parteien, die auf diese Weise *nicht* zu kanalisierende »Spontaneität« zu kriminalisieren und in Bürgerkriegskategorien propagandistisch und administrativ zu bekämpfen, können als Widerschein dieses Legitimationsproblems der Politik betrachtet werden. Die Gefährlichkeit dieses Problems für die Struktur des kapitalistischen Staates bekundet sich genau dort, wo apathisch-resignative Einstellungen nicht nur dazu führen, daß der Politik der von ihr geforderte Vertrauensvorschuß verweigert wird, sondern wo überdies aus solchen Einstellungen autonome Handlungs- und Kampfformen hervorgehen. Diese können in einem weiten Spektrum zwischen individualistischen, »kriminellen« Selbsthilfeakten und kollektiven politischen Aktionen variieren. Dabei ist ihr gemeinsamer Nenner, daß die Regelung von Austauschbedingungen »*entstaatlicht*«, d. h. der Kompetenz staatlich sanktionierter Regeln, Instanzen und Prozeduren entzogen und unmittelbar zur Sache der Betroffenen gemacht wird. In der Tat ist die »entstaatlichte« Form der Durchsetzung von Austauschbedingungen der gemeinsame Nenner solch heterogener Handlungsweisen, wie sie beim Kaufhausdiebstahl, bei Steuerhinterziehung und Steuerstreik, bei Studenten- und Anstaltsrevolten und bei tarifvertragsrechtlich nicht gedeckten Arbeitsniederlegungen zu beobachten sind. Der entscheidende Unterschied solcher *delegitimatorischer* Konflikte zu den »normalen« Konflikthandlungen, die z. B. in Wahlkämpfen und regulären Lohnkämpfen auftreten, besteht in ihrem Verhältnis zu den staatlich gesetzten Regeln, die den gesellschaftlichen Interessenausgleich kanalisieren. »Delegitimatorisch« sind Konflikte dann, wenn sie sich nicht nur gegen bestimmte *Interessen-* und *Machtpositionen*, sondern gegen die *institutionalisierten Verfahren* richten, welche die Interessenauseinandersetzung reglementieren. In delegitimatorischen Konflikten weigern sich die Handelnden, ihr Konfliktverhalten an den entsprechenden staatlichen Verboten und Vorschriften auszurichten und sich auf die Anwendung der Machtmittel zu beschränken, die vom staatlichen Reglement der Konfliktverarbeitung eingesetzt bzw. lizensiert werden; staatlichen Instanzen und Prozeduren wird dann ihr Geltungsmonopol streitig gemacht.

Damit ist zunächst nur eine analytische Unterscheidung zwischen zwei Typen von Konflikten präzisiert. Für krisentheoretische Hypothesen spielt sie insofern eine wichtige Rolle, als sie eine mögliche Konsequenz des dargestellten Verlaufsmusters von Reformpolitik zu formulieren gestattet. In dem Maße, wie die Austauschchancen von Eigentümern (sei es von Kapital, sei es von Arbeitskraft) als politisch-administrativ arrangierte *erfahren* werden, ist die staatliche Politik mit der Verantwortlichkeit belastet, für die Integration aller Waren in den Markt zu sorgen; sie kann sich dabei nicht auf das Faktum der vorgefundenen Verhältnisse *berufen*. In dem Maße, wie die vorgefundenen (und von der Politik sogar sanktionierten) Verhältnisse gleichwohl die Politik daran hindern, ihre Verantwortung abzutragen, riskiert sie die Vertrauens- und Konsensbasis, die allein ihr Handlungsmandat tragen könnte;

ihre von der realen Entwicklung blamierten Leistungsziele können nur von neuen, um so schneller sich abnutzenden Programmatiken überdeckt werden. In dem Maße schließlich, wie das Vertrauensdefizit der Regierungspolitik zynisch-apathische politische Einstellungen hervorruft, büßt die Erwartung an Selbstverständlichkeit ein, daß *staatliche Politik*, d. h. die vom Staat erzeugten Organisationsmittel des Interessenausgleichs, der ausschließliche Adressat und Agent von Interessen sein könnte. [...] *(Offe, S. 313–316)*

6. Grenzen demokratischer Basisbewegungen

Die Ablehnung vorgegebener Verfahren der Konfliktbewältigung zugunsten selbstorganisierter Interessenwahrnehmung bedeutet noch mehr: Sie bedeutet auch die Weigerung, die Zerstückelung eines komplexen Problemzusammenhangs entsprechend den Kompetenzabgrenzungen innerhalb des Gefüges staatlicher Verwaltung hinzunehmen. Dies ist von großer Wichtigkeit; denn kaum etwas behindert die Erkenntnis gesellschaftlicher Realität mehr als die Zerfaserung des Erkenntnisinteresses entlang den Linien vorgegebener Zuständigkeitsstrukturen und die Aufspaltung eines konkreten Handlungszusammenhangs entsprechend den von der Bürokratie zugestandenen Einwirkungsmöglichkeiten. Während z. B. die Frage der Umweltgefährdung durch Ansiedlung weiterer chemischer Industrie in industriellen Ballungsgebieten für die zuständige Behörde im günstigsten Fall Anlaß zur Erstellung eines Gutachtens über die ökologische Belastung des betreffenden Raumes ist, kann eine durch Kompetenzbarrieren nicht behinderte Bürgerinitiative, ausgehend von dieser Frage, zum Problem einer Investitionslenkung nach privaten Gewinnerwartungen fortschreiten und die Alternative einer den Bedürfnissen der Bevölkerung angemessenen Wirtschaftspolitik erörtern. Beispiele dieser Art zeigen anschaulich den Vorteil selbstorganisierter Problemerörterung und -bewältigung gegenüber den institutionell vorgegebenen Möglichkeiten. Die selbstorganisierte Interessenwahrnehmung in direkter Aktion bietet die Möglichkeit, ein konkretes Problem entsprechend der Interessenlage der Betroffenen zu artikulieren, den Zusammenhang zu anderen grundlegenden Problemen herzustellen und von daher politische Forderungen zu erheben, die den Teufelskreis einer bürokratisch rationalisierten Reproduktion der Misere überschreiten.

Gerade an diesem Punkt aber versagen viele Bürgerinitiativen, weil es nicht gelingt, Lernprozesse zu organisieren, die die Einsicht in den weiteren ursächlichen Zusammenhang des Einzelproblems ermöglichen, das Anlaß der Aktion war, und weil die Notwendigkeit anderer diesem weiteren Problemhorizont gemäßer Organisationsformen der politischen Tätigkeit nicht vermittelt wird. Die hier vorliegende Schwierigkeit gründet darin, daß sich im Aktionsfeld der Bürgerinitiative weit mehr Probleme *artikulieren* lassen, als in ihm gelöst werden können. Wenn eine Bürgerinitiative konkrete Mißstände in einer Gemeinde aufgreift und ihre Beseitigung fordert, so stößt sie häufig bald auf Rahmenbedingungen, die auf der ›Mikro-Ebene‹, auf der die Bürgerinitative tätig wird, nicht verändert werden können, sondern Veränderungen in der Landes- bzw. Bundesgesetzgebung, in der Struktur der entsprechenden Haushalte erfordern und darüber hinaus die Notwendigkeit grundlegender struktureller Veränderungen der Gesellschaft erkennbar machen. Hier reicht es nun im Sinne einer emanzipatorischen politischen Bildung nicht mehr aus, durch Analyse des Bedingungsgefüges der Aktion, durch Diskussion und Information die Einsicht in den umfassenderen politischen Zusammenhang zu fördern; es muß auch der Schritt aus der organisatorischen Form der Bürgerinitiative heraus zu grundsätzlicher angelegter politischer Arbeit in anderen, dem größeren Umfang der Probleme entsprechenden Organisationsformen (z. B. Gewerkschaft, Partei) nahegelegt werden. *(Strasser, Die politische Aktion, S. 190 f.)*

7. Nutzen demokratischer Basisbewegungen

Die Bürgerinitiative als organisatorische Form kann nicht zum Träger jener grundlegend gesellschaftsverändernden Prozesse werden, die sich in Verfolgung konkreter Problemlösungen als notwendig erweisen. Sie kann Kommunikationsstrukturen herausbilden, in denen die Unterdrückten ihre Sprache wiederfinden; sie bietet die Möglichkeit, solidarische Kooperation einzuüben und Erfahrungen in selbstorganisierte Praxis umzusetzen; sie kann dazu beitragen, daß hilflose Vereinzelung und Angst überwunden werden; sie kann latente Gewalt manifest werden lassen, indem sie sich an die scharfen Kanten des Systems heranwagt, und eine neue Sensibilität für Unrecht und Inhumanität schaffen; sie kann endlich konkrete Forderungen durchsetzen und damit Erfolgserlebnisse vermitteln, die der politischen Entmutigung durch tägliche Frustrationen entgegenwirken —: Sie kann aber für sich allein nicht die entscheidende Machtverlagerung in unserer Gesellschaft bewirken, die die Voraussetzung dafür ist, daß die Utopie einer rationalen Selbststeuerung der Geschichte durch den Menschen konkrete historische Möglichkeit wird. Ihren politischen Bildungsauftrag kann die Bürgerinitiative nur dann voll erfüllen, wenn sie sich im Prozeß der Politisierung partiell selbst aufhebt. *(Strasser, S. 193)*

8. Krise des Parlamentarismus

Die Linke wie die Rechte ist sich einig: das politische System in der Bundesrepublik wird seinen Aufgaben, wenn überhaupt, dann nur noch mit Mühe gerecht. Da zitiert Kurt Biedenkopf zustimmend Jochen Steffen, der von der Irrationalität des Systems spricht, da findet der konservative Professor Günter Rohrmoser, eine Art philosophisches Südlicht, die Analysen von Jürgen Habermas und dessen Befund einer Legitimationskrise weithin einleuchtend, und da konstatiert schließlich der Sozialist Johano Strasser, dem der Fortschritt inzwischen so zweifelhaft geworden ist wie manchen Konservativen, eine »Sinnkrise« in der modernen Gesellschaft. Die Krisenstimmung einigt die deutschen politischen Denker, wo immer sie politisch stehen.

Krise des Parlamentarismus — warum eigentlich? Auch wenn das Parlament ein ziemlich mieses Diätengesetz verabschiedet hat, deshalb bricht doch das System nicht zusammen. Und wenn die Regierung schlimme Fehler macht wie bei den Renten, wenn sie nur noch wenig glanzvolle Persönlichkeiten aufweist — was eigentlich beweist das? Doch nicht eine Krise des Parlaments. Es werden vielmehr die Symptome einer fortschreitenden Auszehrung der Regierungskoalition sichtbar. Nichts ist normaler; auf diese Weise bereitet sich der Wechsel vor.

Wer also von Krise spricht, muß mindestens jene Fehler und Mängel abziehen, die jedes politische System begleiten, die aber in der parlamentarischen Demokratie immer noch am leichtesten zu ertragen sind. Doch selbst dann bleiben noch objektive Schwierigkeiten genug übrig.

Erstens: Dank Helmut Schmidt mag es niemand mehr hören, aber es ist trotzdem richtig: Der weltwirtschaftliche Rahmen der Politik ist weiterhin ungünstig. Damit ist die Aussicht ziemlich gering, daß sich nach einer mehrjährigen Phase der Stagnation und des Pessimismus nun Aufschwung und Optimismus durchsetzen. Damit aber — und das geht ans Mark des Systems — ist die Fähigkeit der politischen Führung, die alten und die neuen sozialen Probleme zu lösen, fast auf Null geschrumpft. Denn nur aus dem Zuwachs wurde bisher umverteilt. Für eine von kurzfristiger öffentlicher Zustimmung abhängige parlamentarische Demokratie ist Umverteilung des Besitzstandes aber fast unmöglich.

Zweitens: Dank der Unionsfanfaren halten sich sensible Zeitgenossen die Ohren zu, trotzdem bleibt es richtig: Der Sozialstaat beginnt sich selber *ad absurdum* zu führen. Die Kosten- und Nutzen-Rechnung stimmt nicht mehr, und vor den immateriellen Schäden der Gesellschaft versagt er völlig. Als Folge entsteht eine gefährliche Illusion: die Forderung nach mehr sozialer Gerechtigkeit und weniger Staat. So richtig die Erkenntnis ist, daß Brüderlichkeit nicht vollständig vom Staat organisiert werden kann und darf, so falsch ist die Erwartung, der Sozialstaat könne abgebaut werden. Gerechtere Verteilung der Sozialleistungen und weniger Bürokratie zu fordern — das ist der Wunsch nach der Dame ohne Unterleib.

Drittens: Handlungs- und Verantwortungskompetenz der Regierung klaffen weit auseinander. Arbeitnehmer und Arbeitgeber setzen im Tarifvertrag die entscheidenden Daten für die Volkswirtschaft; laut Grundgesetz muß die politische Führung die Tarifautonomie respektieren. Wenn man Nobelpreisträger Milton Friedman glaubt, ist die Bundesbank, gleichfalls unabhängig von der Bundesregierung, durch ihre Geldmengensteuerung für den Wirtschaftsverlauf fast noch wichtiger als die Tarifpartner. Die wirtschaftliche Handlungskompetenz der Regierung erscheint also erheblich eingeschränkt, gleichwohl wird sie für eine leistungsfähige Wirtschaft und einen ergiebigen Sozialstaat voll verantwortlich gemacht.

Viertens: Bürgerinitiativen, linke Kritiker und die CDU-Theoretiker der Neuen Sozialen Frage haben es an den Tag gebracht: Die Volksparteien, die große Errungenschaft der fünfziger Jahre, geraten zunehmend in Schwierigkeiten. Sie sind für eine Reihe von Problemen und Interessen nicht mehr durchlässig. Der Streit um die Kernenergie ist das beste Beispiel dafür. Die Fähigkeit des Parlaments, Probleme und Interessen zu artikulieren und zu diskutieren, ist verkümmert und damit auch seine Möglichkeit zur Innovation.

Fünftens: Von den Klassikern der parlamentarischen Demokratie wird als selbstverständlich unterstellt, daß eine politische Elite die Geschäfte führt und zugleich auch Vorbilder setzt. Ohne die Abgründe der verschiedenen Elite-Theorien auszuleuchten, sei doch die Bemerkung erlaubt, daß der Bundestag bei der Diätenregelung einen Akt prägender Kraft vollzogen hat: Er zeigte sich habgierig, ängstlich und sicherheitsbedürftig.

Auch wer aktuelle Fehler und Schwächen der Regierung dem System nicht anlastet, muß deshalb am Ende bekennen: Die Sorgen um das parlamentarische System sind begründet.

Rolf Zundel

(Die Zeit, Nr. 2, v. 31. 12. 76)

Aufgaben zu Phase VI

Text 1

— Stellen Sie in einer Übersicht die Gründe zusammen, die langfristige Zielsetzungen parlamentarischer Arbeit verhindern.

— Überlegen Sie, welche Folgen sich für die Demokratie ergeben.

— Inwiefern erklären Zwänge des politischen Systems (Rechtsstaatlichkeit, realer Willens- und Meinungsprozeß) das Zuviel bzw. das Zuwenig an politischer und sozialer Initiative?

— Ergänzen Sie die Beispiele des Autors (Mitbestimmung, Steuerreform) hinsichtlich der Gesetzgebung.

Text 2

— Beschreiben Sie die Funktion von Parteien und Verbänden. Berücksichtigen Sie dabei Ihre Ergebnisse aus den *Phasen III, IV*.

— Welchen Stellenwert hat dem Autor zufolge »das neue Phänomen der Bürgerinitiativen« im pluralistischen Parteien- und Verbandsgefüge der Bundesrepublik Deutschland?

Text 3

— Benennen und diskutieren Sie die Feststellungen, die der Autor in bezug auf die Kirchen und Universitäten trifft.

— Belegen Sie die Aussagen, die der Autor über die Rolle der Wissenschaft macht (dazu auch Ergebnisse aus *Phase V).*

— Überlegen Sie, ob es möglicherweise andere Quellen innovatorischer Initiative in der Gesellschaft gibt. Schätzen Sie ab, welche Rolle Bürgerinitiativen in diesem Zusammenhang spielen könnten.

Text 4

— Vergleichen Sie die Aussagen von Text 4 mit den Ausführungen Sontheimers (Text 1—3).

— Prüfen Sie anhand dieses Vergleichs, inwieweit die genannten Ursachen stichhaltig sind.

— Überlegen Sie, »in welcher Richtung daher eine Politik wirksam werden muß, die in erster Linie bei den Ursachen und nicht bei den Folgen des Phänomens Bürgerinitiativen ansetzt«.

Text 5

— Arbeiten Sie die Gefahren heraus, die Offe angesichts der wachsenden Legitimationsprobleme staatlichen Handelns sieht.

— Überprüfen Sie Offes Thesen am Beispiel der Auseinandersetzungen um die Kernkraftwerke.

— Versuchen Sie, weitere Beispiele für »sogenannte deligitimatorische Konflikte« zu finden. Welche Folgen haben solche Konflikte für die Weiterentwicklung der Demokratie?

Text 6

— Ermitteln Sie aus dem Text, inwiefern Bürgerinitiativen (BI) eine demokratische Weiterentwicklung darstellen. Wo liegen die Grenzen hinsichtlich der Handlungsfähigkeit von BI?

— Diskutieren Sie, auf welche Schwierigkeiten die vom Verfasser am Ende des Textes vorgeschlagene Lösung stößt (vgl. *Phasen III, IV).*

Text 7

— Stellen Sie den Demokratiebegriff des Verfassers heraus (*Phase V*, Texte 1—3).

— Schätzen Sie ein, ob sich die Vorstellungen Strassers im Rahmen der verfassungsmäßigen Ordnung der Bundesrepublik Deutschland realisieren lassen (Art. 20/21/28/38 GG).

Text 8

— Welche Sachverhalte lassen sich unter folgenden Begriffen des Textes erfassen: Irrationalität des Systems, Legitimationskrise, Sinnkrise (vgl. hierzu auch Texte 1—4 dieser *Phase* und zum Begriff »Sinnkrise« *Phase VII*)? — Welche Krisenfelder beschreibt der Autor? Diskutieren Sie, unter welchen Bedingungen und Voraussetzungen die vom Autor benannten Probleme lösbar wären.

Phase VII

Leitgedanke ist das Konzept der ›kulturellen Krise‹. Davon ausgehend soll analysiert werden, inwiefern Protest- und Oppositionspotentiale (gegenkulturelle Gruppen) ein allgemeines Krisensymptom darstellen oder nur Randerscheinungen sind. Vor allem ist die ›Gegenkultur‹ unter dem Gesichtspunkt zu untersuchen, welche Elemente zur Weiterentwicklung der Demokratie sie enthält.

1. Beispiel: Organisierte Gruppen

Schüler und Eltern übten harte Kritik

Die Zuhörer verließen protestierend den Saal

Information des Großraums wurde vorzeitig beendet

Die Großraumverwaltung hatte gestern nachmittag in die Aula der Peter-Petersen-Schule eingeladen. Sie wollte Schüler-, Eltern- und Studentenvertreter über die Gründe informieren, die zur vorgesehenen Abschaffung der Üstra-Schülersammelkarten führen. Die Veranstaltung endete früher als erwartet: Die große Mehrheit der Anwesenden, weitgehend Mitglieder von Schülervertretungen, verließ unter Protest den Raum, weil, wie sich herausstellte, einige eingeladene Schüler nicht hereingelassen worden waren.

Mit diesem Auszug verhalfen die Schüler ungewollt dem Kommunistischen Bund Westdeutschland (KBW) zu einem Erfolg, nachdem sie kurz zuvor gemeinsam mit Eltern- und Studentenvertretern nacheinander fünf KBW-Sprecher ausgebuht hatten.

Zunächst hatte die Veranstaltung harmonisch begonnen und trotz wachsender Kritik an der Versammlungsleitung wechselseitige Information bewirkt. Den Zuhörern trug Verkehrsdezernent Dr. Heinrich Ahner noch einmal die Zusammenhänge vor: daß das neue Gesetz, das den Auslöser für die Abschaffung der Sammelkarten für Schüler, Studenten und Auszubildende darstellt, nicht in Hannover, sondern in Bonn gemacht worden ist; daß die Existenz der Sammelkarten in Hannover ohnehin zu den Ausnahmen im Bundesgebiet gehört hat; daß den am Großraumverkehr beteiligten Unternehmen bei Beibehaltung der Karten jährlich knapp 4 Millionen Mark an Landeszuschüssen verlorengehen würden, und daß man dieses Defizit durch weitere Fahrpreiserhöhung oder Verschlechterung des Angebots würde ausgleichen müssen.

Herbe Kritik

Umgekehrt mußten sich Ahner und sein Chef, Verbandsdirektor Günter Kiehm, herbe Kritik anhören: Die Veranstaltung sei eine Farce, da die Weichen für den Wegfall der Sammelkarten ohnehin schon gestellt seien; die Verwaltung als ausführendes Organ sei der falsche Gesprächspartner, denn die Verantwortung liege bei den Politikern; die Argumente des Großraums, daß andererseits die Wochen- oder die Monatskarte auch Vorteile biete, entsprächen vielfach nicht der Wirklichkeit; vor allem kinderreiche Familien hätten unter der geplanten Maßnahme zu leiden, aber auch Studenten, die nur an einzelnen Tagen weitere Wege zu Vorlesungen hätten, seien betroffen; und schließlich führten die Schulferien dazu, daß mehrmals im Jahr weder Monats- noch Wochenkarten sinnvoll verwendbar seien.

Dann entstand Unruhe, als eine vom Ausgang zurückgekehrte Schülerin mitteilte, draußen stünden mehrere Schülervertreter, die trotz schriftlicher Einladung von der Polizei nicht eingelassen würden. Die Beamten waren an der Peter-Petersen-Schule erst eingesetzt worden, als eine KBW-Gruppe anrückte und sich Einlaß verschaffen wollte. Bis etwa 17.20 Uhr — um 17 Uhr war Veranstaltungsbeginn — hatte ungehinderter Einlaß bestanden.

Das Publikum ging
Als der Veranstaltungsleiter den Verdacht äußerte, Einladungen könnten nach draußen geschmuggelt worden sein, drohten die Schülervertreter mit dem Auszug, wobei der Kabarettist Dietrich Kittner als Vertreter des Roten Punktes seine berufliche Formulierungskunst geschickt einsetzte. Ein Kompromiß kam nicht rechtzeitig zustande, das Publikum ging.

Mehrere Stunden lang demonstrierten gestern nachmittag etwa 250 vorwiegend junge Leute in der Innenstadt gegen die geplanten Fahrpreiserhöhungen im Großraum Hannover. Die Demonstranten, meist Mitglieder und Sympathisanten des Kommunistischen Bundes Westdeutschland (KBW), blockierten wechselweise am Kröpcke in der Georgstraße und auf dem Ernst-August-Platz kurzzeitig die Schienen der Straßenbahnen und stoppten die Bahnen. Dadurch kam es zu erheblichen Behinderungen und Verspätungen. Tausende von Fahrgästen mußten bei Schneeregen frierend auf ihre Bahnen warten und kamen später als erwartet nach Hause. *(HAZ v. 14. 12. 76)*

2. Beispiel: Formen des Protests

Sie halten Wache im Moor

Kampf dem Atommüll — Junge Umweltschützer trotzen der Kälte

Lichtenhorst

Seit Juni halten sie Wache im Moor. Sie wollen verhindern, daß im niedersächsischen Lichtenmoor demnächst Atommüll gelagert und wiederaufbereitet wird. Auf der matschig zertrampelten Wiese des Bauern Kraft wohnen, arbeiten, essen und schlafen sie in ausrangierten Autos und Wohnwagen. Ihr Klo ist auch im Dezember eine Freiluftangelegenheit. Sie wollen bleiben, bis feststeht, daß das Moor bei Lichtenmoor frei bleibt vom gefürchteten Atommüll.

Hartmut, Karsten, Gerd, Rolf, Hans und die anderen — insgesamt zehn, an den Wochenenden kommen Freunde aus Norddeutschland dazu — sind zur Zeit arbeitslos, warten auf Ausbildungsplätze, oder — so formuliert es einer — sie probieren alternative Lebensformen aus. Ulrike, fünfundzwanzig Jahre alt, ist seit August dabei. Wochenlang war sie die einzige Frau im Lager. Dann kam die Studentin Gela dazu. Als dritte Frau macht jetzt Sybille mit, sie hat ihr Studium (Sonderschulpädagogik) unterbrochen. Das Leben in der Gruppe und die Aufgabe faszinieren sie so, »daß ich in echte Konflikte gekommen bin, ob ich weiterstudieren soll«.

Ulrike hat vorübergehend ihren kalten Schlafplatz im alten VW aufgeben müssen. Sie holte sich im Moor die zweite Bronchitis der Saison. Jetzt übernachtet sie bei Anne. Die sechzig Jahre alte Anne wohnt im nahen Dorf. Ihr komfortloses Siedlungshaus, bis heute ohne Zentralheizung, hat sich Anne, Kriegerwitwe, Lehrerin, 1945 mit eigenen Händen gebaut, als sie mit ihren fünf Kindern vor dem Nichts stand. Annes Haustür ist immer offen für die jungen Leute von Krafts Wiese. Anne, der Bauer Kraft und viele Einheimische im politischen Revier des CDU-Niedersachsenchefs Ernst Albrecht bekennen sich offen zu den Bewachern von Lichtenhorst und damit zur Bürgerinitiative.

Anfangs, im Sommer, so erinnert sich Ulrike, Tochter aus einem wohlhabenden Bremer Kaufmannshaus, Abiturientin, examinierte Krankenschwester mit Berufspraxis, waren sie verschrien als Hippie- und Hurenlager. Aber dann kamen die Dorfbewohner und Bauern zu den Informationsfrühschoppen, es gab viele Gespräche. Lawinenartig wuchs die Bürgerinitiative als sichtbarer Widerstand gegen Atommüll im Moor. Heute haben die Lagerbewohner ringsum Freunde, quer durch die Parteien, aus allen Altersgruppen. Bei Klönabenden in den umliegenden Dörfern sind die Kneipen voll. Jungbauern machen sich zusammen mit den Städtern sachkundig über das Thema Atommüll durch Lesen und durch den Besuch von Fachseminaren.

Ihr Leben unter freiem Himmel haben die Moor-Bewacher gut organisiert. Küchendienst, Streifengänge, Vorarbeiten für Informationsveranstaltungen, Entwerfen von Texten gehören zum täglichen Ritual. Im warmen Sommer war vieles leichter. Aber geklagt wird auch jetzt nicht. Kurzberichte von Ulrikes Bronchitis und Rolfs Nierenerkrankung klingen nüchtern. Finanziell war es im Sommer einfacher, da konnten die Männer bei den Bauern jobben. Jetzt müssen sie in die Städte zum Geldverdienen. Sie kennen das Gerücht, der KBW (Kommunistischer Bund Westdeutschland) finanziere sie, sie seien ein getarnter KBW-Kader. Hans nennt das »unverschämt«, Hartmut »unheimlich dummes Zeug« und ein Beweis dafür, daß für viele Leute »alles was nicht SPD ist, kommunistisch sein muß«. Als KBW-Mitglieder im Sommer bei ihnen auftauchten, haben sie die vom Platz gewiesen, und dabei waren die Bauern aktiv beteiligt. Sie sind sicher: »Der Verfassungsschutz hat uns registriert und beobachtet uns. Solche Typen schleichen oft in der Gegend herum.«

Naturschützer mögen sie nicht genannt werden, obwohl die Natur ihnen wichtig geworden ist. »Wenn ich in der Stadt zu tun habe, freue ich mich schon auf zu Hause«, sagt Hartmut. Zuhause, das ist Lichtenhorst, ist Kraft's Wiese. Von Journalisten, die sie häufig besuchen, fühlen sie sich »zurechtgemacht«. Aber beim Versuch, selbständig zu formulieren, warum sie so leben, was Politik für sie bedeutet, warum ein primitives Lager im Moor ihr Zuhause ist, gibt es Schwierigkeiten. Den Begriff »Lebensqualität«, den einer nennt, verwerfen seine Freunde als »von der SPD vorfabriziert«. Akzeptiert wird schließlich die Aufgabe als Mittelpunkt — und Rolands Formulierung von einem Ausbruch aus der technisierten Welt. Bürgerinitiativen, sagen sie, sind besser als Parteien. »Da können die Bürger endlich ihre Interessen selbst in die Hand nehmen.«

Ihre neuen Sympathisanten — zum Beispiel die Theologen, die am Buß- und Bettag im Lichtenmoor einen Gottesdienst feierten und ein Kreuz aufrichteten — betrachten die jungen Leute mit gemischten Gefühlen. Sie trauen ihnen vorläufig noch nicht recht über den Weg. Verstärkt gilt das Mißtrauen allem, was etablierte Politik heißt. So wollen sie von Lichtenhorst erst dann weggehen, »wenn woanders gebaut wird«; theoretischen Versprechungen »und wenn der Albrecht persönlich käme« glauben sie nicht. Was kommt nach Lichtenhorst? Weitermachen, sagen sie, an der nächsten Baustelle. »Bis es keine Baustellen dieser Art mehr gibt.«

Lilo Weinsheimer
(Die Zeit v. 24. 12. 76)

3. Beispiel: Fallstudien zum Protestpotential

Fall 1

Als ich sie zum erstenmal sah, stand die kleine, zierliche Frau im plumpen Ölzeug, mit Bauarbeiterhelm und Gummistiefeln mitten im Getümmel der Schlacht um die Atombaustelle Grohnde. Eine selbstgemalte Rot-Kreuz-Fahne in der Hand, ein zitronensaftgetränktes

Anti-Tränengas-Tuch vor dem Mund, dirigierte sie die Arzthelfer zu den Verwundeten, verteilte Kopfschmerztabletten und Traubenzucker, rannte immer dorthin, wo Not am Mann war.

Der Bau von Atomkraftwerken war für Petra Andreas noch bis vor kurzem ein technisches Problem, für das sie kaum Interesse zeigte. Erst als in Brokdorf wenige Wochen nach der Bundestagswahl bei Nacht und Nebel um den Bauplatz festungsartige Anlagen hochgezogen wurden, schreckte die bis dahin »brave SPD-Wählerin« auf.

»Als ich den Stacheldrahtzaun in der Tagesschau sah, fühlte ich mich plötzlich persönlich betroffen, denen da oben ohnmächtig ausgeliefert.« Petra wehrte sich gegen dieses Gefühl, indem sie von nun an die Auseinandersetzung um die Kernenergie aufmerksam verfolgte. Zunächst naive Empörung schlug um in politische Aktivität: »Mir ist klargeworden, daß wir über die möglichen Gefahren der Kernenergie noch viel zuwenig wissen, als daß wir es der gewinnorientierten Energiewirtschaft erlauben dürfen, unser Land mit Atommeilern zuzupflastern.« Petra zog aus dieser Einsicht Konsequenzen und wurde Mitglied einer Bürgerinitiative. Seitdem ist die ausgebildete Schwesternhelferin auf jeder Demonstration mit ihrer Rot-Kreuz-Fahne zur Stelle.

Fall 2

Barbara S., Tochter eines Taxifahrers, studiert im Ruhrgebiet Sozialpädagogik. Sie hat eine dreijährige Tochter, ist unverheiratet und lebt von ihrem ehemaligen Freund getrennt. Die Verbindung zu den Eltern ist abgerissen. »Als alleinstehende Mutter bekommst du schnell mit, was in dieser Gesellschaft eigentlich gespielt wird«, sagt Barbara S. Monatelang suchte sie vergeblich eine Wohnung. Ein Platz für die Tochter in der Kinderkrippe war nicht zu bekommen. Barbara wurde Mitglied einer Selbsthilfeinitiative von Eltern, die sich gegenseitig bei der Betreuung ihrer Kinder halfen. Hier erlebte sie zum erstenmal ein Zusammengehörigkeitsgefühl, das gab ihr Sicherheit. Hier traf sie auch auf Mitglieder des Kommunistischen Bundes. Barbara bestreitet, daß sie von ihnen radikalisiert worden sei.

In Brokdorf und Grohnde geht es ihr nicht allein um die Kernenergie. Der bürgerliche Staat schlechthin steht hier für sie am Pranger. »Wie immer, wenn die Profitinteressen und Großmacht-Ansprüche der herrschenden Klasse auf dem Spiel stehen«, agitiert Barbara, »zeigt dieser Staat sein wahres Gesicht in Gestalt von Polizisten, Stacheldraht und Wasserwerfern.«

Fall 3

Viel weniger agitatorisch, von geradezu biblischer Einfachheit sind die Argumente eines anderen Bürgerrechtlers aus dem Grohnder Gebiet. Bauer Theodor Papenmeyer hat in ungelenker Schrift an sein Scheunentor gepinselt: »Die Baustelle muß wieder zur Wiese werden!« Der Landwirt begründet sein Engagement gegen das Kernkraftwerk mit »meiner 68jährigen Lebenserfahrung als naturverbundener Mensch«. Noch bis nach dem Kriege ging er im Sommer jeden Abend hinunter zur Weser, um zu baden. »Heute wäre das Selbstmord.« Früher kamen noch die Störche regelmäßig nach Grohnde, und das Gemüse im Garten war frei von Cadmium und Quecksilber. »Wir müssen aufhören, auf Kosten der kommenden Generation zu leben, es muß ein Ende haben mit unserem Materialismus.«

Während der Demonstration stellte Papenmeyer seine Scheune den Atomkraftgegnern als zentrales Notlazarett zur Verfügung. Auf zusammengeschobenen Strohballen wurden 60 Schwer- und Leichtverletzte von fünf Vertrauensärzten der Bürger-Initiativen aus Göttingen und Hameln behandelt. Papenmeyer, Sanitätsgefreiter a. D., versorgte zusammen mit seiner

Frau Hedwig die Verwundeten mit kalten Umschlägen, Baldriantee und frischem Geräucherten. »Wir Älteren können ja nur noch eher passiv helfen, aber mit dieser Jugend von heute ist wirklich Staat zu machen.«

Fall 4

Nach der Schlacht nicht wiedererkannt habe ich auch den arbeitslosen Hilfsarbeiter Gerhard Schlotawa, 40, der in Grohnde selbst zu Hause ist. Die Demonstration am 19. März war für ihn die erste, an der er sich beteiligte. Er hätte es selber nicht für möglich gehalten, daß er dort, »die Fäuste in der Tasche«, Tränen der Freude weinen würde, als es den Demonstranten in vorderster Linie gelungen war, eine Bresche in das Gitter zu schlagen. Denn eigentlich, dies betont der stämmige Arbeiter, ist er gegen jede Gewalt. »Aber das Loch am Zaun«, sagt er, »das ist für mich wie eine Ohrfeige gewesen, die sich die Atom-Bauer schon im letzten Frühjahr verdient haben.«

Damals, im Juni 76, mußte Schlotawa aus dem Küchenfenster mit ansehen, wie Bagger vor seinem Haus ein 14 Hektar großes und fast erntereifes Getreidefeld einfach niederwalzten, um Hals über Kopf mit dem Kraftwerkbau beginnen zu können. »Das war eine große Sünde«, sagt der Sohn eines oberschlesischen Landarbeiters, »und wer Unrecht sät, der erntet Unrecht.« Wobei die Gewalt gegen einen Zaun seiner Meinung nach leichter wiegt als die »Zerstörung unseres täglichen Brots«. Dem eher konservativen Heimatvertriebenen war es daher auch ziemlich egal, ob bei der Protestkundgebung Kommunisten mitmachten. Doch als »Komplice von Chaoten« läßt sich Schlotawa selbst von seinem Ministerpräsidenten Albrecht nicht abstempeln, nur weil er an einer Demonstration teilnahm, an der extreme Linke höchst aktiv beteiligt waren. »Ich bin kein Kommunist, weder vorbestraft noch verschuldet«, sagt er, »ich bin ein deutscher Mensch.«

Fall 5

Die fünfzigjährige Sandra Holler war die älteste Verwundete, die in der Scheune kurz behandelt wurde, bevor sie mit Verdacht auf Schädelbasisbruch ins Kreiskrankenhaus nach Hameln kam. Ein Pflasterstein hatte sie vor dem Bauzaun des Kraftwerks über dem linken Auge getroffen. [. . .]

Die Mutter von drei Kindern liegt heute mit einer schweren Gehirnerschütterung in ihrem Hamburger Vorort Rahlstedt. Frau Holler, Sekretärin beim NDR, betrachtet sich selber als »aktive und soziale Demokratin«. Vor jeder Wahl hat sie bisher Plakate geklebt, Handzettel verteilt, für die SPD Klinken geputzt. Für Willy Brandt wäre sie beim Mißtrauensvotum »auf die Barrikade« gegangen.

Aber seit in ihrer Heimat, der Wilstermarsch, Ernst gemacht wurde mit dem Kraftwerkbau, fühlt sie sich von der eigenen Partei im Stich gelassen. »In unserem Ortsverein ist das Thema Atom eine heiße Kartoffel. Der Vorsitzende täfelt lieber seine Kellerbar, als mit uns nach Brokdorf zu marschieren.« Die Bereitschaft, in der Atomfrage Flagge zu zeigen, und für seine Meinung einzutreten, findet sie heute nur in der Bürgerinitiative. »Die Partei«, sagt sie, »besteht für mich nur noch aus Karrierefritzen und Ja-Sagern.«

Nach den Wanzen-Affären fühlt sie sich vollends vom Staat nicht mehr beschützt, sondern nur noch bedroht. Sandra Holler sagt: »Wenn man da nicht aufpaßt, wird man richtig radikal.« *(Alle Fälle aus: Zeit-Magazin, Nr. 17, v. 15. 4. 77)*

Im industriellen Europa selbst betrachteten die Sozialdemokraten ebenso wie die Leninisten die Arbeiterbewegung als innerhalb des kapitalistischen Systems befangen. Dessen Überwindung durch Reform oder Revolution sollte demzufolge das Werk einer politischen Kraft, einer Partei sein. Unser politisches Leben wird immer noch weitgehend durch das autonome, selbständige, losgelöste Handeln von politisierten Intellektuellen oder Berufspolitikern beherrscht. Neuerdings scheint sich die Distanz zwischen der Basis und den politischen Handlungsträgern sogar noch vergrößert zu haben, denn die ersten Protestbewegungen kamen aus der Studentenschaft, die von den am brutalsten unterdrückten »Massen« weit entfernt war.

Die umgekehrte Tendenz ist jedoch sehr viel wichtiger. Die Protest- und Oppositionsbewegungen beanspruchen immer nachdrücklicher das Recht, den Sinn ihres Handelns selbst zu bestimmen, eine eigene Politik und eine eigene Ideologie zu entwerfen, anstatt dies vermittelnden Instanzen zu überlassen. Daher rührt die anhaltende Krise der Intelligenz und der doktrinären Parteien. Man spricht oft von dem Gegensatz zwischen der Spontaneität der Basis und der abweisenden Kälte der Apparate. Aber diese Formulierung ist irreführend. Es handelt sich nicht um Spontaneität, eine durchaus verschwommene, irrationale Vorstellung, sondern um die Fähigkeit der sozialen Bewegungen zur Selbstverwaltung. Was früher ein bloßer Anspruch oder eine einfache pressure group gewesen wäre, nimmt heute unmittelbar den Charakter einer sozialen Bewegung an, mit anderen Worten: eine solche Gruppe handelt im Hinblick auf die allgemeine Bedeutung, die ihrem Handeln für die Orientierung der Gesellschaft zukommt.

Das Ziel der Selbstverwaltung, das unmittelbar nach der russischen Revolution große Hoffnungen geweckt hatte und dann mit dem jugoslawischen System fast völlig gleichgesetzt wurde, wird heute in mehreren großen Industrieländern von Kräften in Anspruch genommen, deren Wichtigkeit wächst. Es gilt jedoch zwei einander entgegengesetzte Bedeutungen dieses Wortes zu unterscheiden. Die erste Bedeutung ist im eigentlichen Sinne utopisch. Sie entspricht dem volkstümlichen Traum von der Bewahrung der sozialen und kulturellen Identität der Gemeinschaft über deren ökonomische Transformation hinaus und erweckt den Anschein, als könne eine Gruppe sich verändern und sich doch gleich bleiben. Je tiefgreifender und schneller sich die Veränderungen vollziehen, desto weiter breitet sich der Mythos von der Identität aus.

Aber wenngleich diese Bedeutung des Wortes Selbstverwaltung die größte mobilisierende Kraft besitzt, sie ist nicht die entscheidende. Das Motiv der Selbstverwaltung drückt den Willen gesellschaftlicher Kräfte aus, sich den Sinn ihres Handelns nicht von Institutionen wie der Kirche und dem Staat, die die »Wertvorstellungen« scheinbar für sich gepachtet haben, oder von politischen Instanzen, die das Monopol auf den Sinn kollektiven Handelns beanspruchen, entreißen zu lassen. Die Berufung auf Selbstverwaltung war in den letzten Jahren so etwas wie eine Unabhängigkeitserklärung der sozialen Bewegungen gegenüber den Parteien. Dieser Gedanke hat an Kraft gewonnen durch das Hinzukommen von Gruppen religiösen Ursprungs, die sich von der kirchlichen Organisation befreiten.

Oft führte dieser Unabhängigkeitswille nur zur Bildung neuer Interessengruppen, die einen direkten Einfluß auf die Politik ausübten. Das gilt besonders für die Gruppierungen der Landwirte und für Gruppen von Bürgern, die sich auf lokaler Ebene überall zusammenfinden. Aber oft stellen diese Bewegungen an der Basis, sei es die soziale, sei es die kulturelle Organisation ihrer Gesellschaft offen in Frage. Das bringt Europa in die Nähe der amerikanischen »grassroot democracy« und zumindest in gewisser Hinsicht auch in die Nähe der Angriffe, die die Roten Garden der Kulturrevolution gegen das Hauptquartier richteten.

Die Ausweitung und die wachsende Unabhängigkeit der sozialen Bewegungen haben ihr Gegenstück auf seiten der herrschenden Ordnung. Denn auch die Macht der Apparate nimmt zu und damit die Gleichsetzung von »Rationalität« und Macht, wodurch die Oppositionsbewegungen zerrüttet und an den Rand der Gesellschaft gedrängt werden. Von daher gewinnt der Gedanke Marcuses seine Bedeutung: In der integrierten, manipulierten, eindimensionalen Gesellschaft können nur die Zurückgewiesenen, die am Rande der Gesellschaft Stehenden, Träger von Protest und Opposition sein.

Der Erfolg dieses Gedankens verdankt sich vor allem dem historischen Augenblick, in dem er formuliert wurde. Er traf in eine Situation, in der die herrschende technokratische Ideologie, die Ideologie des Überflusses und der zunehmenden Rationalität unserer Gesellschaft und schließlich die Ideologie vom Ende aller Ideologien triumphierten. Angesichts der herrschenden Ideologie konnten nur die »Randgruppen« die Stimme eines utopischen Protests erheben. Daher ist es ganz natürlich, daß die Ausweitung der Protestbewegungen zu einer Kritik am Pessimismus dieser These führte, und Marcuse selbst hat seine Position nach Diskussionen mit den protestierenden Studenten von 1968 modifiziert.

Man darf die eigentlichen sozialen Bewegungen sicherlich nicht mit den liberalen Kampagnen und selbst denen der extremen Linken gegen soziale Ausschließung, Willkür und Inhaftierungen oder mit den Gemeinschaften von drop outs verwechseln, die in religiösen Utopien von allgemeiner Harmonie oder im Drogenrausch versunken sind. Aber ebensowenig darf man diese Phänomene völlig voneinander trennen. Je mehr sich die »Positivität« der gesellschaftlichen Herrschaft behauptet, desto eher gründen sich die Protestbewegungen auf die Negation.

Es gibt keine gesellschaftliche Bewegung, die nicht auch über eine gegenoffensive Politik verfügte und von dem Willen beseelt wäre, die Mittel kollektiv wiederanzueignen, über die die Gesellschaft verfügt, um sich selbst zu gestalten. Aber es gibt auch keine gesellschaftliche Bewegung, die sich nicht defensiv auf ein Milieu stützte, aus dem sie die Kraft zur Abwehr der übergreifenden herrschenden Ordnung zieht. Je mehr sich das Erbe und die Gemeinschaften auflösen, desto eher wird die Kraft zur Abwehr eine Kraft der Negation, der Verweigerung. Was am Ende des Ersten Weltkriegs in der Schweiz, in Frankreich und Deutschland im Dadaismus und im Surrealismus als Revolte einiger weniger Intellektueller in Erscheinung trat, ist heute ein mehr und mehr verbreitetes Verhalten. Der Protest setzt den Skandal voraus, den Bruch mit den ideologischen Garantien und den Techniken der herrschenden Ordnung. Dieser Bruch nötigt auch zur Bildung von oppositionellen Primärgruppen, die die Gestalt von Sekten oder prophetischen Bewegungen oder einfach die einer kollektiven Desozialisation annehmen können.

In all diesen Fällen ist es unmöglich, eine klare Grenze zu ziehen zwischen der Opposition und dem, was die herrschende Ordnung als Abweichung und Marginalität hervorbringt und organisiert.

An den radikalen Bewegungen der Schwarzen in den Vereinigten Staaten, wie etwa den Black Panthers, zeigt sich, zum Teil aufgrund der gewaltsamen Unterdrückung durch die Polizei, die ihre gesellschaftliche Physiognomie von Anfang an bestimmt hat, sehr deutlich, wie willkürlich die traditionelle Trennung von Proletariat und Lumpenproletariat ist. Daß sich aber diese Unterscheidung hier nicht treffen läßt, ist offensichtlich eine Ursache für die Schwäche dieser gesellschaftlichen Bewegungen; denn auf diese Weise sind sie von ihren Wurzeln her an einen besonderen Bereich gesellschaftlicher Ausschließung gebunden und daran gehindert, mit anderen Bewegungen zu koalieren und so eine Kraft zu erlangen, die sie in die Lage versetzen würde, gegen die Koalition oder gar die Integration der zentralen Apparate zu kämpfen. *(Touraine, Krise, S. 42—44)*

5. Veränderung der Kultur und soziale Bewegungen

Der Übergang vom industriellen Zeitalter zum nach-industriellen ist nicht bloß eine Frage des quantitativen oder qualitativen Wandels, sondern es vollzieht sich etwas noch Wichtigeres: ein Übergang von unserer zweieinhalb Jahrtausende alten herkömmlichen Logik zu einer solchen neuen Typs. Ich möchte mit einer kleinen, stark vereinfachten Vergleichstabelle beginnen.

Logik des industriellen Zeitalters	*Logik des nachindustriellen Zeitalters*
Normung	Entnormung
Homogenität	Heterogenität
Wettbewerb	Symbiose
Hierarchie	Wechselbeziehung
Naturbeherrschung	Einklang mit der Natur
Materielle Befriedigung	Kulturelle Befriedigung
Effizienz	Ästhetik und Ethik
Denken in Kategorien	Denken in sozialen Zusammenhängen

Während des letzten Jahrzehnts haben wir verfolgen können, wie aus verschiedenen Gründen und in verschiedenen Bereichen unserer Gesellschaft eine Reihe von sozialen Bewegungen entstanden. Sie konvergieren auf das zu, was man »*nachindustrielle Logik*« nennt oder einmal nennen wird.

Die *Hippie-Bewegung* der Kinder wohlhabender Eltern war eine Auflehnung gegen den Materialismus, das Gelddenken und die Wettbewerbsethik. Sie suchte nach einem ästhetischen, auf Zusammenarbeit begründeten, materiell einfachen Lebensstil. Die *ethnische Bewegung* der unterdrückten Minderheiten richtete sich gegen die Rassenhierarchie, die kulturelle Vereinheitlichung und Normierung und gegen die wirtschaftliche Ausbeutung; sie befürwortete die Rassengleichheit, die kulturelle Verschiedenartigkeit und die Abschaffung der Normbegriffe. Die *Umweltschutzbewegung* des Mittelstands sah das Übel in unserer Ausbeutung belebter und unbelebter Natur und in unserer Philosophie des kurzsichtigen individualistischen Gewinnstrebens und wurde sich der großen Bedeutung des symbiotischen, harmonistischen und und an Zusammenhängen orientierten Denkens bewußt.

Die drei Segmente unserer Gesellschaft — Wohlstandsjugend, unterdrückte Minderheiten, Mittelstand — kamen nicht aus den gleichen Gründen zur neuen Logik. Die schwarzen Ghettoinsassen, die um die Verbesserung ihrer materiellen Lebensbedingungen zu kämpfen hatten, betrachteten die Hippies als dumme Herrensöhnchen, die glauben machen wollten, sie seien arm, weil sie wegen der Ausbeutung ein schlechtes Gewissen hatten; Umweltverschmutzung galt ihnen als Übeltat der Reichen. Umgekehrt hatten die Hippies, obwohl sie gegen das Establishment waren, nicht unbedingt so tiefen Einblick in die kraß ausbeuterischen Bedingungen, unter denen die Schwarzen zu leben gezwungen wurden. Sie hatten wenig Sinn für den verzweifelten Kampf der Farbigen um ihr materielles Überleben.

(M. Maruyama, Wir brauchen eine nach-industrielle Logik, S. 111—121)

6. Gegenkultur

Erläuterungen

Die sogenannte ›Gegenkultur‹ hat in den USA eine nahezu zwanzigjährige Tradition in dem Sinne, daß sie Institutionen hervorbrachte. Die Anfänge dieser Bewegung sind im deutschsprachigen Raum unübersehbar. Es gibt mittlerweile bereits ein eigenes Zeitungswesen der Gegenkultur (Kompost, eine Zeitung der Grünen Kraft, Löhrbach; Zero, Zeitschrift für ganzheitliches Leben, Kamp Lintfort; Graswurzelrevolution, Betzdorf). In den USA gibt es ein ausgebautes Netz von Land-und Stadtkommunen, Konsumgenossenschaften (alternative Läden). Der Mittelpunkt der Bewegung ist in Kalifornien. Hier wurde auch die im Text erwähnte ›Encounter-Bewegung‹ entwickelt. Nach Überzeugung der Gründer der ›Encounter-Groups‹ sind Leistungs- und Konsumorientierung in unserer Gesellschaft eine störende und gefährliche Barriere der menschlichen Reifung und Selbstverwirklichung (vgl. W. Schmidbauer, Sensitivitätstraining und analytische Gruppendynamik, München 1973). Die von Perls am Esalen Institut (Big Sur, Kalifornien) entwickelte Methode ist auf das bewußte Erleben zwischenmenschlicher Vorgänge gerichtet. Diese sollen jedoch erlebt und erfahren werden, während ›Verbalizing‹, das erklärende Interpretieren, als Hindernis für direkte Kommunikation gilt. Wahrnehmung des gelebten Augenblicks, sein Erfühlen, gilt der vom Intellekt bestimmten Kommunikation überlegen. Dies bedeutet die Suche nach neuen Kommunikationsformen. Dieser Aspekt dominiert in der Berichterstattung in den Zeitungen, wobei oft sexuelle Tabus in den Mittelpunkt des Interesses rücken.

Man sollte sich stets davor hüten, allgemeine Schlußfolgerungen aus der amerikanischen, um nicht gleich zu sagen: kalifornischen Kulturszene abzuleiten. Dennoch ist es nicht ohne Bedeutung, daß in den USA über hundert sogenannte »Entwicklungszentren« (growth-centers) entstanden sind, die eine Vielzahl psychotherapeutischer und bewußtseinssteigernder Aktivitäten anbieten, daß Experten die Anzahl der Kommunen in Nordamerika auf etwa 50 000 bis 60 000 schätzen, die zeitweilig über 1 Million Mitglieder haben, und daß etwa 1 Million Amerikaner an »Encounter«-Gruppen teilgenommen haben. Bekannt ist auch, daß sich religiöse Erweckungsbewegungen überall im Lande ausbreiten. All dies ist zwar in Europa weniger deutlich erkennbar, aber auch hier weisen, zumal in den protestantischen Ländern, alle Anzeichen deutlich in dieselbe Richtung: die durch die Motivationskrise bedingte Suche nach neuen persönlichen und gemeinschaftlichen Identitäten erfaßt allmählich die Mittelschichten, während in Amerika die neue Moralität bereits Teile der Arbeiterjugend durchdrungen hat. Diese Entwicklung geschieht großenteils im Verborgenen. Die allmählichen Veränderungen der mittelständischen Wertmaßstäbe sind empirisch schwer zu verifizieren, und die entpolitisierten Gruppen der Gegenkultur scheuen die erdrosselnde Publizität der Medien so sehr, daß manche von ihnen beinah den Status von Geheimgesellschaften angenommen haben. Es gibt jedoch eine neuere, für die amerikanische Jugend repräsentative Studie, die eindeutig belegt, daß liberale Sexualnormen, eine Neubewertung der Frauenrolle und ein allgemeines Bekenntnis zum Wert der »Selbstverwirklichung« an den Universitäten der 70er Jahre absolut dominieren und bereits in die Arbeiterjugend wie auch die ältere Generation der Mittelschichten vorgedrungen sind. Die »fast vollständige Trennung . . . zwischen radikaler Politik und neuen Lebensformen«, heißt es dort, zusammen mit den Auswirkungen der gegenwärtigen Wirtschaftskrise auf die höheren Bildungsinstitutionen, verstellt uns leicht den Blick auf die Tatsache, daß wachsende Teile der Bevölkerung eine radikale Reorganisation ihres täglichen Lebens anstreben.

Habermas hat darauf hingewiesen, daß Bedürfnisse, die im Kontext des materiellen Lebens der Bourgeoisie illegitim geworden waren, einst nur in der Kunst ausgelebt werden konnten: das Bedürfnis nach Spontaneität und Phantasie, nach Solidarität innerhalb der Gemeinschaft und kommunikativer Erfahrung und nicht zuletzt das Bedürfnis nach einer nicht instrumentellen, ästhetischen Einstellung zur Natur. Die moralischen Systeme waren eng mit der Leistungsmotivation des bürgerlichen *homo oeconomicus* verbunden. Die Naturwissenschaft ist seit langem eine zentrale ökonomische Institution der Industriegesellschaft, und Religion und Philosophie sind bis zur Irrelevanz privatisiert. *Die Jugendbewegung der 60er Jahre hat heute den Anstoß zu einer allgemeinen Suche nach einer neuen Integration der moralischen, religiösen und ästhetischen Dimensionen des Lebens gegeben, welche die psychologische Glaubwürdigkeit des Industriesystems bedroht.*

(Dreitzel, Der politische Inhalt der Kultur, S. 64)

7. Motivationskrise — Jugend

Erläuterungen

Der Verfasser geht davon aus, daß die Entwicklung der Erziehung von einer ständigen ›Verbürgerlichung‹ gekennzeichnet sei. Hierzu gehört, daß Zwänge zunehmend verinnerlicht und damit gefühlsmäßig bejaht werden (man muß sich beherrschen können, usf.). Je komplizierter die Lebenszusammenhänge werden durch die Zunahme funktionaler Abhängigkeiten im Wirtschaftsleben, desto stärker werden auch die Selbstbeschränkungen im freien Ausdruck der Gefühle. — Die Erziehung ist infolgedessen durch ein stärkeres Gewährenlassen (Permissivität) gekennzeichnet, da äußere Sanktionen durch innere ersetzt werden. An die Stelle körperlicher Bestrafung tritt der Liebesentzug. — Die so vermittelte Selbstkontrolle ist bereits so stark geworden, daß man sogar stark triebbesetzte Bereiche wie die Sexualität von äußeren Zwängen befreien kann, da die früher vorherrschenden Gebote durch selbstgewählte Regeln abgelöst werden.

Trotzdem gibt es nach Meinung des Verfassers deutliche Anzeichen einer Motivationskrise. Sie äußerte sich besonders im jugendlichen Protest der sechziger Jahre. Eine der Reaktionen auf diesen Protest bestand in ›privaten, auf dem Kulturmarkt gehandelten Attitüden‹: ein Beispiel hierfür ist die Pop-Musik. Sie war ursprünglich mit gesellschaftlichem Protest und der Suche nach neuen Lebensmöglichkeiten verbunden. Seit Mitte der sechziger Jahre ist sie fester Bestandteil der Kulturindustrie, so daß sie heute zum etablierten Angebot unserer Gesellschaft für Jugendliche gehört. — Ähnliches gilt für Kleidung (Gammel-Look), Tourismus, Literatur und Kultur (Meditation). — Ursprünglich politische Ansätze — z. B. Überwindung des von der Leistungsgesellschaft präformierten Bewußtseins durch Meditation und Beschäftigung mit östlichen Religionen — werden umgeformt zu scheinbar individuellen Konsummöglichkeiten (Meditationskurs als Stärkung des Gedächtnisses, d. h. Fitness-Training).

Diese Art des Umgangs mit jugendlichem Protest weist auf eine für unsere Gesellschaft charakteristische Weise der Problemverarbeitung hin. Bei sich anbahnendem sozialem Wandel führt sie wie jedes System die notwendigen Anpassungen und Veränderungen durch, die den Fortbestand sichern. Dennoch wird diese Bearbeitungsweise von Protest und Abweichung als ›inauthentisch‹ charakterisiert: ein Beispiel hierfür wäre die Schule, in der die Abhängigkeit von der Person des Lehrers abgebaut wurde, z. B. durch Lehrerwahl oder Fächerwahl im Kurssystem; jedoch wurde dies durch neue Abhängigkeiten ersetzt, gegen die man jedoch nicht offen rebellieren kann, weil es sich um anonyme Zwänge handelt. Dies sind »Beschwichtigungs- und Anpassungsstrategien, . . . die keine ökonomische Basis mehr haben«, weil der mit der Sekundarstufe II verbundene Leistungsdruck Qualifikationen erzeugt, für die die Gesellschaft gar keine adäquate Verwendung hat. Im Sinne gegenkultureller Auffassungen muß daher diese Art von Schulreform als verfehlt betrachtet werden, weil sie an einem Leistungsbegriff festhält, der nicht in unsere Gesellschaft paßt.

Wie die Dinge nun liegen, hätten diese neuen Formen der Kindererziehung eigentlich — entsprechend den Erfordernissen der ökonomischen und politischen Systeme — jenen flexiblen und doch autoritären Sozialcharakter hervorbringen müssen, der politische Apathie, instrumentelle Rationalität und wirtschaftliche Unterwerfung unter die Konsumentenkultur garantiert. Dennoch hat es den Anschein, daß wir uns aus zwei Gründen einer großen Motivationskrise nähern: Erstens funktioniert die Kernfamilie bürgerlichen Typs nicht mehr als zentrale Sozialisationsinstanz. Gründe dafür finden wir im Fehlen des Vaters (wie Mitscherlich feststellte, leben wir in einer »vaterlosen Gesellschaft«) und in der Überlastung der Familie mit emotionalen Bedürfnissen, die nicht mehr in der Arbeitssphäre befriedigt werden. Diese Situation ist ausführlich analysiert worden und bedarf hier keiner eingehenderen Beschreibung. Aus ihr folgt, daß die öffentlichen Institutionen, ihre Kontrolle über den Sozialisationsprozeß immer weiter auszudehnen versuchen. Dieser Trend findet seine Grenze nur darin, daß die Kernfamilie die bei weitem billigste Sozialisationsagentur ist, die wir haben. »Kompensatorische Erziehung« und »Resozialisierung« sind zentrale Probleme in einer Gesellschaft geworden, in der hochqualifizierte Arbeitskräfte auf rasch wechselnden strategischen Gebieten der Wirtschaft knapp sind — trotz des Problems der Arbeitslosigkeit. Die Schwierigkeit liegt darin, daß diese Versuche, ein hohes Maß an instrumenteller Rationalität, d. h. an physischer oder emotionaler Kontrolle zu sichern, anscheinend gerade das Gegenteil von dem bewirken, was mit ihnen beabsichtigt ist: sie tendieren dahin, die tief wurzelnden emotionalen Frustrationen, die zur psychischen Instabilität von immer mehr Menschen führen, zu verstärken, statt sie zu mildern.

Der andere Grund für die Motivationskrise liegt darin, daß die Jugend zu einem eigenständigen sozialen, ökonomischen und politischen Faktor geworden ist. Gewiß, schon ein Blick in die Geschichte zeigt, daß die Jungen stets die Avantgarde sozialer Bewegungen, die Kerngruppe sozialer Umbrüche und Revolutionen gewesen sind. Heute aber ist die Jugend selbst in »normalen« Zeiten eine soziale Gruppe mit eigener, besonderer Subkultur. Einerseits haben immer längere Ausbildungsprozesse ein »sozialpsychologisches Moratorium« geschaffen, während dessen der junge Erwachsene von Arbeits- und Familienverpflichtungen freigestellt ist. Zusammen mit seinen Altersgenossen bildet er die eigentliche neue »leisure class«, wenn auch mit geringeren ökonomischen Privilegien als der internationale Playboy-Jetset. Andererseits ist die verlängerte Adoleszenz, während der zur Identifikation geeignete Personen und Objekte fehlen, hauptsächlich durch das gekennzeichnet, was E. Erikson *Identitätsdiffusion* genannt hat. Sie steht im Zusammenhang mit einer Situation, in der die Väter hinter den Mauern von Fabriken und Bürohäusern verschwinden, um irgendwelche unbegreiflichen oder sinnlosen Arbeiten zu tun, und in der die traditionellen Werte, denen die ältere Generation vielleicht noch nachhängt, durch eine sich wandelnde technische Umwelt Tag für Tag anachronistischer werden.

Da es sich aber allmählich zeigt, daß die persönlichen Chancen für das wirtschaftliche Vorwärtskommen eine kritische Stufe erreichen und daß selbst dort, wo ökonomischer Fortschritt stattfindet, die Umweltkosten der privaten Verwendung von Einkommen zunehmend Grenzen setzen, wird die *Identitätskrise der Jugendlichen allmählich zu einem allgemeinen Merkmal der Gesellschaft.* Trotz der heutigen apokalyptischen Stimmung verlieren wirtschaftliche Fragen, aus einem umfassenderen Blickwinkel betrachtet, gegenüber den sozialen Fragen an Gewicht, denn die sozialen Verhältnisse sind gerade das Gebiet, auf dem eine Neuorientierung gesucht wird. Doch mit der bemerkenswerten Ausnahme der politischen Teile der Jugendbewegung in den 60er Jahren läßt dies soziale Bewegungen nicht auf politischer, sondern eher auf kultureller Ebene entstehen. Und selbst der studentische Radikalismus der 60er Jahre hat heute zum einen der pragmatischen Anpassung an die ökonomische

Situation, zum anderen einer Suche nach Identität und Authentizität im persönlichen Bereich Platz gemacht. Dies ist weitgehend bedingt durch die bemerkenswerte Fähigkeit des Kulturkapitalismus, politische Bewegungen in kulturelle Bewegungen zu transformieren, deren Ziele als private, auf dem Kulturmarkt gehandelte Attitüden individuellen Vorlieben anheim gestellt sind. Sozialistische Gesellschaften, in denen ein kultureller Markt fehlt, scheinen in dieser Hinsicht viel anfälliger zu sein und reagieren daher mit direkter Unterdrückung solcher Bewegungen. Wichtig jedoch ist, daß die Auswirkung sowohl der »repressiven Toleranz« als auch der direkten Repression darin besteht, daß *soziale Probleme zunehmend auf psychologischer Ebene in Erscheinung treten.*

Die jüngsten gegenkulturellen Bewegungen haben natürlich schon lange diese Fähigkeit des »Systems« zur Vereinnahmung als neue Form der Entfremdung entdeckt, die mit dem Terminus »inauthentisch« zu belegen Mode geworden ist. In A. Etzionis Definition lautet dies: »Eine Beziehung, Institution oder Gesellschaft ist unauthentisch, wenn sie den Anschein von Empfänglichkeit und Offenheit erweckt, während der betreffende Zustand eigentlich entfremdend ist.« Von Gruppen innerhalb der Gegenkultur werden solche Beziehungen und Institutionen als sanfte Tarnung der alten Beschwichtigungs- und Anpassungsstrategien der Bourgeoisie empfunden, die keine ökonomische Basis mehr haben. Tatsächlich sind die von den gegenkulturellen Bewegungen am nachdrücklichsten vertretenen Werte den herrschenden bürgerlichen Wertmaßstäben direkt entgegengesetzt: anstatt zu funktionaler Rationalität bekennt man sich zu organischer Entwicklung; das erklärte Ziel der Kommune-Bewegung ist die Wiedervereinigung der öffentlichen und der privaten Lebenssphäre, deren Trennung die Basis der bürgerlichen Kultur und die Voraussetzung ihrer Sozialistionspraktiken war; die Gegenkultur weist das Verhältnis der Industriegesellschaft zur Zeit — die »Tyrannei der Uhr« — zurück und bekennt sich stattdessen zum zeitlosen Hier und Jetzt; hinsichtlich des öffentlichen Bereichs finden wir die Ablehnung von Institutionen, die dazu bestimmt sind, Kompromisse zwischen konfligierenden Interessen zu erreichen, zugunsten eines spontanen Konsensus; hinsichtlich des privaten Bereichs stoßen wir auf eine Ablehnung von Lebensplanung und Karriere-Orientierung zugunsten einer Haltung des »nimm's wie's kommt« und des »dropping out«. Generell wird das Modell der Gemeinschaft dem der Gesellschaft vorgezogen, und anstelle des Strebens nach ökonomischem Wachstum tritt das Streben nach persönlicher Entwicklung.

Wir brauchen uns hier nicht durch die Tatsache beirren zu lassen, daß solche Werte bislang nur von Bevölkerungsteilen realisiert werden können, die — ökonomisch gesprochen — als Parasiten des herrschenden Systems technologischer Rationalität leben. Von größerer Bedeutung ist, daß solche Werte allmählich für einen sehr viel größeren Teil der Bevölkerung in bezug auf die *Organisation ihres privaten Alltags* als Möglichkeit in Betracht kommen und daß sie anscheinend mit Normen der instrumentellen Rationalität weit besser koexistieren können, als die Angehörigen der Gegenkultur und ihre Kritiker zuzugeben bereit sind.

(Dreitzel, S. 61—63)

8. Alternative Lebensformen und gesellschaftliche Weiterentwicklung

Erläuterungen

Aus der Sicht der Psychoanalyse sind in letzter Zeit immer wieder Zweifel angemeldet worden, ob der Persönlichkeitstypus, den die Sozialisation in letzter Zeit hervorbringe, überhaupt in der Lage sei, eine gesellschaftliche Weiterentwicklung zu tragen, wie die Bewegungen der Gegenkultur für sich in Anspruch nehmen. Die Psychoanalytiker konstatieren ein gehäuftes Auftreten von Bin-

dungslosigkeit, innerer Leere, gepaart mit dem Bedürfnis, andere zu vereinnahmen, und insbesondere verbunden mit dem Gefühl ständig ungestillter Bedürfnisse. Bei Sennett wird dieser Befund folgendermaßen umschrieben:*

»... weil man begonnen hat, die Außenwelt als einen besonderen Spiegel des Selbst zu sehen. Er ist dazu da, das Selbst zu befriedigen und zu erfüllen ... Die Erwartungen an die Außenwelt steigen gewaltig: Ein Meer, in dem das Selbst ohne jede Differenzierung schwimmt; und gerade weil die Erwartung so gewaltig und zugleich so amorph wird, schwinden die Möglichkeiten seiner Erfüllung ... Daher sind konkrete Erfahrungen mit anderen Menschen anscheinend nie ›genug‹ ... (Daher) fühlt sich das Selbst leer und tot.«

(Sennet, Destruktive Gemeinschaft, S. 138 f.)

Dies schlägt sich nieder in einem ungerichteten Verlangen nach Gefühlsgemeinschaft in wenig deutlichen Situationen (Feten, Diskos), wobei viele ihre Person und Probleme zur Schau stellen und sich in der Reaktion der anderen wie in einem Spiegel betrachten. Zugleich verbindet sich hiermit die Überzeugung, daß mit dem Anwachsen solcher Kommunikationsmöglichkeiten, die auf Gefühl und dem Darstellen von Identität basieren, das Leben lebenswerter werde. Diese Überzeugung, die eigene Person könne sich dauernd ändern (neue Erfahrungen machen) und damit ihre Umwelt verändern, nennt der Verfasser des folgenden Textes ein ›proteisches Selbst‹.

[...] Die Vorstellung, menschliche Interaktion sei eine Art von Kartenspiel, bei dem die Spieler Stich um Stich die Karten ihrer Identität ausspielen, ist in unserer Kultur weit verbreitet. Sie zeigt sich in Encounter-Gruppen, T-Gruppen und dergleichen. Sie ist bereits eine der wichtigsten Interaktionsformen, in denen Verheiratete kurzfristige außereheliche Affairen erleben, die mit der klassischen Beschwerde eröffnet werden: »Meine Frau (mein Mann) versteht mich nicht ...« Der Bekenntnis-Markt hat seine eigene Logik in einer Gesellschaft, die von der Angst beherrscht wird, man habe kein eigenes Selbst, solange man nicht einem anderen davon erzählt. Darin besteht das Dilemma des proteischen Menschen.

Bei der Arbeit mit Leuten, die ein proteisches Selbstgefühl haben, stellt dieses Bewußtsein uns vor eine außerordentliche Schwierigkeit. Denn einerseits gehen Therapeut und Patient von der gemeinsamen Annahme aus, daß sich in der Therapie wirklich Veränderungen der Persönlichkeit einstellen werden; andererseits können diese Veränderungen, realistisch betrachtet, nur eintreten, wenn der Patient dem Glauben entsagt hat, er müsse sein altes, schlechtes, schadhaftes Selbst gegen ein nagelneues Modell eintauschen. Auf gesellschaftlicher Ebene, so glaube ich, besteht das gleiche Problem. Die kollektive Veränderung kann nicht eintreten, solange die Phantasie noch wirksam ist, das kollektive Leben könne sich augenblicklich seinem Wesen nach verändern und ein »neues« Modell an die Stelle des alten setzen. Und deshalb, so glaube ich, ist es kein Zufall, wenn die bürgerlichen Radikalen des Westens im letzten Jahrzehnt zu der Vorstellung gelangten, Veränderungen in unmittelbaren persönlichen Beziehungen könnten als »Modell« dessen dienen, was in der ganzen Gesellschaft zu geschehen hätte. Eine solche Phantasie stellt keineswegs die Herrschaftsstrukturen in Frage. Sie setzt diesen Strukturen einfach eine asoziale Alternative entgegen, auf daß das Leben weitergehe wie bisher und die Leute von einem anderen Selbst-Sein träumen.

(Sennet, Destruktive Gemeinschaft, S. 143)

* Th. Ziehe: Psychische Konflikte in der Pubertät. Hannover 1977, — Kurs für die Sekundarstufe II. Zu beziehen bei: Gewerkschaft Erziehung und Wissenschaft, Hannover, Sedanstraße 22 (Sonderdienst 13/77).

[...] So falsch es ist, von einem Generationenkonflikt zu sprechen, so als ob zwischen den Altersstufen ein gesellschaftlicher Gegensatz bestünde, was sich gerade bei der Untersuchung der studentischen Bewegungen nicht bestätigt, so notwendig ist es, zu erkennen, daß die Sozialisation in einer Krise steckt und daß es immer schwieriger wird, die Erziehung als Sozialisation zu definieren. Besonders auffällig ist natürlich der Niedergang der Kirchen, vor allem der katholischen, denn die Kirchen waren an einen Typus von Gesellschaft gebunden, in dem sich das soziale Handeln gleichzeitig einer religiösen Transzendenz und den überlieferten Sitten und Regeln einer Gemeinschaft unterworfen sah. Dieser Niedergang wirkte sich in zwei verschiedenen Richtungen aus.

Auf der einen Seite zog er die Degradierung der Religion zur Moral und die der Moral zu einem Instrument der sozialen Kontrolle und der Abgrenzung der sozialen Schichten voneinander nach sich. Die Ursprünge dieser immer rascher voranschreitenden Degradierung sind alt. Der Ruf nach sittlicher Erziehung, ob er nun von einer weltlichen oder einer religiösen Grundlage ausgeht, wird mehr und mehr zu einer Verteidigungswaffe des Mittelstandes. Das Verschwinden der führenden Klasse als realer und stabiler Gruppe bringt die Herrschaftsapparate unweigerlich dazu, sich soziale und kulturelle Verteidigungszonen zu schaffen. Je unpersönlicher und ungreifbarer die Apparate sind, desto dringlicher wird die Herausbildung eines durch seine Moralität gekennzeichneten Mittelstandes, der die wirkliche Macht verschleiert.

[...]

Was wir soeben von den Kirchen gesagt haben, gilt auch für die Schulen und mehr noch für die neuen Erziehungsformen, für die berufliche Ausbildung der Erwachsenen und die Sexualerziehung. In all diesen Fällen setzt sich immer stärker der Wille durch, zu normalisieren, anzupassen und zu integrieren. Es geht darum, die Achtung vor dem Gesetz durch die Liebe zur Norm zu ersetzen, die Autorität zu verinnerlichen. Diese Moralisierung der Gesellschaft ist um so notwendiger, als die ökonomischen, politischen und kulturellen Führungseliten immer unangreifbarer und geschlossener werden und jede von ihnen über ein immer vollständigeres Monopol verfügt. Wir leben in einer Gesellschaft, die immer engmaschiger wird, in der sich die Symbole für gutes und schlechtes Benehmen vervielfachen und in der die Sanktionen immer stärker von und innerhalb einer Gruppe von Gleichen verhängt werden. Gleichzeitig desozialisiert sich die Kreativität, verkehrt sich in Ablehnung und Zerreißung des gesellschaftlichen Rahmens, in Revolte. Dies führt zur Bildung neuartiger, nur wenig institutionalisierter, zugleich aber stark integrierter Primärgruppen, die sich bemühen, den Gegensatz von Revolte und Moralisierung zu überwinden, indem sie irgendwelche »Interessen« kultivieren (z. B. als Sportler oder als Cineasten) oder indem sie sich »politisieren«, d. h. sich innerhalb wirklicher oder phantasierter gesellschaftlicher Gegensätze definieren (z. B. Solidaritätsbewegungen, Widerstandszellen, autonome Gruppen).

(Touraine, S. 36 f.)

Aufgaben zu Phase VII

Text 1—3

Die Ergebnisse ›politischer Sozialisation‹, d. h. das Hineinwachsen des einzelnen in die politische Kultur, lassen sich auf vier Ebenen fassen:

— *Einstellungen*
mehr oder weniger dauerhafte Orientierungen gegenüber Objekten und Situationen, sowie Anlagen, diesen Objekten positiv oder negativ zu begegnen

— *Glaubensüberzeugungen*
bewußte oder unbewußte Behauptungen, abgeleitet davon, was eine Person sagt oder tut, denen man die Redewendung »Ich glaube, daß ...« voranstellen kann

— *Werte*
spezielle Untergruppen von Glaubensüberzeugungen, die im Glaubenssystem einer Person zentral verankert sind; darüber, wie man sich verhalten sollte, oder über einige existentielle Endzustände, die es wert oder nicht wert sind, sie zu erreichen

— *Meinungen*
problemorientierte Anwendungen von Einstellungen.

(zitiert nach P. Pawelka: Politische Sozialisation, Wiesbaden 1977, S. 10)

— Stellen Sie fest, welche Werte, Meinungen, Einstellungen, Glaubensüberzeugungen in den geschilderten Beispielen von der ›normalen Kultur‹ abweichen.
— Werten Sie die Texte unter folgenden Gesichtspunkten aus: Welche biographischen Vorfälle, sozialen Merkmale (Status, Geschlecht, Alter, Bildung, ökonomische Situation) können das Verhalten der Protestierenden erklären? Könnte man von den gefundenen Merkmalen allgemein auf Protestpotentiale schließen?
— Beurteilen Sie das Verhalten der jeweiligen Gruppen: Halten Sie deren Reaktion auf die politischen Instanzen für angemessen oder nicht?
— Arbeiten Sie heraus, wie sich für die Protestierenden die politischen Instanzen darstellen.
— Vergleichen Sie die drei Texte unter folgendem Gesichtspunkt: Inwiefern wird deutlich, daß der Journalist eine Einstellung gegenüber seinem Berichtsgegenstand hat und um welche Wirkung es ihm geht. — Wie wirken diese Berichte auf Jugendliche?

Text 4
— Stellen Sie zusammen: Welche Ursachen haben Protestbewegungen? Welche Ziele haben sie, wie lassen sich diese Ziele begründen?
— Geben sie die Hauptthese des Autors und deren Herleitung wieder. — Wie führt Touraine diesen Gedanken weiter? (Beziehen Sie den Gesichtspunkt der ›kollektiven Desozialisation‹ mit ein.)
— Erläutern Sie die These: »Je mehr sich die ›Positivität‹ der gesellschaftlichen Herrschaft behauptet, desto eher gründen sich die Protestbewegungen auf die Negation.« (Ziehen Sie hierzu Material aus den Texten 1—3 heran.)
Erläutern Sie, ausgehend vom Text am Beispiel der ›Black Panthers‹, welche Funktion und welche Auswirkungen die Kriminalisierung von Protestpotentialen hat.

Text 5
— Inwiefern sind die in dem Text genannten Protestgruppen Beispiele für die ›neue Logik‹?
— Welches ist die zentrale politische Schwäche der Protestpotentiale? Untersuchen Sie, ob sich derselbe Sachverhalt in den Texten 1—3 nachweisen läßt. Wenden Sie die Einsichten Marayumas auf den letzten Satz von Text 4 an: Gibt es die ›Koalition der zentralen Apparate‹ gegenüber diesen Gruppen?

Text 6

— Was bedeutet dem Text zufolge ›Reorganisation des täglichen Lebens‹? — Inwiefern handelt es sich dabei um Protest?

— Arbeiten Sie aus den Texten 1—3 diejenigen Elemente heraus, die sich mit den Beobachtungen des Autors decken. Überprüfen Sie, ob damit zentrale Sachverhalte in den Texten 1—3 getroffen sind oder ob noch nach weiteren Erklärungen gesucht werden müßte.

Text 7

— Welche Entwicklungen haben nach Auffassung des Autors dazu geführt, daß es heute eine Motivationskrise gibt (Welche Erscheinungen könnten die von ihm behauptete Motivationskrise belegen?)?

— Stellen Sie gegenüber, welche sozialen Orientierungen (Ziele, Motive, Werte der Lebensgestaltung) die ›Gegenkultur‹ und die ›herrschende Kultur‹ unterscheiden. — Vergleichen Sie das Ergebnis mit der Gegenüberstellung bei Maruyama (Text 5). — Welche Entwicklung sieht Dreitzel im Verhältnis von ›Gegenkultur‹ und ›herrschender Kultur‹ (Greifen Sie hierzu auch auf Text 6 zurück.)?

— Inwiefern ist eine ›inauthentische Bearbeitung‹ von Protest nicht mehr möglich (Berücksichtigen Sie die Aussagen zu den Ursachen der Motivationskrise und zum Stand der Entwicklung am Textende.)?

— Überlegen Sie, inwiefern die häufig beklagte unpolitische Haltung der Jugendlichen sich aus Elementen der Gegenkultur erklären läßt und welche Aufgaben sich hieraus für die ›demokratische Willensbildung‹ ergeben.

Text 8

— Stellen Sie gegenüber, wie Beispiel 2 (Text 2) jeweils im Lichte von Text 6 und Text 8 beurteilt werden müßte.

— Wägen Sie ab, inwiefern die Aussagen der Texte 4—7 relativiert werden müßten.

Text 9

— Fassen Sie zusammen, wie sich bei Touraine ›politischer Protest‹ darstellt und wie er seine Auffassung belegt.

— Stellen Sie die Gründe zusammen, warum die Neigung zu Protest und Opposition nicht allein mit Erziehungsbemühungen überwunden werden kann (ziehen Sie hierzu Text 7 heran; finden Sie Beispiele für die ›Moralisierung‹ politischer Fragen und überprüfen Sie, inwieweit die von Touraine behauptete »[notwendige] Moralisierung der Gesellschaft« genau das Gegenteil bewirkt hat im Sinne seiner Schlußthese).

— Untersuchen Sie, inwiefern man bei den Beispielen der Texte 1—3 von ›desozialisierter Kreativität‹ sprechen kann (Kreativität: allgemeine Bezeichnung für die Fähigkeit zur Hervorbringung neuer und origineller Problemlösungen. — ›Desozialisiert‹ heißt, daß Kreativität zur individuellen oder an Gruppen gebundenen Abweichung wird, die als Bedrohung der Gesellschaft zu sehen ist.)?

Zusammenfassung zu Phase VII

Diskutieren Sie folgende Frage: Welche Wandlungsprozesse könnten gegenkulturelle Bewegungen im politischen System auslösen? Hierbei sollten Sie in ›Probleme und Gefahren‹ und ›wünschenswerte Fortentwicklung‹ unterscheiden.

Phase VIII

In dieser Phase soll die Einsicht erreicht werden, daß die Entwicklung der Demokratie von der gesamtgesellschaftlichen Entwicklung abhängt und daß eine auf das politische System im engeren Sinne beschränkte Analyse unzureichend ist. Die Analyse gilt vor allem den Gefahrenpunkten für die Demokratie.

Die Texte der ausgewählten Autoren sollen anregen, über Gefährdungen der Demokratie und notwendige Entwicklungen zur weiteren Demokratisierung nachzudenken.

Wie bei allen Überlegungen, die die zukünftige Entwicklung der westlichen Demokratie zum Gegenstand haben, muß beachtet werden, daß der Anspruch, sichere oder gar richtige Prognosen abzugeben, mit Vorsicht betrachtet werden muß. Entscheidend für den Wert und die Aussagekraft der Texte ist jeweils die Stichhaltigkeit der Analyse gegenwärtiger Entwicklungen. Es ist eine wichtige Aufgabe bei der Behandlung der Texte im Kurs, die in den Texten vorgenommenen Analysen zu prüfen, inwiefern sie eine gute Basis für seriöse Aussagen über zukünftige Entwicklungen abgeben.

Die Autoren der Texte in *Phase VIII* haben gemeinsam, daß sie einen Zusammenhang zwischen der zukünftigen Entwicklung der Demokratie und gesamtgesellschaftlichen Entwicklungsprozessen sehen, und daß sie eine auf das engere politische System (Institutionen) beschränkte Analyse für unzureichend halten.

Eine gewisse Häufung von Texten des französischen Soziologen Alain Touraine erscheint uns gerechtfertigt, da er für den hier gewählten Analyseansatz als federführend gelten kann.

1. Technokratie und Etatismus

Erläuterungen

Keynesianismus: Die zentrale These des Keynesianismus lautet: Unter privatwirtschaftlichen Produktionsverhältnissen wird Arbeitslosigkeit durch die Mechanismen des Marktes (unsichtbare Hand) nicht automatisch ausgeschlossen.

Um den Beschäftigungsgrad zu heben bzw. zu stabilisieren, sind Eingriffe wirtschaftspolitischer Willensträger (Konjunkturpolitik des Staates) erforderlich. Die Eingriffe sollen im Rahmen einer antizyklischen Finanzpolitik des Staates erfolgen, d. h. bei Arbeitslosigkeit (Stagnation) soll eine Politik der Nachfragesteigerung (Steuersenkung, Subventionen, billige Kredite) und bei inflatorischen Prozessen eine Politik der Nachfragedrosselung verfolgt werden.

Unbeeinträchtigt von dieser antizyklischen Politik des Staates sollen dagegen die Produktionsentscheidungen dem »freien Spiel der Kräfte« überlassen bleiben.

Akkumulation: Ansammlung, besonders die Anhäufung gesellschaftlichen Reichtums in Form von Geld und Produktionsmitteln.

Betrachtet man die Entwicklung dieser Gesellschaft von der untersten Stufe der sozialen Leiter her, so stellt man fest, daß sie sich auf die Technokratie zubewegt. Steht man hingegen am oberen Ende dieser Leiter, auf der Stufe, wo die großen Entscheidungen getroffen werden, dann sieht man, daß diese Gesellschaft sich in Wahrheit nicht zur Technokratie, sondern zum Etatismus hinentwickelt. Man gewahrt, daß die Übermacht der Technik eine Utopie, die Übermacht des Staates hingegen eine Realität ist. Der fortgeschrittene oder organisierte Kapitalismus läßt bereits die Tendenz zur Machtkonzentration und zur Stabilisierung der sozialen Hierarchie erkennen, die sich auch im Etatismus manifestiert. Von Anbeginn gewinnt die Rolle des Staates in diesem System an Bedeutung, denn dieser interveniert direkt über Maßnahmen, die das kapitalistische System erhalten sollen: er finanziert fast die gesamte wissenschaftliche und technologische Forschung, pumpt Kredite in die lebenswichtigen Produktionsbereiche, besonders die von militärischem Belang und ergreift Maßnahmen gegen zyklische Krisen und Rezessionen (Keynes' Theorie); er organisiert durch sein Erziehungssystem die Ausbildung der vom System benötigten Kader, erhält die Kaufkraft der Arbeiter und der ganzen Bevölkerung mit Hilfe der Doktrinen von »Vollbeschäftigung« und »Wohlfahrtsstaat«, stellt eine die Kapitalzirkulation fördernde Infrastruktur bereit (Verkehr, Kommunikation, Massenmedien, öffentliche Einrichtungen, Urbanisierung) und unterstützt die Interessen der nationalen Kapitalisten im Welthandelssystem, selbst wenn diese, um dem Fiskus zu entgehen, ihr Geld in multi- oder supranationale Unternehmen stecken, ohne doch auf die Protektion des Staates zu verzichten, wenn es darum geht, den Binnenmarkt zu schützen. Nicht nur schützt der Staat den Konsumstandard der Bevölkerung, er ist auch bestrebt, dem nationalen Kapital billige Rohstoffe zu liefern und ihm in der internationalen Distribution den besten Teil zu sichern. Zu diesem Zweck ist er sogar bereit, bewaffnete Gewalt einzusetzen. Während der Ölkrise z. B. drohte das Verteidigungsministerium der USA allen Nationen mit einem »Dritten Weltkrieg« — noch blutiger als der zweite — für den Fall, daß die Araber »den Ölhahn zudrehen würden.«

Der Staat übernimmt freiwillig die Verantwortung für schwach akkumulierende oder defizitäre Wirtschaftssektoren, indem er sie vergesellschaftet — vor allem im Bereich der Energiewirtschaft, der Rohstoffversorgung, des Bergbaus, der Stromerzeugung usw. Dadurch, daß er die Kaufkraft der Bevölkerung und eine gewisse ökonomische Stabilität der Arbeiter gewährleistet (für den Kapitalisten ist ein von einem anderen Kapitalisten beschäftigter Arbeiter in erster Linie ein Konsument), spielt der Staat sich als Sachwalter des »allgemeinen Interesses« auf, als Kraft, die im Interesse der ganzen Gesellschaft handelt — vor allem im Bereich der Güter-Distribution, obgleich die Verteilung des Nationaleinkommens laut Statistik im Laufe der letzten 100 Jahre keinen erheblichen Veränderungen unterlag; das besagt, daß sie immer noch zum Nachteil der arbeitenden Schichten erfolgt, so wie vor dem Auftreten des »Wohlfahrtsstaates«. Wiewohl der moderne Staat über wahrhaft eindrucksvolle Zwangsmittel gebietet (die Polizei verfügt beinah über die gleiche Bewaffnung wie die Armee, das Privatleben der Bürger wird überwacht und ist seit langem nicht mehr »heilig«), ergibt sich sein Zwangscharakter vor allem aus seiner ökonomischen Rolle. Indem der Staat — im Namen der »sozialen Gerechtigkeit« und der »Gleichheit aller Bürger« und häufig auch im Namen einer Art von Staats- oder Volkssozialismus — den Arbeitern eine ganze Reihe von Vorteilen und Sachleistungen sozialer und ökonomischer Art (Arbeit, Bildung, Gesundheit) gewährt, hat er die Tendenz, alle Bürger zu Angestellten des Staates oder zu Lohnempfängern zu machen, die auf alle möglichen Kassen und Ämter angewiesen sind.
[. . .]

Die Vermehrung der ökonomischen und sozialen Gaben, die der Staat seinen Bürgern zukommen läßt, verstärkt seinen technokratischen Charakter nur noch. Die *Exekutivgewalt* des Staates nimmt zu auf Kosten seiner legislativen Funktionen. Daraus resultiert die wachsende Bedeutung des Staatsapparats bzw. der Bürokratie und die Degradierung des Bürgers. Einer Reihe von Politologen zufolge ist das moderne Parlament ein Ort, an dem schöne Reden gehalten werden; es ist lediglich eine »Schwatzbude« (chatter box), denn die eigentliche Leitung der Geschäfte und die Entscheidungsfindung liegen bei den technischen Dienststellen der Administration; sie allein verfügt auch über die Analysen, die Statistiken und die Planungsstäbe, die es ermöglichen, die großen Leitlinien der Entwicklungspolitik zu definieren und durchzusetzen. *(R. Supek, Die »sichtbare Hand«, S. 169—171)*

2. Bedeutungsverlust von Politik

Erläuterungen
Man hat oft von der ›wachsenden Unregierbarkeit‹ der Industriestaaten gesprochen (vgl. hierzu Phase I, Text 11). Offensichtlich überfordern die anstehenden Probleme die politischen Institutionen. Hierunter sind Parteien, Parlamente, Ministerien, aber auch z. B. Tarifrunden zu verstehen; d. h. gesellschaftliche Einrichtungen, in denen ein politischer Wille gebildet wird. Diese Institutionen scheinen heute ›geschwächt‹: Es ist nicht mehr möglich, auf dem vorgesehenen Wege zur Ausbildung eines politischen Willens zu kommen; so können z. B. Ergebnisse von Tarifrunden durch eine inflationäre Preispolitik wieder rückgängig gemacht werden, d. h. die erzielte Vereinbarung wird einseitig aufgehoben; oder aber Tarifrunden verlieren ihren Sinn, weil die erzielten Abschlüsse durch unvorhergesehene Entwicklungen (z. B. Ölpreise) aufgehoben werden.

Kulturelle Krisen und soziale Konflikte können zu Brüchen innerhalb der Gesellschaft, sie können aber auch zu neuen Eingriffen des politischen Systems, also zu einer neuen Politik der Veränderung führen. Darin besteht das letzte Merkmal der sozialen Transformationen, die einander in der gegenwärtigen Periode überlagern. Nicht ohne Grund sprach man vor zehn Jahren vom Bedeutungsverlust der Politik. Wer darunter das endgültige Verschwinden der gesellschaftlichen Antagonismen* verstand, befand sich gewiß in einem Irrtum, man konnte jedoch eine deutliche Schwächung der politischen Institutionen verzeichnen. Diese Tendenz hat sich in den Vereinigten Staaten verstärkt. Aus anderen Gründen scheinen auch in Frankreich und Italien die politischen Institutionen dem dauernden Ansturm sozialer Probleme nicht mehr gewachsen zu sein. Von vielen Beobachtern werden sie als »blockiert« angesehen. In England wachsen die Spannungen im Innern der Labour Party und die Unzufriedenheit der Gewerkschaftsbasis mit den Tarifabschlüssen der Spitze immer mehr an. Sogar in Schweden und Norwegen verlieren die großen sozialdemokratischen Apparate an Kraft.

Wenn man akzeptiert, daß eines der zentralen Merkmale der gegenwärtigen Krise der Eintritt der Industrieländer oder einiger von ihnen in die Phase der postindustriellen Gesellschaft ist, dann zieht dieser Eintritt notwendigerweise die Schaffung und Stärkung einer Führungselite nach sich, die zum einen die Fähigkeit besitzt, große, sorgfältig ausgewählte Investitionen zu tätigen, und die andererseits dazu in der Lage ist, neue Formen der Mobilisierung zu entwickeln und neuartige Ansprüche der Bevölkerung zu erfüllen. Eingespannt zwischen diese beiden gegensätzlichen Pole, scheinen die Mechanismen der politischen Verhandlung überfordert zu sein. So stellt sich die Frage, welche neuen Formen die politische Beteiligung annehmen muß, um ein Zerbrechen der Gesellschaft in große technokratische Einheiten auf der einen Seite und Bewegungen der Verweigerung und der Gewalt auf der anderen zu vermeiden. *(Touraine, Krise, S. 30 f.)*

3. Bürger und Staat

Ein Analyseergebnis der Tourain'schen Überlegungen ist die Feststellung, daß traditionelle Konfliktfelder, z. B. Klassenbeziehungen, in den Hintergrund treten. Eine wesentliche Gefahr hinsicht-

* gesellschaftliche Antagonismen: insbesondere Klassengegensätze zwischen Arbeit und Kapital; es handelt sich um Widersprüche, die im Rahmen des bestehenden gesellschaftlichen Systems nicht zu lösen sind.

lich der zukünftigen Entwicklung sieht er darin, daß sich das Verhältnis von Staat und Bürger wandelt. Die zukünftige Entwicklung werde bestimmt von der Aufgabe »der Verteidigung der Bürger und ihrer Freiheiten« gegenüber dem Staat.

Diese politischen Auseinandersetzungen können laut Touraine von folgenden offenen Fragen bestimmt werden:

Haben wir es heute und in der Zukunft nicht mit Gesellschaften zu tun, die durch die Art und Weise ihrer Veränderung und nicht durch ihre Produktionsweise oder ihre Zivilisation definiert werden?

[...]

Der technokratische Staat zerstört das Netz sozialer Beziehungen und fördert ein Leben in der Vereinzelung, das auf Konsum und eine durch das Fehlen von Sozialbeziehungen gekennzeichnete Intimität beschränkt ist. Steht hinter dem Triumph der Sexualität nicht die Verkümmerung der Erotik als Sehnsucht und Beziehung? Liegt die Anziehungskraft von Kommunen, die man allzu schnell als Orte eines intensiven sozialen Austauschs bezeichnet hat, nicht vor allem in ihrer Ziellosigkeit, darin, daß sie in Regungslosigkeit und Unmittelbarkeit ersticken? Das öffentliche Leben, die Öffentlichkeit, wie Habermas sagt, ist bedroht. Die Symbolsysteme zersetzen sich zugunsten eines verworrenen Appells an die Kraft und an den Körper, nicht als Kommunikationsträger, sondern als Kraftreservoir jenseits der Gesellschaft. Schnell ist die Grenze erreicht, wo das, was sich für kulturellen Protest hielt, nur noch furchtsamer Rückzug oder Selbstaufgabe an die zentraliserte Macht ist.

Es mag übertrieben erscheinen, von einer Auflösung der Gesellschaft im politischen Prozeß zu sprechen. Aber kann man nicht doch sagen, daß die Welt von morgen von Kollektiven beherrscht sein wird, die von Staaten gelenkt werden, die ihrerseits alles für sich vereinnahmen und in der Lage sind, selbstherrlich alle ihre Funktionen zu erfüllen?

(Touraine, Einführung, S. 11 f.)

4. Ausbau politischer Handlungsfähigkeit

Auf allen Ebenen kommt es heute zu gesellschaftlichen Beziehungen und Konflikten. Auf lokaler Ebene treten Bürgerkomitees zur Rettung von Bäumen und zum Kampf gegen alle möglichen Mißstände hervor. Nahezu weltweit kommt eine Verhandlung zwischen den großen westlichen Industrienationen und den Ölländern in Gang, die mit Recht verlangen, auch die Forderungen der Herkunftsländer anderer Rohstoffe sollten Gehör finden. Sie sind die widerwärtigen Aufrufe zur Hilfe für die Dritte Welt leid, die nur die massive Ausplünderung der Ressourcen dieser abhängigen Gesellschaften verdecken. Wir wissen, welche dramatische Bedeutung die Streitpunkte in diesen Auseinandersetzungen haben : Hunger, Übervölkerung, Erschöpfung der begrenzten natürlichen Ressourcen, etwa der Atmosphäre. Derartige Probleme können nur durch eine Ausweitung der Handlungsfähigkeit der Gesellschaft, also durch die zunehmende Mobilisierung der realen gesellschaftlichen und politischen Akteure überwunden werden.

[...]

Das Hauptproblem besteht nicht darin zu wissen, ob uns dieser oder jener Rohstoff in 20 oder 50 Jahren noch in ausreichender Menge zur Verfügung stehen wird. Die wichtigste Frage lautet vielmehr, ob die Nationen, die Verschwendung treiben und die Vorherrschaft innehaben, ebenso wie die Länder, die in Armut versunken und einer lähmenden Herrschaft unterworfen sind, in den kommenden Monaten und Jahren fähig sein werden, ihre »politische Produktion«, ihre Handlungsfähigkeit massiv auszubauen, was die Verstärkung zugleich des Drucks von seiten des Volkes und der Initiative der Führungseliten und folglich eine Verschärfung der Konflikte voraussetzt.

Von Krise muß man sprechen wenn man Bevölkerungen sieht, die dem Hunger und dem Tod überlassen sind, während andere von nichts anderem als Entspannung, Identität und Lust sprechen. Denn das Gemeinsame dieser Sorgen, die scheinbar nichts miteinander zu tun haben, liegt darin, daß sie von jeder möglichen Aktion weit entfernt sind, daß sie das Ergebnis des Fehlens von politischem Handeln sind. Es sieht so aus, als bestehe die Welt aus Massen, die dem Elend, und solchen, die dem Überfluß ausgeliefert sind. Solange wir über die bloße Beschreibung der Situationen und Empfindungen nicht hinausgehen, solange wir das Wesen der Akteure und des gesellschaftlichen Dramas nicht erkennen, können wir nicht verhindern, daß die Krise das Anwachsen von Macht, Ungleichheit und Herrschaft beschleunigt. Wenn es notwendig ist, die Grenzen des industriellen Wachstums zu erkennen, dann gilt es in noch weitaus stärkerem Maße, den politischen Aktionsbereich auszuweiten. In den reichen Gesellschaften, in denen wir leben, setzt sich die Macht nicht durch Verbote, durch nackte Gewalt oder die Achtung vor dem Heiligen durch. Sie löst den Widerstand und den Protest durch Überredung und eine die realen Abhängigkeiten nicht verändernde Partizipation auf. Schon immer stießen die gesellschaftlichen Kämpfe auf erhebliche Hindernisse, wurden von der Gesellschaftsordnung und ihren Abwehrmaßnahmen kanalisiert und gespalten. Diese Abwehrmaßnahmen sind so mächtig gewesen, daß sie den Protest jahrtausendelang in Nacht und Schweigen gehüllt haben. Auch heute sind sie stark genug, um ihn zu zerbrechen, zu schwächen, zu verführen.

Wie aber könnte die Zukunft von Gesellschaften aussehen, die weder durch transzendente Prinzipien noch durch eine lebendige Demokratie gelenkt werden? Sie laufen Gefahr, auf ihren Privilegien auszuruhen und in Dekadenz zu verfallen. In diesem Sinne ist es gerechtfertigt, von Krise zu sprechen. Uns droht, daß wir unsere Phantasie verlieren, daß wir unfähig werden, unsere Zukunft vorzubereiten und zu diskutieren. Die Krise ist kein Zustand, sie besteht in der Unfähigkeit zu handeln. *(Touraine, S. 48 f.)*

5. Vordringen der Partizipation

Vielmehr geht es darum, welche Problembereiche besser von großen bürokratischen Organisationen bearbeitet werden können und welche besser von kleinen, womöglich informellen Gruppen auf lokaler Ebene zu behandeln wären. Im Augenblick ist eine besonders paradoxe Situation eingetreten. Die Bürokratien dringen in stetig zunehmendem Maß in unsere vormals autonomen Lebensbereiche ein, doch die Machtzentren scheinen unfähig, die wachsenden dysfunktionalen Nebenfolgen von Technologie und Bürokratie zu bewältigen. Henri Lefebvre hat gesagt, es kündige sich eine Krise der »Reproduktion der Produktionsverhältnisse« an, was sich in erster Linie an der Ohnmacht der Machtzentren zeige. In dieser Situation wird das Verlangen nach lokaler und Gruppenautonomie wahrscheinlich zunehmen. Während in den Bereichen von Wirtschaft, Handel, Verkehr, Umweltschutz, sozialer Sicherheit und in gewissem Maß auch auf dem Sektor der Kommunikationssysteme und der Stadtplanung wahrscheinlich mehr Zentralisierung notwendig ist, gibt es auch viele wichtige Bereiche, wo die Entscheidungsbefugnis so weit wie möglich diversifiziert werden sollte. Nicht nur kulturelle Aktivitäten, die Medien und Fragen des urbanen Milieus, sondern auch die Fürsorge für die Jugend und die Alten, die Kranken und die Abweichenden, d. h. die Bereiche der Sozialisation und Rehabilitation sowie wahrscheinlich auch das ganze Erziehungssystem könnten wohl qualitativ besser von dezentralisierten Organen mit einem hohen

Maß an Selbstbestimmung und freiwilliger Partizipation organisert werden. In den USA ist diese Frage deutlicher sichtbar, weil es noch nicht allzulange her ist, seit die lokalen Gemeinden die Zentren der Macht waren und weil eine starke Tradition der freiwilligen Vereinigungen immer noch sehr lebendig ist. In Europa, besonders in Frankreich und Deutschland, geht die Tradition eher dahin, diese Dinge der staatlichen Verwaltung zu überlassen. Beide Traditionen sind jedoch gleich bedeutsam, sobald man sie in den ihnen jeweils angemessenen Problemzusammenhang stellt. Fest steht jedenfalls, daß Fragen vom Typ »Zentralisierung oder Dezentralisierung« künftig in dem Maß mehr Aufmerksamkeit erlangen werden, wie die Ineffizienz gewisser zentralisierter Bürokratien und das Streben nach Partizipation deutlicher sichtbar werden. *(Dreitzel, S. 84 f.)*

6. Ziel politischen Handelns

Die Fort- und Weiterentwicklung der Gesellschaft wird nach Meinung Touraines von großen technokratischen Apparaten betrieben, die ihrer Eigengesetzlichkeit gehorchen.

Welches Ziel also soll heute mit der kollektiven Wiederaneignung der Entwicklungsinstrumente erreicht werden? Oder müssen wir darauf verzichten, ein solches Ziel zu finden, und erkennen, daß wir es nunmehr mit einer Bewegung, die von einer Führungselite gelenkt wird, und mit dem Ziel eines Gleichgewichts zu tun haben, das von all denen in Anspruch genommen wird, deren Vorstellungskraft von der Macht der Technokratie beherrscht wird? An dem Tag, an dem die gesellschaftliche Praxis uns die Antwort auf diese Frage aufzwingt, wird man davon sprechen können, daß sich ein neuer Gesellschaftstypus vollends konstituiert hat und daß er sich zu seinen fundamentalen Problemen aktiv verhält.

Heute läßt sich auf die gestellte Frage nur eine allzu abstrakte, noch nicht unmittelbar in Begriffen der gesellschaftlichen Praxis formulierbare Antwort geben: Das Ziel eines Gegenangriffs des Volkes kann nur die Wiederherstellung sozialer Beziehungen und damit der Bestand einer Gesellschaft sein, die sich als Netz kommunikativer Beziehungen und nicht mehr als Energie verbrauchende Maschine definiert. Wenn sich die Frauen weigern, weiterhin Objekte des Konsums und der Reproduktion zu sein, wenn die Arbeiter sich weigern, weiterhin die Logik des Profits und der Macht hinzunehmen, wenn die Stadtbewohner gegen die Auslieferung der Städte an die Automobile und die Bürohochhäuser protestieren, so beanspruchen sie alle das Recht auf soziale Beziehungen, das Recht, nicht als Sachen behandelt zu werden.

Ist dies verschwommener als die Forderung nach Freiheit, die die eigentlichen politischen Ansprüche umfaßt, oder die nach Gerechtigkeit, die die Kämpfe der Arbeiter gegen die kapitalistische Ausbeutung symbolisierte? Heute können die gesellschaftlichen Bewegungen nur ein Ziel haben: den Bestand des gesellschaftlichen Lebens selbst zu erhalten gegen die zunehmende »Vermachtung« der Gesellschaft, gegen die Regel-, Entscheidungs- und Informationssysteme, die keinen Raum lassen für Austausch, Diskussion und Verständigung, weil sie gerade die Konzentration der Macht in den Apparaten ermöglichen.

Wir alle sind noch von den gesellschaftlichen Problemen der großen Phase der Industrialisierung, die wir eben erst hinter uns lassen, beherrscht, und daher scheint es uns Schwierigkeiten zu bereiten, die gesellschaftlichen Kämpfe nicht aus ihrem Verhältnis zu ökonomischen Systemen, deren Logik und deren Entwicklungsgesetzen zu bestimmen.

(Touraine, Krise, S. 45)

7. Dezentralisierung als Machtstreuung

Ralf Dahrendorf hat auf zwei gegenläufige Tendenzen aufmerksam gemacht: Einerseits reichen heute die traditionellen politischen und wirtschaftlichen Räume nicht mehr aus, wenn die großräumigen Aufgaben, vor allem im Bereich von Wirtschaft und Verteidigung (oder Abrüstung), gelöst werden sollen. Andererseits drängt der einzelne Bürger auf »direkte Teilnahme am gesellschaftlichen Prozeß in den Lebensbereichen, die er überschauen kann«. Das Verlangen weiter Bevölkerungskreise, die »politischen Instanzen näher an eigene Lebensbereiche zu rücken«, wird immer deutlicher.

Diese zweite Tendenz hat sich Jimmy Carter, Präsident der Vereinigten Staaten, zunutze gemacht. Er baute 1976 seinen Wahlkampf auf dem emotionalen Widerstand gegen die Zentrale in Washington auf; er mobilisierte den tiefsitzenden Unwillen auf die wirtschaftliche und politische Übermacht der Städte, der Monopole, des Big Business zu seinen Gunsten. Er knüpfte damit an die Tradition des Populismus in den USA an, an eine seit Ende des 19. Jahrhunderts bestehende Protestbewegung gegen die Tendenz zur Großorganisation in Wirtschaft und Politik. Diese Bewegung richtete sich gegen die großen »politischen Maschinen«, stellte seit je basisdemokratische und partizipatorische Forderungen. Sie verlangte die Wiederherstellung alter, weniger stark organisierter, loserer Formen von staatlicher Koordination. An die Tradition des Populismus knüpften in den 70er Jahren verschiedene amerikanische Präsidentschaftskandidaten an, neben Carter auch George McGovern und George Wallace.

Nun ist aber festzustellen, daß der Populismus in den USA dem Big Business den Weg geebnet hat. Er arbeitete im Grunde seinen eigenen Zielen entgegen. Die Populisten wollten eine eher schwache Staatsmacht, die bloß die Rolle eines Erfüllungsgehilfen spielt. Sie sahen Politik als dezentrales Steuerungsinstrument. Diese Vorstellung von Staat und Politik paßte zu einer Agrargesellschaft, in der wirtschaftliche Macht relativ breit gestreut war. Gegenüber einer industrialisierten Gesellschaft mit starker Konzentration wirtschaftlicher Macht versagte dieses Konzept. Ein schwacher Staat kann starker Wirtschaftsmacht nicht genügend Widerstand leisten. Die unzureichende Ausbildung staatlicher Organe führte in den USA tatsächlich zu einer politischen Dominanz des Big Business. Der Staat geriet in den Sog der Konzerne. »Es ist eine Ironie in Amerikas Geschichte, daß ausgerechnet die Angst vor der ›politischen Tyrannei‹ ... die Entwicklung einer ungeahnten privaten Machtkonzentration, einer ›Tyrannei des Geldes‹ ermöglicht« hat.

Die Erfahrungen mit dem Populismus in Amerika zeigen, daß Dezentralisierung noch keine genügende Antwort auf die Übermacht von Zentralen ist. Wohl ist es notwendig, daß der Staat von Aufgaben, die dezentral besser zu lösen sind, entlastet wird. Wenn aber die zentrale politische Steuerung wegfällt, können sich unter Umständen Interessen von Minderheiten unkontrolliert durchsetzen. Grundsätzliches Ressentiment gegen politische Institutionen wäre verhängnisvoll. Die Vorstellung, breit angelegte Basisaktivitäten und kleinräumige Organisationen könnten zentrale Staatlichkeit ersetzen, ist gefährlich.

Gewiß: Die Staatszentralen haben heute viele Entscheidungen an sich gezogen, die besser auf unterer Ebene gefällt würden. Aus dieser Beobachtung sofort radikale Entstaatlichung zu fordern, wäre aber ein Kurzschluß. Zahl und Umfang der Aufgaben, die nur noch einheitlich und von obersten gesellschaftlichen Organisationen bewältigt werden können, sind weiterhin im Wachsen begriffen. Ohne einen starken Staat ist auch in Zukunft nicht auszukommen. Gerade gegenüber den starken Wirtschaftsmächten ist eher noch ein stärkerer Staat zu fordern. Die Schwierigkeit besteht darin, daß dieser starke Staat kein omnipotenter Staat in den Händen sogenannter »starker Männer« wird, sondern ein demokratischer Staat in den Händen von Demokraten bleibt. Die einzige Garantie hierfür ist ständige Machtbegrenzung und Machtverteilung.

Auch in einer nachmodernen Gesellschaft wird es zentrale Macht und zentrale Machthaber geben. Es ist aber notwendig, die Machthaber in starker Abhängigkeit von den Machtadressaten zu halten. »Je größer und intensiver das Band der Verantwortlichkeit ist, das zwischen ›oben‹ und ›unten‹ geknüpft ist, desto demokratischer ist eine Gesellschaft«. »Je mehr die Grundlage einer Herrschaft auf freiwilliger Zustimmung der Beherrschten beruht, desto stärker ist auch die demokratische Qualität der Herrschaft.«

Zentralisation bleibt also wichtig und unentbehrlich, einerseits dort, wo es um die Lösung übergeordneter Probleme geht, anderseits auch dort, wo die Arbeit an der Basis der Koordinierung und der Informationsvermittlung bedarf. Damit aber wegen der notwendigen Zentralisierung in einer Gesellschaft kein übergroßes Machtgefälle entsteht, muß Macht zunächst erkennbar und damit kontrollierbar gemacht werden. Die Hauptaufgabe besteht darin, »Macht beobachtbar zu machen, indem man sie in Formen, in Institutionen gießt. In diesem Sinn ist der Konstitutionalismus ein wesentlicher Schritt auf dem Weg zu einem Mehr an Demokratie: Die Institutionalisierung der Macht ist die Voraussetzung ihrer demokratischen Begrenzung. Willkürliche Macht ist vor allem informelle Macht.«

(Leuenberger/Schilling, Die Ohnmacht des Bürgers, S. 143 ff.)

8. Grenzen demokratischer Kontrolle

Das Postulat der demokratischen Kontrolle über die großen politischen Entscheidungen im nationalen und insbesondere übernationalen Bereich ist noch weitgehend unerfüllt. Hier stehen wir noch am Anfang. Das hat zum Teil seinen Grund in der liberalen Theorie, die im Westen dominiert, und in der es seit John Stuart Mill immer nur um individuelle Freiheit ging. Nach der liberalen Theorie müssen die Freiheitsrechte des einzelnen gegen die organisierte Macht, im besonderen gegen die Staatsmacht geschützt werden. Der einzelne Bürger oder einzelne Bürgergruppen sollen dem Staat als kritische Gegenmacht gegenübertreten. Dieses individualistische Konzept ist aber an der modernen Organisationsmacht gescheitert. In der Praxis hat der Bürger seine Kontrollfunktion in den großen politischen Räumen längst an Organisationen, Verbände, Parteien abgetreten.

Dem Postulat der demokratischen Kontrolle steht weiter entgegen, daß die wirtschaftlich-technisch-wissenschaftliche Entwicklung die altdemokratischen Ordnungen unterhöhlt hat. Die politischen Entscheidungsträger sehen sich mit transnationalen Organisationsgeflechten konfrontiert. Die technisch-wissenschaftliche Expansion, die sogenannte »Big Science«, hat die Grenzen der traditionellen Staatlichkeit längst überschritten und entwickelt sich in einem gleichsam staatlosen Raum weiter. Übernationale Akteure setzen übernationale Ziele. Der ökonomische Internationalismus entzieht sich weitgehend dem politischen Zugriff, weil er die nationalen Kontrollrahmen gesprengt hat und internationale Kontrollinstanzen nicht existieren. Im großen ganzen stehen dem internationalen Netz von Handels-, Produktions- und Beteiligungsgesellschaften heute noch keine politischen Kontrollorgane gegenüber. Diese sind — soweit überhaupt vorhanden — national organisiert, jene international.

[. . .]

Die multinationalen Konzerne haben eine neue Dimension in die internationalen Beziehungen gebracht. Sie sind ein Machtfaktor, der in der klassischen Staatstheorie und im darauf aufbauenden, üblichen Staatsverständnis keinen Platz hat. Extrapolationen für die achtziger

Jahre haben ergeben, daß ungefähr 300 Multinationale zwei Drittel des Weltbruttosozialprodukts herstellen werden. Heute haben lediglich 17 Staaten ein größeres Bruttosozialprodukt als die jährliche Produktion von General Motors (1976 über 47 Mrd. $ Umsatz).

Der 1976 veröffentlichte UNO-Bericht über den »Einfluß der multinationalen Konzerne auf den Entwicklungsprozeß und die internationalen Beziehungen« hebt »weitverbreitete Übereinstimmung« in der Besorgnis hervor, die die Multinationalen auslösen. Die Fähigkeit dieser Konzerne, das Spiel des Wettbewerbs aus den Angeln zu heben, sei enorm groß geworden. Die Länder, in denen multinationale Konzerne tätig sind, nehmen nach dem UNO-Bericht Anstoß daran, daß Unternehmen, die wirtschaftliche Schlüsselpositionen innehaben, von Entscheidungszentren außerhalb des Landes aus dirigiert werden. Die Konsumenten fühlen sich Preisdiktaten ausgeliefert; die Gewerkschaften sehen sich in einer geschwächten Verhandlungsstellung. Die Kommission, die den Bericht ausgearbeitet hat, schlägt dem UNO-Wirtschafts- und Sozialrat vor, ein allgemeines Abkommen über multinationale Gesellschaften mit entsprechendem Kontrollapparat und mit Sanktionsmöglichkeiten auszuarbeiten.

Die Kontrolle der multinationalen Konzerne ist erst als Postulat formuliert. Verwirklicht ist sie noch keineswegs. Es gibt noch keine Institutionen, die ihnen gleich zu gleich gegenübertreten könnten. Starke Kräfte in Wirtschaft und Politik, insbesondere die Multinationalen selber, widersetzen sich der Schaffung wirksamer Kontrollorgane.

Je besser Kontrollorgane auf institutioneller Ebene funktionieren würden, desto eher könnte auch kritische Aktivität von der Basis her eine gewisse Wirksamkeit gewinnen. Anders gesagt: Kritische Basisaktivität bekommt dann Veränderungswirkung, wenn sie von Gegeninstitutionen aufgegriffen und weitergeführt wird. Ein Beispiel dafür ist der sogenannte »Nestlé-Prozeß« von 1976. Die »Arbeitsgruppe Dritte Welt Bern« hatte 1974 in einer Broschüre mit dem Titel »Nestlé tötet Babies« dem Nestlé-Konzern vorgeworfen, mit unkorrekten Werbemethoden die Bevölkerung von Entwicklungsländern von der Ernährung der Säuglinge mit Muttermilch abzubringen, und zu den eigenen Produkten hinzuwenden. Die Folge davon sei die körperliche Schädigung und sogar der Tod Tausender von Kindern. Nestlé strengte einen Ehrverletzungsprozeß gegen die Arbeitsgruppe an, wurde zwar freigesprochen vom Vorwurf »Nestlé tötet Babies«, aber nicht freigesprochen von der Mitverantwortung für Gesundheit und Leben der Säuglinge in der dritten Welt. Die Zweifel an den Werbe- und Verkaufsmethoden des Konzerns blieben bestehen. »David hat Goliath nicht besiegt. Doch er hat ihn dazu gebracht, einen Schritt rückwärts zu weichen«. Nestlé erklärte im Sommer 1976 öffentlich, die umstrittene Werbetaktik ändern zu wollen.

Die wichtigste Auswirkung des Prozesses, der weltweit große Publizistik gefunden hatte, war aber, daß in den USA kirchliche Organisationen ähnliche Klagen gegen andere Hersteller von Säuglingsnahrung erhoben und Prozesse anstrengten, daß die Weltgesundheitsorganisation eine Resolution verabschiedete, welche die Mitgliedstaaten auffordert, »die Verkaufsförderungsmethoden für Babynahrung zu überprüfen und geeignete Abhilfemaßnahmen zu treffen, inbegriffen Werbekodex und nötigenfalls Gesetzgebung«. Wenn auch weder die Kirche noch die Weltgesundheitsorganisation ausgesprochen starke Kontrollinstanzen sind: die Aktivität einer kleinen Gruppe ist auf diese Weise doch nicht ins Leere gestoßen.

(Leuenberger/Schilling, S. 147 ff.)

9. Chancen gesellschaftlicher Veränderung; mögliche Richtungen der Entwicklung

Wo jedes Problem politisch ist, wo jeder Aspekt von Gesellschaft und Kultur von Konflikten erfüllt ist, wo sogar die Frage der persönlichen Identität (eine Formulierung, die an sich schon eine Entscheidung für bestimmte Ziele impliziert) politisch ist, dürfen wir annehmen, bereits mitten in einer revolutionären Situation zu stehen; dies aber würde auch voraussetzen, daß der moderne Staat seine Legitimation verliert, daß sich ein genaues Bewußtsein von der wechselseitigen Bedingtheit der Konflikte in den verschiedenen Sphären des Lebens und eine allgemeine Entschlossenheit zum Aufbau einer neuen Gesellschaft herausbilden würden. Teile unserer Kultureliten haben diesen Punkt schon erreicht, andere befinden sich noch in einem diffuseren Zustand der Unzufriedenheit. Eine sozialistische Avantgarde unter den Aktivisten der Gewerkschaften und Parteien ist ohne weiteres bereit, die Führung einer Bewegung zur Veränderung der Gesellschaft zu übernehmen: die Erfahrungen des letzten Jahrzehnts in Westeuropa könnten als Lehrjahre der Revolution interpretiert werden. Bleibt eine einzige, aber erhebliche Schwierigkeit: die Mehrheit der Bevölkerung interpretiert unsere Situation keineswegs in so entschiedener, eindeutiger Weise.

Historisch betrachtet, wurden zahllose Revolutionen von Eliten gemacht, die sich von einem allgemeinen Programm leiten ließen, und Gefolgschaften, die durch spezifische Unzufriedenheiten motiviert waren. In anderen Fällen wurde eine diffuse Opposition im Volk von revolutionären Führungsgruppen mit präzisen Zielen manipuliert. In unseren Gesellschaften können wir uns unmöglich einen revolutionären Prozeß der einen oder anderen Form vorstellen. Die Bürger moderner Demokratien sind dazu zweifellos nicht gebildet genug. Aber sie sind zu gebildet, um sich in eine revolutionäre Einstellung hineinmanipulieren zu lassen. Die konventionelle politische Meinung muß notwendig den Status quo stützen; dessen bloße Faktizität ist ein Argument, und wer zu Füßen von Weisen gesessen hat, die mit syllogistischer Schärfe die Unmöglichkeit jeder Veränderung zum Besseren in unserer Situation nachwiesen, kann nicht den einfachen Mann kritisieren, weil er glaubt, das Reale erschöpfe sich in dem, was er vor Augen sieht. Die Chancen einer neuen Politik liegen in der sichtbaren Auflösung dieser Realität. Der Aufbau einer neuen Gesellschaft erfordert aber nicht nur die passive Zustimmung, sondern die aktive Beteiligung einer gebildeten Staatsbürgerschaft. Sie allein würde die neue Politik gegen die Fehlschläge der alten absichern, oder genauer, denn in der Geschichte gibt es keine Sicherheiten, sie allein würde uns die Chance geben, eine Gesellschaft einzurichten, die reifer Menschen würdig wäre. Ja, es ist der Aufbau dieser Gesellschaft, die dauernde Kontrolle der Regierenden durch die Regierten, die Entwicklung von Institutionen, die den stetigen Wechsel zwischen diesen beiden Rollen gewährleisten, wodurch die Voraussetzungen solcher Reife geschaffen würden. Doch es wäre Selbsttäuschung, wollte man davon ausgehen, daß heutige Bevölkerungen unmittelbar revolutionäre Begeisterung zeigen müßten. Eine Revision der sozialistischen Tradition kann mit Gewinn von solchen konkreten öffentlichen Mißständen ausgehen, die in die Sprache einer neuen Politik übersetzbar sind.

Negativität allein genügt nicht. Die meisten Erwachsenen (und auch die meisten Heranwachsenden) im Westen mißtrauen den Institutionen unserer Gesellschaft. Sie halten diese nicht für fähig, ihre selbst gesteckten Ziele zu erreichen: Freiheit, Wohlstand, Stabilität. Die heute vorherrschende Kulturkritik hat von den Kultureliten auf breitere Schichten der Bevölkerung übergegriffen; die Werte der dauernden materiellen Akkumulation, die rigorose Trennung von Arbeit und Spiel, der Aufstieg in der gesellschaftlichen Hierarchie, all dies wird zunehmend mit Skepsis betrachtet — obgleich nur die wenigsten ihren ursprünglich kritischen Impuls in die Vorstellung eines kohärenten Systems alternativer Werte oder in den Entwurf anderer sozialer Institutionen umsetzen. Ein wesentliches Element der heute allenthalben herrschenden Skepsis ist eine Überzeugung, die sich nicht ohne weiteres als bedingungsloses Gerechtigkeitsgefühl oder als Forderung nach Anerkennung kennzeichnen läßt, obgleich sie beides enthält. Als Gemisch aus Elementen der Empörung über die organisierte

Ungleichheit der Sozialstruktur und dem Verlangen nach jenen Mitteln, die mehr Autonomie ermöglichen würden, ist diese Stimmung (sie läßt sich weder als Überzeugung noch als Ideologie bezeichnen) für den schleichenden Legitimationsverlust der Eliten verantwortlich. Das Bedeutsame an diesem meist unartikulierten Komplex aus Meinungen, Impulsen und Gefühlen ist seine allgemeine Verbreitung; er ist nicht auf den Rahmen unserer Gesellschaft beschränkt. Zudem ist er auf Grund seines diffusen Charakters ein Reservoir für plötzliche kollektive Wutausbrüche. Viel Beachtung schenkte die Öffentlichkeit in diesem Zusammenhang der extremen Linken und ihrem gelegentlichen Rückgriff auf Guerilla-Aktionen. Protest, Widerstand und Sabotage aller Art sind nicht allein ein Mittel der extremen Linken; mitunter waren sie auch der Kristallisationspunkt für Gruppen und Bewegungen, die man im allgemeinen der Rechten zuordnet oder die sich überhaupt nicht in unser gewohntes politisches Spektrum einordnen lassen. [. . .]

Ein Aspekt der Realität ist sichtlich in Auflösung begriffen: der technokratische Kapitalismus verliert seine Fähigkeit, zweierlei in einem zu tun, seine Macht auszuüben und zugleich die Bedürfnisse der von ihm beherrschten Bevölkerungen zu befriedigen. In der Vorstellung von der modernen Gesellschaft als einer empfindlichen, reaktionsfähigen (ja, sogar allwissenden) Maschine verschmilzt die Idee einer unsichtbaren Hand* ja parodistisch mit zeitgemäßeren Phantasien von einem Supercomputer. Ja, das bloße Ausmaß der technokratischen Kontrolle erfordert eine effektive Dezentralisierung, die das System nicht zu leisten vermag, weil eine solche Dezentralisiserung mit Gewißheit die Kommunikations- und Befehlsstrukturen unterbrechen würde. Heute erleben wir in den USA eine zunehmende, rückschrittliche Dezentralisierung (in der Ideologie und in der Praxis mancher Bundesstaaten). Eine falsche Dezentralisierung beseitigt oder reduziert die Ressourcen jener zentralisierten Institutionen, die öffentliche Dienstleistungen produzieren; diese bleiben fortan lokalen oder regionalen Behörden überlassen, die solche Anforderungen jedoch nicht zu erfüllen vermögen. Daß dieses Programm als qualitative Veränderung der Politik, als kritische Reaktion auf die »Größe« der Institutionen präsentiert wurde, ist wohl einer der wirkungsvollsten politischen Tricks der letzten Jahre. Das Phänomen als solches kann uns auf den Scheincharakter mancher neuerer Dezentralisierungs-Ideologien aufmerksam machen, wie sie von technokratischen Denkern mit der doppelten Begründung der Effizienz und der Humanität propagiert werden: große Systeme, so behaupten sie, arbeiten am besten, wenn die Entscheidungen einer Vielzahl niedrigerer Schaltstellen übertragen werden. Dieses Argument ignoriert die Tatsache, daß es für Herrschaftssysteme keine allgemeinen organischen Merkmale gibt (abgesehen von ungeheuren Banalitäten, wie etwa, daß sie aus Herrschenden und Beherrschten bestehen). Es steht nicht das Großsystem allgemein zur Debatte, sondern der Versuch derjenigen, die an den Schaltstellen dieser historischen Gesellschaft sitzen, sie in ihrer Gesamtheit zu kontrollieren. Die Absicherung der politischen Stabilität, der oligopolistische Zugriff auf den ökonomischen Markt genügen heute nicht mehr: Mangel an Konsensus und ein Wertdefizit haben die Massenfabrikation von Kultur auf den Plan gerufen. Es mag sein, daß der technokratische Kapitalismus keinen Ausgleich zwischen seiner Spitze und seiner Basis schaffen kann, aber er ist immer noch bemerkenswert erfolgreich, wo es gilt, die Entstehung einer konkreten Alternative zu blockieren. Eine von Ideen wie der partizipatorischen Demokratie und der Selbstverwaltung ausgehende Revision des Sozialismus muß von Anfang an auf erhebliche Schwierigkeiten stoßen. Die zentralisierte Herrschaft kann anscheinend nur durch die Konzentration einer Gegenmacht gebrochen werden. Außerdem ist es doch so, daß gerade dann, wenn Kontrollsysteme, die sich als Hierarchien von Status und Distanz

* lt. Adam Smith der gesellschaftliche Lenkungsmechanismus (Kräfte des freien Marktes)

darstellen, deutliche Spuren der Überlastung zu zeigen beginnen, die Kulturkritik, die eine konkrete Utopie bezeichnen könnte, uns im Stich läßt. Die anti-technokratischen, anti-hierarchischen und anti-expansiven Überzeugungen der Gegenkultur definieren sich immer noch negativ, als eine Anti-Sprache. Selbst (oder gerade) in der Opposition sind wir geistig versklavt. Die freudige Antizipation einer Anti-Welt enthält keinerlei konkrete Hinweise darauf, wie diese ins Leben gerufen werden könnte, sie bietet nur eine Vielfalt von Fluchtwegen aus dieser Welt. Flucht aber wird zur Entstehung verstreuter Gegengemeinschaften führen (keine davon in den Produktions- und Machtzentren). Der Rest der Welt wird weiterhin die technokratische Sprache von System, Kontrolle und Entscheidung sprechen — und eine der vom technokratischen Kapitalismus getroffenen Entscheidungen könnte leicht darin bestehen, den Gegengemeinschaften materielle Mittel zuzuweisen, um eine potentielle Opposition zu entwaffnen. (1973 konnte ich im Sozialwissenschaftlichen Institut des Zentralkomitees der Kommunistischen Partei der Sowjetunion ein sehr starkes systematisches Interesse für Forschungen über die westlichen Gegenkulturen feststellen.)

Die allgegenwärtige Ablehnung einer von fernen Entscheidungszentren her ausgeübten technokratischen Kontrolle, die Erschütterungen, in deren Folge die Macht der Kontrolleure sich verringert, die Ideologie einer Anti-Welt: all dies summiert sich nicht arithmetisch zu einem politischen Kanon der Opposition, erst recht nicht zum Projekt einer neuen Gesellschaft. *(N. Birnbaum, Möglichkeiten einer neuen Politik im Westen, S. 206 ff.)*

10. »Der Verfall der Kultur und der Ideologie des Industriezeitalters«

Schnell kam der Augenblick, da, wie im letzten Jahrhundert, gemäßigte und radikale Bewegungen die Forderung erhoben, die Gesellschaft solle die Kontrolle über ihr eigenes Wachstum wieder übernehmen. Zunächst galt es, die herrschende Ideologie zu kritisieren und außer Kraft zu setzen, die die verlogene Behauptung aufgestellt hatte, der wachsende Reichtum ziehe die Angleichung der materiellen Lage und der Chancen in den verschiedenen Gesellschaftsklassen nach sich. Die Entdeckung, daß die soziale Ungleichheit nicht abgenommen hatte, daß insbesondere die amerikanische Gesellschaft nach wie vor einen großen Anteil von »Armen« umfaßte, daß die Erziehung der Massen, selbst auf universitärer Ebene, nicht zu einer Verringerung der Chancenungleichheit führte, bahnte den Weg für breitere, aktivere Protestbewegungen, die die Alleinherrschaft des Profits ablehnten, neue, nicht ausschließlich am Konsum orientierte Lebensweisen rehabilitierten und schließlich auch die Frage nach den Kriegs- und Kulturverbrechen, dem Rassen- und Völkermord und allen Formen sozialer, kultureller und ganz allgemein kolonialer Herrschaft stellten, für die Gesellschaften verantwortlich waren, die über sich selbst nicht gerne anders als in Begriffen von Reichtum und Wohlstand sprachen. Auf einer anderen Ebene und unter größeren Schwierigkeiten hat sich diese Kritik auch in den sogenannten sozialistischen Ländern ausgewirkt. Auch hier und insbesondere in Jugoslawien, in Polen und in Ungarn haben Intellektuelle und Arbeiter gegen den Abbau der gesellschaftlichen Kontrolle des Wachstums und die absolute Konzentration der Instrumente und Produkte des Wachstums in der Hand der herrschenden Apparate gekämpft. Vor den Unterschieden zwischen den kapitalistischen Konsumgesellschaften und den Gesellschaften einer verstaatlichten Industrialisierung darf man die Gemeinsamkeit einer Krise nicht übersehen: das »wilde«, unkontrollierte Wachstum und das Fehlen irgendeines sozialen und kulturellen Maßstabs zur Bewertung des Bruttosozialprodukts. [. . .]

Die Kultur der Industriegesellschaft fußte auf dem Evolutionismus, auf dem Gedanken, in ihrer Abfolge würden die Gesellschaften immer vielseitiger und bildeten eine wachsende instrumentelle Leistungsfähigkeit aus. Dieser schon bei Auguste Comte, Spencer, Durkheim und Tönnies entwickelte Gedanke wurde vor nicht langer Zeit systematischer von Talcott Parsons aufgegriffen, dem getreuen Übersetzer der herrschenden amerikanischen Ideologie, die der letzte, vor allem in den USA schon weitgehend überholte Ausdruck der Industriekultur ist. Diesem Gedanken zufolge ist die Evolution vom Triumph der Menschheit über die Natur gezeichnet, von der prometheischen Bejahung der Energie des Feuers und der Arbeit. Sie entreißt der unerschöpflichen Natur Kräfte und Stoffe, um daraus eine Welt des »Geistes« und der »Kultur« zu erbauen, die im Gegensatz zur Welt der Natur steht. Zwei Behauptungen, die miteinander in Verbindung stehen, machen den Kern dieses Gedankens aus:

1. Das gesellschaftliche Handeln wird von einer Bewegung geleitet, die den Menschen überragt, die nicht mehr, wie der Eingriff Gottes oder das Gesetz der Fürsten, zu einer Welt der Ordnung führt, sondern dank der Bewegungsfreiheit und dank der freien Initiativen den Fortschritt voranbringt.

2. Der Humanisierung der Gesellschaft entspricht ihre Denaturalisierung, und folglich sind alle gesellschaftlichen Auseinandersetzungen das Werk geistiger Kräfte, die sich den Kräften der Natur entgegenstellen: der Zivilisierte gegen den Wilden, die Bourgeoisie gegen das Volk, die Vernunft gegen das Gefühl, die Männer gegen die Frauen, die Erwachsenen gegen die Kinder.

[. . .]

Zwei Weltkriege, eine tiefe Krise des Kapitalismus und vor allem der Nationalsozialismus und der Stalinismus, die Erschütterung eines ganzen Kontinents, dessen Hauptproblem mit einem Mal nicht mehr die Elendsquartiere, sondern die Konzentrationslager waren, machten es unmöglich, weiterhin an die Bewegung des Fortschritts und das Heraufkommen einer zugleich wohlhabenden und befreiten Welt zu glauben. Dagegen waren die Vereinigten Staaten trotz der schweren Krise in den 30er Jahren von den großen Katastrophen in Krieg und Politik verschont geblieben und legten nun eine außerordentliche Erfindungsgabe und eine Fähigkeit zur Beherrschung der Welt an den Tag, die sie dazu verleiteten, sich als Vorhut der Menschheit und höchsten Ausdruck der Modernität zu betrachten. In dieser Zeit definierte Rostow die Etappen des ökonomischen Wachstums, und Lipset erzählte den Lateinamerikanern und anderen unterentwickelten Ländern von den schwierigen Anfängen der amerikanischen Demokratie und gab ihnen zu verstehen: wir waren einmal wie ihr; wenn ihr brav seid, werdet ihr eines Tages wie wir sein.

Die Überlegungen des Club of Rome, die sich auf Berechnungen des MIT* stützten — und dabei ist es ziemlich unwichtig, daß diese Berechnungen anfechtbar sind —, machten es erforderlich, von der Ideologie des unbeschränkten Wachstums abzurücken und seine Grenzen in Betracht zu ziehen. Sie zwangen zu der Erkenntnis, daß man eine Fortsetzung der sozioökonomischen Tendenzen der letzten Jahre für ein weiteres Jahrhundert unmöglich ins Auge fassen kann. Der Augenblick rückt näher, wo eben dieses Wachstum in Selbstzerstörung umschlägt, wo insbesondere das Anwachsen der Bevölkerung zur Hungerkatastrophe führt. *(Touraine, S. 24—26)*

* Massachusetts Institute of Technology

11. Vom Bewußtsein der Krise zur Veränderung der Gesellschaft

Erläuterungen

›Krisenbewußtsein‹ als vorherrschende Zeitdeutung hat es zu wiederholten Malen gegeben. So bereitete der ›Kulturpessimismus‹ um die Jahrhundertwende dem späteren Faschismus den Weg bei den Intellektuellen. Dieses Beispiel allein zeigt schon, daß es sich bei ›Krisenbewußtsein‹ nicht lediglich um geistige Strömungen handelt. Die Gefahr derartiger Strömungen und des mit ihnen verbundenen Gedankengutes liegt darin, daß sie in tatsächlichen Krisensituationen die Legitimierung für undemokratische Lösungen bereitstellen. — Touraine versucht im folgenden Text, diesen Zusammenhang herauszuarbeiten. Dabei greift er auf Beispiele der antiken Geschichte zurück (Peisistratos in Athen, 6. Jh. v. Chr.; Cincinatus in Rom, 5. Jh. v. Chr.), die belegen, daß die Lösung der Diktatur immer dann auftaucht, wenn mächtige Gruppen gegeneinander stehen (Handelsherren gegen Landadel in Athen; Ständekämpfe in Rom) und kein Konsensus mehr zur Regelung des politischen Lebens gefunden werden kann. Anhand dieser Konstellationen aus der Geschichte will er aufzeigen, daß sich aus dem heutigen ›Krisenbewußtsein‹ nicht zwangsläufig eine demokratische Lösung ergeben muß, sondern daß die Lösung auch in der ›Reorganisation der Gesellschaft von oben‹ bestehen kann.

Die Krise ist ein Bewußtseinszustand, der insofern wichtig ist, als er anzeigt, daß eine Zivilisation zu Ende geht und daß es immer schwieriger wird, dem, was seine Einheit verliert, einen Sinn zu geben. Gewiß werden die traditionellen, im vergangenen Jahrhundert ausgeprägten Diskurse über die unanfechtbaren Qualitäten der Marktwirtschaft oder über die zentrale Rolle der Arbeiterklasse in den gesellschaftlichen Bewegungen noch lange zu hören sein, aber sie geben immer weniger Rechenschaft von den beobachtbaren ökonomischen und gesellschaftlichen Fakten.

Man sollte statt dessen akzeptieren, daß die alten Kategorien in Frage gestellt werden. Den Intellektuellen, den theoretisch arbeitenden Gruppen, den revolutionären Protestbewegungen, den »Experten« und selbst den politisch und ökonomisch Herrschenden ist es nach und nach gelungen, das Vertrauen in die Festigkeit und den Bestand der »abendländischen Zivilisation« zu zerstören. Man darf wohl annehmen, daß der Zweifel an der »Modernität« des sowjetischen Typs von Industrialisierung nicht weniger tiefgreifend ist.

Aber der Augenblick ist gekommen, die Deutung der gegenwärtigen Veränderungen als Krisenphänomene hinter sich zu lassen. Denn wenn wir nur eine Krise erleben würden, so bestünde der einzige Ausweg im Auftauchen einer Kraft, der es gelänge, die Kollektivität, die sich in einer Krise befindet, von neuem zu integrieren; ein allmächtiger Führer wie Peisistratos oder Cincinatus, ein aufgeklärter Despot oder einfach eine Gruppe von »Weisen«, die sich auf unwiderlegbare Computer stützen, müßte erscheinen. Dies jedoch würde — und darin vor allem besteht die ideologische Funktion des Begriffs »Krise« — nur die Stärkung einer neuen Führungselite nach sich ziehen, die zugleich im Namen der Rationalität und der Sicherung der ganzen Kollektivität handeln würde.

Man kann die Meinung vertreten, daß dem so sein muß; man kann aber auch den Wunsch nach einer andersgearteten Veränderung haben. Zunächst jedoch muß man erkennen, daß der Begriff der Krise Bestandteil der Machtideologie ist: Aus ihm folgt eine Reorganisation der Gesellschaft von oben.

Wenn man die Lage der Gesellschaft analysiert, ohne von den gesellschaftlichen und politischen Beziehungen zu sprechen, handelt man so wie die Bourgeoisie des 19. Jahrhunderts, die in ihren Gesellschaftsanalysen stets darauf bedacht war, ihre eigene Rolle und die Herrschaftsbeziehungen, innerhalb deren sie definiert war, zu verschleiern. Zu sagen, es gebe

Reiche und Arme auf der Welt, ist die beste Art und Weise zu verschweigen, daß ein Teil der Welt den anderen beherrscht und ausbeutet.

Notwendigerweise gibt es zwei einander entgegengesetzte Arten, die aktuellen Probleme zu analysieren. Von Krise sprechen heißt, sich auf den Standpunkt der Macht zu stellen. Spricht man dagegen von Mutation, so bedeutet dies, daß man die Herausbildung eines neuen kulturellen Feldes, neuer Beziehungen und neuer gesellschaftlicher Konflikte ins Auge faßt und damit die Aufmerksamkeit auf die neu in Erscheinung tretenden Volksbewegungen und die neuen Formen der Macht lenkt. *(Touraine, S. 47 f.)*

Aufgaben zu Phase VIII

Text 1

— Stellen Sie die von Supek beschriebene Staatstätigkeit zusammen und gliedern Sie diese nach Bereichen (Gliederungsgesichtspunkte könnten sein: Leistungen für das ökonomische System, sozialstaatliche Leistungen, Erzeugung von Legitimation u. a.).
— Beschreiben Sie das Verhältnis von ökonomischem und politischem System (ziehen Sie hierzu auch Ergebnisse aus der *Phase II* heran).
— Wie läßt sich das Verhältnis von Staat und Bürger beschreiben? Welcher Stellenwert kommt dabei dem Ausbau sozialer Leistungen durch den Staat zu?
— Überlegen Sie, ob sich aus den Darlegungen Supeks der Schluß ziehen läßt, daß der Sozialstaat abgebaut werden müsse (bedenken Sie dabei, inwiefern sozialstaatliche Leistungen Möglichkeiten für eine stärkere politische Beteiligung der Bürger eröffnen).

Text 2

— Welcher Zusammenhang besteht zwischen dem ersten und dem zweiten Textabschnitt? Erläutern Sie die im zweiten Abschnitt angesprochenen Sachverhalte (am Beispiel der Kernkraftwerke, vgl. *Phase I*). — Welche Beispiele ließen sich dafür finden, daß die Führungseliten in der Lage sind, »neue Formen der Mobilisierung zu entwickeln und neuartige Ansprüche der Bevölkerung zu erfüllen«? (Vgl. hierzu Text 7, Beispiel Carter.)
— Was sind ›blockierte Institutionen‹? — Welche Probleme ergeben sich für die Demokratie?
— Welche Aufgaben müßte dem Text zufolge ein demokratisches System bewältigen? (Stellen Sie ausgehend von *Phase II* die Schwierigkeiten zusammen.)
— Inwiefern deckt sich der Ansatz mit den Feststellungen Supeks (Text 1), wo geht Touraine über ihn hinaus? (Beachten Sie besonders den ersten Satz bei Touraine.)

Text 3

— Belegen Sie mit Befunden aus Text 1 und Text 2 die These des ersten Satzes und benennen Sie die damit verbundenen Probleme.
— Erläutern Sie den Ausdruck »Auflösung der Gesellschaft im politischen Prozeß« und belegen Sie ihn mit Beispielen (aus Text 1, auch aus *Phase II*).
— Erläutern Sie, was Touraine unter dem Begriff Zerstörung der ›Sozialbeziehungen‹ im technokratischen Staat versteht. Welche Folgen ergeben sich daraus für den Bestand einer demokratischen Gesellschaft (Hinweis: unter demokratischer Gesellschaft versteht Touraine eine Gesellschaft, die in den verschiedensten Bereichen zur Selbstbestimmung fähig ist)?

— Vergleichen Sie die Feststellungen der Texte 1 — 3 mit Ansätzen zur Demokratietheorie (konservative Demokratie, partizipatorische Demokratie, Elitetheorie) und geben Sie an, inwiefern die jeweiligen Demokratieansätze jeweils Defizite aufweisen.

Text 4
— Zählen Sie Erscheinungen auf, die unter den Begriff ›Verlust der Handlungsfähigkeit der Gesellschaft‹ fallen; welche Folgen ergeben sich daraus (beachten Sie besonders das Ende des zweiten Abschnittes.)?
— Welche Bedeutung kommt angesichts der gegenwärtigen ›Krise‹ der Partizipation zu?
— Gehen Sie vom Beispiel der Ölpreise aus und diskutieren Sie, welche Probleme die »Erweiterung der Handlungsfähigkeit der Gesellschaft« aufwirft (hierzu sollten Text 2 — 7 aus *Phase II* herangezogen werden).

Text 5
— Erläutern Sie an Beispielen die ›dysfunktionalen Nebenfolgen von Technologie und Bürokratie« (Beispiele könnten sein: Großkrankenhaus, moderner Wohnungsbau, Jugendzentren, Altersheime).
— Diskutieren Sie: Läßt sich die vom Autor geforderte Partizipation im Bereich der Medien und im Erziehungssystem verwirklichen? (Hinweis: Gehen Sie nicht nur vom deutschen Rundfunkwesen aus, sondern beziehen Sie das amerikanische Rundfunkwesen mit ein. Auch im Erziehungswesen müßte die im angelsächsischen Bereich übliche Konkurrenz von staatlichem und privatem Schulwesen berücksichtigt werden.)
— Vergleichen Sie Touraines (Text 4) und Dreitzels Auffassung von Partizipation.

Text 6
— Erläutern Sie den Begriff »kollektive Wiederaneignung der Entwicklungsinstrumente« und benennen Sie das damit verbundene Ziel. (Beziehen Sie Text 4 mit ein; berücksichtigen Sie die Einschätzungen, die Touraine am Ende des Textes vornimmt.)
— Inwieweit lassen sich die Aussagen dieses Textes mit Text 5 in Einklang bringen? (Hinweis: Gehen Sie von den Beispielen in Text 5 aus.)
— Erörtern Sie, ausgehend von den Beispielen in Text 6, inwieweit die »gesellschaftlichen Kämpfe nicht aus ihrem Verhältnis zu ökonomischen Systemen, deren Logik und Entwicklungsgesetzen« zu bestimmen sind. (Gibt es z. B. einen ökonomischen Zwang, daß Frauen Objekte des Konsums und der Reproduktion sind?)

Text 7
— Auf welche Gefahren weist das Beispiel Carters? (Vgl. das Konzept der inauthentischen Lösung, Text 7 in *Phase VII;* Bemerkung zur Steuerung des politischen Willens in Text 2; doppeldeutiger Charakter der Partizipation in Text 4.)
— Ist das Auftreten des ›Big Business‹ hinreichend analysiert?
— Warum schließen sich ›starker Staat‹ und ›Demokratie‹ nicht aus? Welche Funktion muß der Staat wahrnehmen, wenn er im Dienste der Demokratie steht? Tut er das? (Vgl. Text 1.)

Zusammenfassung zu den Texten 1 — 7
— Erörtern Sie, ob und in welchem Grade sich die Zielvorstellungen, die sich mit den Texten 4 — 6 verbinden lassen, mit denen von Text 7 vereinbar sind. Schätzen Sie aus den Texten 1 — 3 ab, welche Gefahren sich mit der in Text 7 beschriebenen Staatsrolle verbin-

den. Formulieren Sie ein abschließendes Urteil, ob mit diesen Einwänden die grundsätzliche Auffassung von Text 7 widerlegt ist.

Text 8

— Kann das Nestlé-Beispiel als Lösung der in Text 4 umrissenen Problematik gelten?
— Auf welche Bereiche müßte das im Text gegebene Beispiel übertragen werden?
— Welche Grenzen ›demokratischer Kontrolle‹ werden deutlich; gibt es Möglichkeiten, sie zu überwinden?

Text 9

— Erläutern Sie den ersten Satz mit Beispielen (vgl. Texte 4—6; Texte 5—7 in *Phase VII).*
— Wie erklärt Birnbaum den ›sozialen Protest‹? (Gehen Sie aus von dem Begriff ›schleichender Legitimationsverlust der Eliten‹, 3. Abschnitt; vgl. *Phase VII,* Text 1—3 und 5—7).
— Warum ist ›Dezentralisierung‹ keine Lösung; wie kommt Birnbaum dazu, den ›Übergang zu kleineren Einheiten‹ als »einen der wirkungsvollsten politischen Tricks der letzten Jahre« zu bezeichnen? — Ist hiervon auch die von Dreitzel angesprochene Partizipation betroffen (Text 5)?
— Wie kommt Birnbaum zu seiner pessimistischen Prognose über ›gegenkulturelle Bewegungen‹ (vgl. *Phase VII,* Texte 5—7), welche Alternative sieht er?
— Stellen Sie diejenigen Beobachtungen zusammen, die auf einen grundsätzlichen gesellschaftlichen Wandel deuten, grenzen Sie davon diejenigen ab, die einem solchen Wandel entgegenstehen. — Vergleichen Sie die Position Birnbaums mit der in Text 7: Wo decken sie sich, wo weichen sie voneinander ab? — Schätzen Sie die Chancen ab, wie sich der gesellschaftliche Wandel im Rahmen demokratischer Gestaltung vollziehen könnte (vgl. Text 2, 3 und *Phase II*).

Text 10

— Worin besteht die kulturelle Krise, durch welche Erfahrungen wurde sie ausgelöst, zu welchen Gegenbewegungen führte sie? Welche Grenzen der Gegenbewegung zeichnen sich ab?

Text 11

— Welche Gefahren und Chancen sieht Touraine, die Krise zu meistern?

Zusammenfassung zu den Texten 10—11

— Gehen Sie von den *Phasen VII* und *VIII* aus und diskutieren Sie, inwiefern es sich um eine ›Krise‹ oder ›Veränderung‹ handelt.
— Welche Aufgaben erwachsen der demokratischen Willensbildung, sind sie realisierbar (Vgl. auch *Phase II,* Texte 2—7.)?

Literaturverzeichnis

v. Bernewitz, E. H. / *v. Bonin*, K., Das Grundgesetz verstehen, Reinbek 1976 (rororo 6995)

Birnbaum, N., Möglichkeiten einer neuen Politik im Westen, in: Jenseits der Krise, Frankfurt/M. (Syndikat) 1976

Bottomore, T. B., Elite und Gesellschaft, München (Beck) 1969

Calliess, E.u. a., Sozialwissenschaft für die Schule — Umrisse eines Struktur- und Prozeßcurriculum, Stuttgart (Klett) 1975, zit. als: Curriculum Sozialwissenschaft

Dettling, W, Demokratisierung — Wege und Irrwege, Köln (Deutscher Instituts Verlag) 1974

Dreitzel, H. P, Der politische Inhalt der Kultur, in: A. Touraine u. a.: Jenseits der Krise, Frankfurt/M. (Syndikat) 1976

Fraenkel, E., Deutschland und die westlichen Demokratien, Stuttgart (Kohlhammer) 1964

Habermas, J, Legitimationsprobleme des Spätkapitalismus, Frankfurt/M. 1972 (es 623)

Hättich, M., Zur Typologie politischer Parteien, in: Politische Bildung, 1. Jg., 1 (1967), S. 37 ff.

Hartwich, H. H., Trends in der Entwicklung der Sozialstruktur der Parteien, in: Gegenwartskunde 23 (1974), S. 193 ff.

Hartwich/Horn/Grosser/Scheffler, (Hrsg. H. H. Hartwich): Politik im 20. Jahrhundert, Braunschweig (Westermann) 7. Aufl. 1977

Kirchheimer, O., Der Wandel des westeuropäischen Parteiensystems, in: Politische Vierteljahresschrift, März 1965, S. 20—41

Knoppke-Wetzel, V., Finanziell und sozial schwache Bürger und ihr Zusammentreffen mit dem Rechtssystem, in: Kölner Zeitschrift für Soziologie und Sozialpsychologie (KZfSS) XXVIII (1976), S. 156 ff.

Leibholz, G., Parteienstaat und repräsentative Demokratie, in: Deutsches Verwaltungsblatt 66 (1951), S. 1 ff.

Leuenberger, Th. / *Schilling*, R., Die Ohnmacht des Bürgers, Frankfurt/M. (S. Fischer) 1977

Marayuma, M., Wir brauchen eine nach-industrielle Logik, in: Brennpunkte 2/1976, S. 111—121 (Fischer Tb)

Narr, W. D. / *Naschold*, Fr., Einführung in die moderne politische Demokratie, Bd. III: Theorie der Demokratie, Stuttgart (Kohlhammer) 2. Aufl. 1973

Offe, C., Berufsbildungsreform. Eine Fallstudie über Reformpolitik, Frankfurt/M. 1975 (es 761)

Sennet, R., Destruktive Gemeinschaft, in: Jenseits der Krise, Frankfurt/M. (Syndikat) 1976

Supek, R., Die »sichtbare Hand« und die Degradierung des Menschen, in: Jenseits der Krise, Frankfurt/M. (Syndikat) 1976

Schmidt, M. G., Die Politik der »Inneren Reformen« in der Bundesrepublik Deutschland, in: Sozialwissenschaftliche Informationen (SOWI) 7 (1978), S. 2—7

Schumpeter, J. A., Kapitalismus, Sozialismus und Demokratie, Bern (Francke) 1950

Strasser, J., Die politische Aktion als Beitrag zur politischen Bildung, in: H. Hoffmann (Hrsg.): Perspektiven der kommunalen Kulturpolitik, Frankfurt/M. 1974 (es 718)

Touraine, A., Krise oder Mutation?, in: Jenseits der Krise, Frankfurt/M. (Syndikat) 1976

Zoll, R., Wertheim III. Kommunalpolitik und Machtstruktur, München (Juventa) 1974